小さな民からの発想

顔のない豊かさを問う

村井吉敬 Murai Yoshinori

宮内泰介［解説］

めこん

目次

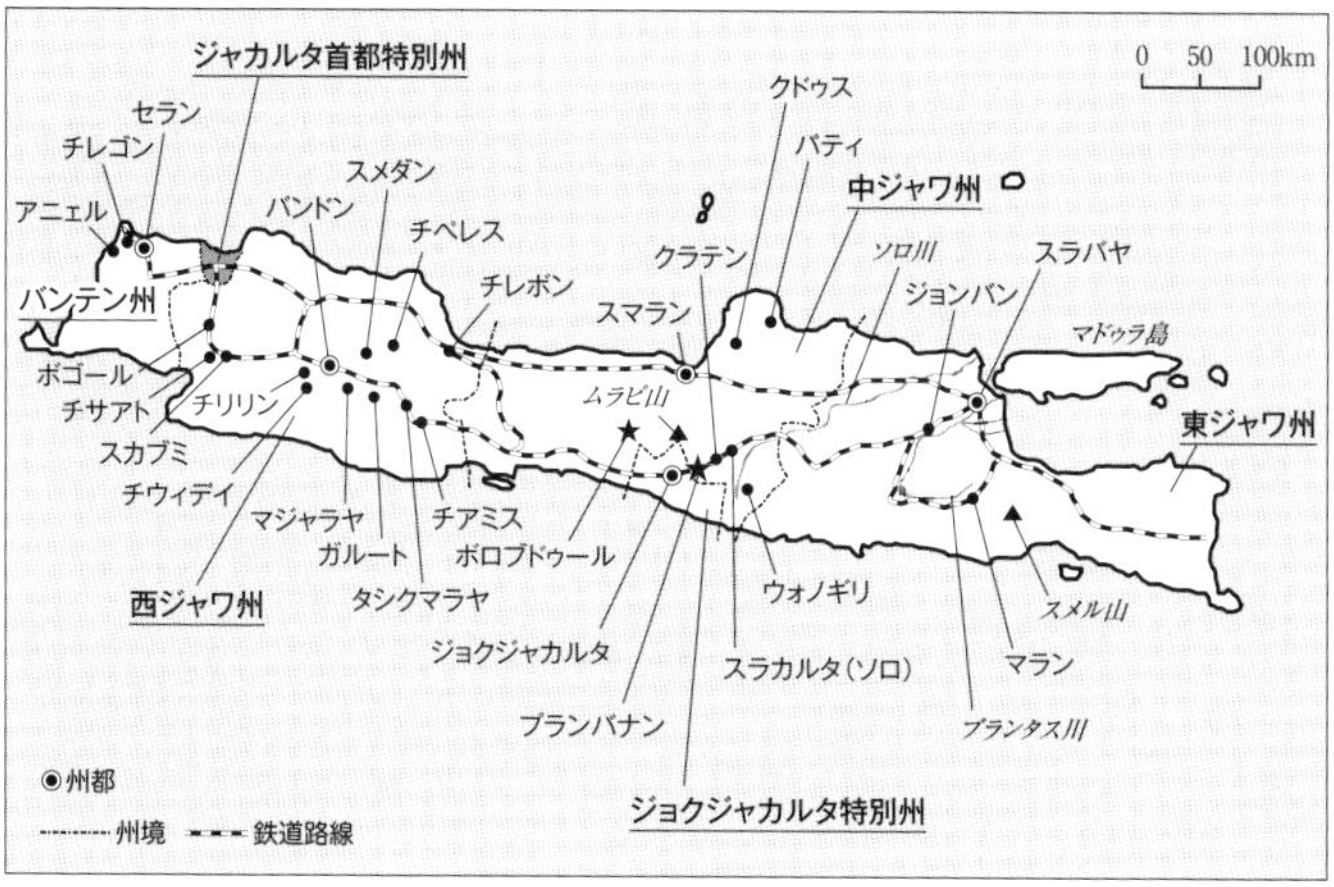

ジャカルタ首都特別州
0 50 100km
クドゥス
セラン
チレゴン
パティ
スメダン
中ジャワ州
アニェル
バンドン
チペレス
ソロ川
スラバヤ
クラテン
チレボン
ジョンバン
バンテン州
スマラン
マドゥラ島
ボゴール
ムラピ山
チサアト
チリリン
東ジャワ州
スカブミ
チウィデイ
マジャラヤ
チアミス
ガルート
ボロブドゥール
ウォノギリ
西ジャワ州
タシクマラヤ
スメル山
ジョクジャカルタ
スラカルタ（ソロ）
マラン
プランバナン
ブランタス川
◉州都
ジョクジャカルタ特別州
州境
鉄道路線

序章　南の国とニッポン人

〝豊かな日本〟

もう二〇年以上前（一九六〇年代）、東京・青山のKというスーパーマーケットに行ったことがあった。そこには外国――当時の私にとってはアメリカ――の匂いがあった。そこには見慣れぬ缶詰の山があった。パックされた野菜は病院の無菌ボックスみたいに見えた。それよりまだ一〇年も前にマシュマロを食べてびっくりしたことがあった。進駐軍の持ってきた味はおいしいものだと思った。

あれから三〇年経った。日本には進駐軍の物珍しい味もスーパーマーケットKの驚きも消えた。消えたのではなく日常化したのだ。私たちは三〇年かけて、欲しいものを手にする時代をもぎとった。

たとえば、私の家の近くのスーパーマーケット。青山のKをはるかに上回るフロアの面積、昔、Kで見てびっくりした商品など、何でもある。ある日の新聞の折込広告には「食卓に世界の味をおとどけします」とあった。

「澄んだ空のアメリカから、牛のサーロインステーキ用一〇〇グラム四八〇円」

「畜産王国デンマークから、豚肩ロース一〇〇グラム一三八円」

「しゃもの故郷タイから、若どり骨付もも一〇〇グラム七五円」

ハワイ産パパイヤ、アリゾナ産レモン、ニュージーランドのキウイ、フィリピン産バナナとパイナップル……。本当に「世界の味」が町中のスーパーで手に入るのである。フィリピンのパイナップルは、実に一個二五〇円、バナナは一〇〇グラム一五円だという。三〇〇〇キロも離れた南の国の重い果物が一個、パートの時間給の半額で買える…、このことは当たり前のことなのか。多国籍企業の青いラベルが、フィリピンの労働者の顔を覆い隠し「日本は豊かだ」という印象だけを私たちに与えている。闇市時代の辛酸を克服した日本人の「勤勉さ」「組織の優秀性」ばかりが喧伝され、「豊かさ」にほとんど自己陶酔しているのが、いまの私たちではなかろうか。

自動車、オートバイが三五〇〇万台、舗装道路に並べれば一二メートルに一台ずつ並ぶことになる。乗用車、鉄道、バス、船、飛行機が一年間に移動した総キロ数は七六一七億キロ、一人一年に六六二四キロを移動したことになる(一九七八年度)。国民すべてがフィリピンまで行って帰ってきた計算になる。

カラーテレビ九八・二%、電気洗濯機九九・四%、電気冷蔵庫九九・一%、電気掃除機九五・八%、扇風機九五・四%、石油ストーブ九一・五%、ミシン八三・八%、カメラ八二・九%、ガス湯沸かし器七六・一%、乗用車五七・二%、ステレオ五七・一%、ルームエアコン三九・二%……、一九八〇年の耐久消費財の世帯普及率である。

この「豊かさ」は、世界の石油生産の七・八%、鉄鉱石の二二・五%、亜鉛の一二・二%、銅の一一・六％、ボーキサイトの七・一％、世界の飼料穀物貿易量の一八％、大豆貿易量の一七％、小麦の七％…などを使うことで成り立っている。世界総人口の四〇分の一にすぎない日本人が、である。七九年の原油輸入量は二億八二〇〇万キロリットル、国民一人当たり二・四キロリットル、一八リットルの石油缶にすれば一三三缶分になる。そんなに使っていないと思うかも知れないが、たとえば、ハウス栽培で作られるトマトは一個につき牛乳ビン一本、キュウリ一本だと半本、メロンは石油缶一缶分もの石油を消費して作られる、ということを考えれば、一三三缶の石油消費もうなずけるというものだ。

七月なのにスーパーで黄色いミカンが売られたり、真冬なのに何の抵抗もなくスイカを食べたり、遠い南の国のエビや果物がいとも簡単に手に入る。

一九七五年から二年間、私はインドネシアで暮らしたことがある。インドネシアから帰ってきて以来、日本人の生活ぶり、日本と第三世界（開発途上国と言われる）との関わりに疑問を持つようになった。それは、日本の豊かさが何によって成し遂げられ、豊かさの中身とは何なのか、ということであり、他方、第三世界で、豊かさを求めて行なわれている「開発」のやり方に対する疑問である。その疑問と、それに対する解答を得たいと考えて書いたのが本書である。

問題の設定の仕方は次の通りである。

権力も富もない普通の人びと（民衆）のサイドから「開発」とか「工業化」とか、あるいは「近代化」と呼ばれるような現象を見たら、それはどのようなものか、というのが私の問題設定である。それを考えるために、産業部門で言えば農業、工業、運輸、流通・販売の現場から、さまざまな素材を拾ってみた。本書の順序はすっきりしたものではないが、ほぼその流れに沿っている。地域的な区分は、それほど明確なものではないが、農村、都市、農村と都市のはざま、というようになっている。

地理的な舞台は、主要には日本とインドネシア（特に西ジャワ）である。日本では、高知県の西土佐村と新潟県の三条市を舞台にしている。農村、村落工業、製造業について考えるために、その二つの場所に出向いた経験があるからである。見ず知らずの、人の顔の見えないところは、なかなか正確な像を描きにくいものである。一方、西ジャワも私が暮らしたところで、土地カンが働くところである。西ジャワをもって、インドネシアや、さらには第三世界全体を論じることはもちろんできない。ただ民衆と開発という問題設定の中では、一般化できる部分も、かなりあると思う。

時間的な舞台は、主要には現代である。ただ「近代化」や「工業化」というのは、歴史の流れでもあるので、必要なかぎりにおいて、過去にもさかのぼって問題を考えてみた。たとえば第1章では、西土佐村と西ジャワのチペレス村の過去の歩みを見比べてみたし、金物の町三条の技術の歩みを追ったりもしている。

インドネシアとニッポン人

歴史的な考証、特に民衆の歩みについては、十分な記述ができていない。従来の歴史の書かれ方が、権力者の側に偏って書かれてきたためでもあり、私自身の不勉強のせいもある。この書でも、日本とインドネシアの過去と現在の関わりについて、断片的であるが、かなりの記述がある。本論に入る前に、ごく大まかに日本とインドネシアの関わりを整理しておこう。

明治維新後、九州天草や島原の貧しい農漁民の娘たちが多数、南の国々に売られていった。女衒《ぜげん》の甘言に乗せられ、海を渡った者もいた。ちょうど、その逆のルートで、現在、東南アジアの女性が日本に送られてきている。

東南アジアに渡ったこれら「からゆきさん」の接触範囲は、おそらく、白人を中心としたきわめて限られたものだっただろう。それに比べて、「からゆきさん」を追うように日本から出ていった行商人たちは、民衆社会にかなり近いところにいた。彼らは薬品、衣類、雑貨品などを天秤棒に担いで「オイッチニ、オイッチニ」と、椰子の木の茂る南国の町から村へと行商をして歩いた。

からゆきさんや行商人とともに明治時代に日本から東南アジアに輸出されたモノの一つに人力車がある。この人力車が、今日のインドネシアのベチャ（輪タク）文化につながってゆく。行商人にしろ、人力車にしろ、「近代化」初期の日本とインドネシアとのあいだには、アジアの貧しい民同士の、まだ希望の持てる交流があったように思える。ベチャに代わって、六〇年代末以降、怒濤のごとく進出する日本製自動車と、インドネシア民衆との距離は、格段に大きなものとなってしまった。

一九〇五（明治三八）年、日露戦争における日本の勝利は、白人に植民地化されていたアジア諸国の人びとの民族的感情を大いに燃えたたせたという。当時バタビア（現在のジャカルタ）には、すでに娘子軍《じょうしぐん》と呼ばれた女性たち、娼館経営者、行商人を中心に、二〇〇人を超える日本人が定住していた。一八九九（明治三二）年、蘭領東印度政庁は、日本人の地位をヨーロッパ人と同等のものであることを認めた。「一等国民」になったのである。このとき以来、日本人は、すでにインドネシア人と異なる、白人社会の地位に成り上がっていたのであった。

一九一〇年代になると、若干の資本を貯えた日本の行商人たちは、自らの店を構えるようになった。トコ・ジュパン（日本人店）と呼ばれたこのような店では、薬品、雑貨品、衣類、陶器などが売られ、自転車店もあった。また床屋や写真館や運送会社を営む者もいた。定価売りのシステム、日本商人の実直さは、インドネシア民衆社会に人気を博したともいう。

バンドンには一九三〇年代には、およそ四〇軒もの日本人店があった。デパートにも比するほどの規模を誇っていたトコ・チヨダには二〇人以上の日本人店員が働いていた。エス・リリンという今日までも残る愛唱コマーシャルソングを生み出したのはトコ・チヨダだと言う人もいる。

日本人店が開設され始めた頃には、大きな商事会社も進出し、各地に支店を設けている。一九〇八年には三井物産がバタビアに支店を開いた。トヨタの車を戦後インドネシアに販売していた松浦攻次郎は、戦前三菱に勤めて、ジャワで商売をやっていた人である。

世界恐慌のあおりで、一九三〇年代には、欧米の植民地だった東南アジアは、宗主国との経済のパイプが細くなり、その分、ソシアル・ダンピングで、日本の商品が流れ込んでいった。日本人店が大隆盛した時代でもある。

一方、日本の大陸および東南アジアへの軍事的野心も肥大化していった。日本の貧しい村の貧しい民には、「満州」開拓民として国外に送り出される運命が待ち受けていた。東南アジアでは、商人、新聞記者、宗教者などに軍部が接触し、情報収集、スパイ・謀略活動を操作するようになる。例えば、トコ・チヨダの店員であった西嶋重忠は、バンドン日本人会会長の町田泰作に口説かれて、独立運動指導者たちとの接触を持つようになる。西嶋は一高在学当時、治安維持法違反で逮捕され、放校、さらに地下活動中に再逮捕され、釈放とともにジャワに渡ってきた政治青年であった。町田泰作も、東京美術学校時代に左翼運動に関係し、そこを中退してジャワに来た人物である。バンドンで景品つきの吹矢を業としていた石橋正次親分の輩下になったりしたが、西嶋を組織しようとしていた頃の町田は、バンドンで編物教室を開いていた。この町田自身を工作したのは民族音楽研究家の桝《ます》源次郎で、彼は著名な南進論者大谷光瑞から資金援助を受けていたと言われる。

町田や彼の仲間は、将来の日本軍進攻を予期して、オランダの情報を集め、オランダを攪乱する立場にある民族運動の指導者と接触した。日本を追われた左翼運動家、右翼アジア主義者、そしてヤクザが南の国で合体して、オランダ駆逐＝日本進攻の日を待ち受けていた。奇妙な歴史の構図が出来上がっていたと言えよう。

その進攻の日、一九四二年三月一日（ジャワ上陸）、日本軍はオランダ帝国主義を駆逐した「解放者」として、インドネシア人民から「熱烈歓迎」を受けた。しかし、それは、束の間の歓迎であった。「東亜被抑圧人民の解放」という軍のスローガンは単なるリップ・サービスに過ぎないことを人びとは思い知らされた。戦争遂行のため天然資源が奪われ、米を強制供出させられ、労役の提供を強制され、民族主義精神の高揚は「危険」であるとして弾圧された。人びとは、今日もなお「バキャロー」「ロームシャ」「キヲツケ」など、忌まわしい日本語を覚えている。

「満州」棄民と同じく、ジャワの貧しい農民が「ロームシャ」として泰緬鉄道の現場やスマトラ、アンボンなどの工事に駆り出され、死んでいった。「正義と解放のための戦争」という開戦前の軍の宣伝が単なるリップ・サービスであることを何人かの日本人兵士も見抜き、その欺瞞的態度に腹を立てていた。日本はインドネシアの独立を約束しながら、それを履行しないまま敗戦を迎えた。数百名の日本軍兵士は、敗戦後、ある者は祖国に絶望し、ある者は戦犯を恐れ、また別の者はインドネシアの女性と結婚したため、インドネシアに残留し、インドネシア独立軍に加わって、再侵略を企むオランダと闘った。戦前の三菱マン松浦のように、民間の経済活動を志し、残留した少数の日本人もいた。インドネシアに残留した日本人の存在、この存在は戦後の日本＝インドネシア関係に重大な意味を持つのである。

戦後の日本＝インドネシア間の公的関係は、和平・賠償協定の調印された一九五八年一月二〇日に始まる。しかし、それ以前の数年間に、とりわけ賠償交渉をめぐって、数多くの両国政治家、実業家、ロビイストが東京＝ジャカルタの間を往来していた。松浦のように、すでにこの時期、日本との商売を始めた者もいた。日本側では軍政に関わりを持った旧軍人や民間人が、賠償交渉に積極的に関与し、政治家の下で利益誘導に奔走した。真の友好関係のために無私の貢献をしようとした者は稀で、何らかの下心を持って、利権に群がる構造が形成されていった。

有償、無償合わせて四億ドルの賠償は、真の戦時賠償という意識でなされたのではなく、資源確保、貿易拡大という日本の経済復興、成長という隠された動機がより濃厚なものだった。さらに、木下商店、東日貿易などは、砂糖に群がる蟻のごとく、日本の有力政治家を介在させて、利権に食らいついたのである。

一九六五年の九・三〇事件[*1]を契機に、スカルノは大統領の地位を失墜した。彼とその側近の保持していた日本との特殊利権ルートは、別の新しいグループの手に渡ったが、両国間を結ぶダーティーなビジネス・ルートが消滅したわけではない。現在、主要な経済的取引は日本の大総合商社の手

＊1　九・三〇事件　一九六五年九月三〇日、共産党系の軍人によって、六人の軍幹部が殺害されたが、スハルト将軍が鎮圧。スカルノ政権を支えていたインドネシア共産党は壊滅に追い込まれた。以後、軍を掌握したスハルトがスカルノに代わって政権を握り、九・三〇事件に関与したという理由でインドネシア共産党員およびそのシンパが多数虐殺された。事件そのものについてはいまだに謎の部分が多い。

に委ねられ、小さな利権屋の入り込む隙は次第になくなってきている。法外なコミッションは巧みな操作により外からは見えなくなりはしたが〝汚職の制度化〟と言いうるような事態が進行しているように思われる。

戦時、戦後の日本のインドネシアへの関わりの動機、それは主要には石油をはじめとした天然資源の確保(アラブからの石油ルートであるマラッカ海峡の安全航行を含む)であり、製品輸出市場の確保であり、さらに近年においては資本投下市場の確保である。もはや行商人も人力車も姿を消した、モノとモノとの関係ばかりが目につく。

「開発」を問う

インドネシアの日本との貿易額は、ここ一〇年のあいだに一〇倍以上の増加があった。一九八〇年のインドネシアの輸出総額二一九・一億ドルの約五〇%が日本向けで、輸入総額一〇八・三億ドルの約三二%が日本からの輸入であった。日本の買うものは石油を主体とした天然資源である。インドネシアの受け入れ外国投資認可累計額は八〇年末には九〇億ドルに達した(一九六七年から)が、そのうちの三七%は日本の投資であり、またインドネシア債権国会議(IGGI)[*2]による援助約束額一六一億ドル(一九八一年度まで)のうち、約五分の一が日本政府によるものであった。日本政府はI

ＧＧＩ以外の資金協力も行なっており、七八年末までに総額（交換公文ベース）[*3]は実に八九六六億円に達している。これは日本の政府ベース資金協力総額の二三％に達するもので、インドネシアを日本政府がいかに重視しているかが分かる。経済分野での活動の拡大に伴って人の往来も当然激しくなる。法務省『出入国管理統計年報』によれば、日本に入国したインドネシア人は一九六二年に二四二一人だったのが、七〇年には一万一三七七人、七九年には一万二九七八人と、年々増加している。

一方、日本を出国する日本人は、入国外国人より一層大きな増加を見せている。一九六六年の出国者総数は約三四万であったが、五年後の七一年には三倍近い一二七万人、七九年には四〇四万人にも達した。このうち、インドネシアに出かける人の数は、それほど多くはない。七九年にインドネシアに行った日本人は五万七四〇六人で、全体の一・四％にすぎない。観光目的で出かける人の数が少ないためとも言える。七一年、七九年の海外渡航日本人のそれぞれ七四・四％、八四・四％は観光を目的にしていたが、インドネシア渡航者で観光目的の者は三七・五％、五八・七％となっている。インドネシアは観光地であるより、ビジネスの場なのである。

観光目的の渡航者について、少し考えてみよう。七九年に観光目的でインドネシアに行った日本

＊2　インドネシア債権国会議（ＩＧＧＩ）　インドネシアへの債権を有する日本および欧米の一五ヵ国と交際通貨基金、世界銀行、アジア開発銀行、国連開発計画による会議。一九六六年、日本の提唱によって開催され、毎年債務処理問題、新規援助額などを話し合った。一九九〇年まで継続した。
＊3　交換公文ベース　国家間の諸問題を政府同士が公式書簡を取り交わして合意に至る方式。

人は約三万四〇〇〇人。彼らは通常、バリ島やボロブドゥールなど、ごく限られた観光リゾートのみを訪問する。ほとんどが旅行代理店によるパッケージ・セットの旅行である。

彼らは日本人マネージャーのいる高価な〝国際級〟ホテルに宿泊させられる。〝有名〟観光地周辺には、日本人をはじめとした観光客目当ての、貪欲な観光業者、みやげ店が軒を並べている。風俗店が乱立。台湾、韓国、フィリピン、タイを席捲した「買春ツァー」の影響はインドネシアにも及んでいる。厳格なイスラーム教徒は、ジャカルタの「ソープランド」に眉をひそめている。

インドネシアに長期在留する日本人の数を正確に推計することは、かなり難しい。住民登録をしなかったり、不法滞在したり、労働許可が取得できないため頻繁に出入国を重ねるなどの事情があるからである。中央統計局の数値では、一九七六年にインドネシアに在留する日本人は九二三四人で、一〇年内外のうちに激増している。実際は、これ以上の日本人が長期滞在していると思われるが、実数は把握できない。

日本人のほぼ四分の三は首都ジャカルタに滞在し、その他の地域では、主に資源のあるところ、日本の大プロジェクトが実施されている地域（北スマトラなど）に集中している。四〇〇〇億円以上の巨費が投じられるアサハン・プロジェクトについては第4章で触れる。

このような日本人は、インドネシア社会とどのような接触をしているのだろうか。彼らは通常、きわめて限られた範囲での接触しかせず、小さな閉鎖的集団の中で行動しているようだ。これは、ほとんどの人が企業活動に専心せざるを得ないという、海外渡航—滞在の目的に拘束されているからだとも言える。

また別の観点からすると、インドネシアで企業活動に携わっている人びとは、華人を中心とした、ごく一部の上層階級に属する人びとであり、企業を取り巻く役所の人間もまた上層階級の人間である。このような企業を中心とした行動範囲の中で日本人が日常的に接触する人びとは、インドネシアでは数パーセントにも満たない金持ちエリート階級に限られてしまう。

だが、一般民衆との接触がないわけではない。彼らは運転手、ボーイ、お手伝いさん、時にはナイト・クラブのホステスとのつき合いもある。主婦は市場で売り子とも知り合うだろう。しかし、こうした関係は使用者と被使用者、客と店員といったカネを媒介としており、常にカネで民衆を雇う立場に日本人は立たされている。

数百名にも及ぶ子供たちも、両親とともにインドネシアで暮らしている。ジャカルタにある大使館付属の日本人学校では『みなみ十字』という、子供たちの作文集を刊行している。この作文を読むと、子供たちもまた、インドネシアの無数の子供たちとは接触の道を断たれているように見受けられる。彼らの知っているインドネシア人は、通常、運転手、家事使用人、あるいはボーイであって、インドネシア人を友人に持つ子供はきわめて少数である。時折、両親のインドネシア人（社会）への蔑みの感情を、子供が代弁していることもある。子供たちが、ためらいもなく、植民地的蔑称とも言えるバブ（女中）とかションゴス（下男）という言葉を使っているのを見ると、暗澹たる気持ちになってくる。しかし、子供やその両親たちだけに責任が帰せられるべきではないだろう。日本の現行の教育制度そのものが、海外にいる日本人の子供までをも巻き込んで、現地の子供たちとの夢多き友好関係を阻害しているということではないだろうか。彼らは片時も、日本の受験から目をそらすことができないでいる。南国にいながら、子供たちは、その雄大な自然にも、貧しいがしかし大らかな生活欲に満ち満ちたそこの子供たちとも触れ合うことなく、白い顔をしたまま、三、四年経つと日本に帰ってくる。

インドネシアには、まだ裸足や裸の子供も多い。GNP（国民総生産）で測れば、日本はインドネシアの一八倍（一人当たりで二〇倍）にもなる（一九七八年）。[*4] 「開発」は格段に遅れている。だが「開発」と人間の優劣とは関係のないことである。文化の優劣など、そもそもあり得ない。にもかかわらず、GNPや「開発」だけが物指しであるかのように私たちは思い込まされている。

中央から、上から、大組織から命令される「開発」が、民衆の多様な生活の営みを破壊し、創意と自立性を失わしめ、犠牲を強いている事例は枚挙にいとまがない。本書でも、そうした事例をいくつか挙げてみる。

資源や食糧の危機が叫ばれ、一方で核兵器の恐怖の中で私たちは生活している。すでに「既開発状態」にある私たちを含めて、いままでの「開発」「工業化」と、その延長線上に見えるものを、改めて本書で問い直してみたい。

＊4　二〇二二年のGNPは日本四兆二三一一億ドル、インドネシア一兆三一九一億ドルまで接近している（外務省）。

第1章　土佐の村・ジャワの村

二つの村をまず考えてみたい。高知県の山奥の村と、西ジャワの村である。村は人びとの生活の原点である。どんなに自動車やコンピューターを大量に生産し、テレビの放映時間が長くなり、バーやキャバレーが増えようとも、村で土や水や森を相手に食べ物を採取したり、作ったりしないかぎり人類は生存できない。自明のことだが、そこのところが見えにくくなってきている。

大型宇宙船が一〇の何十乗分の一だか知らないが、とてつもない精度の技術を駆使して、宇宙に出ては帰ってくる光景は、土にしがみつく〝ちっぽけ〟な人間の営みを忘れさせるに余りある。科学技術が発達すれば、食べ物の問題など大した問題でないとすら考えている人もいる。だが、広島型原爆の二〇〇万倍にも達する核兵器を開発するほどの科学の発達（？）は、何億人もの地球上の飢えにどんな貢献をしたというのだろうか。

村は人びとが生存するための基本となる食べ物を、共同して生産する場であった。人びとは血縁、地縁で必然的に結びつけられていた。土佐の村とジャワの村、二つの村の歩みをたどってみると、どちらの村も、「近代化」や「開発」という名の下に、都市や工業に従属を強いられてきている。中央（国家）、工業、大資本の都合が村を貫く。村びとの多様な生活の営みは、どんどん失われ、都会に都合のよい農業モノカルチュアに特化させられる。自分の足で立って、生き生きと生存することが許されなくなる。ジャワでの植民地支配も、日本の太平洋工業ベルト地帯のコンビナート化も、この点においては似たようなものである。

村はとりわけ弱い者に犠牲を強いる。土佐の村は、貧しい小作人を「満州」に送り出した。ジャワを占領した日本軍に「ロームシャ」(労務者)として徴用された者の多くは貧しい農民であった。西ジャワの農民の貧しさも、めぐりめぐって考えてゆけば、工業センターとして君臨する私たち日本国と無縁ではない。

ここでは、自然の生態系の中で、農に生きてきたムラ共同体の営みを、二つの村から照射してみたい。工業、資本、都会の都合が、ムラの存在を傷つけずにはいない現実をも考えてみたい。

森の隠遁者

〝ガリス・クミスキナン〟(garis kemiskinan)というインドネシア語がある。「貧困線」という意味である。この言葉を聞くと、私は骨格がか細く、肌は黒光りしているが、眼のギョロついたジャワの貧しい農民のことを思い浮かべる。そして、栄養失調で腹の出た子供たちの姿を思い出す。数年前に、西ジャワの最西端のアニェル海岸近くのカンポン(日本の区にあたる自然集落)で、下半身を丸出しにして、私たちの乗るジープをじっと睨んでいたあの子供たちの姿である。天を衝く無数の椰子の木々は、子供たちの苫家《とまや》を一層暗いものにしていた。

椰子の木は、その時までは忌まわしいものではなかった。八重の汐々の、はるかかなたの「遠き島」、青い海に白い砂、ギラつく日輪、南風《はえ》に誘われ、かすかに葉ずれの音を奏でしリディ（椰子の葉脈）を生い茂らせた丸い幹……。椰子の木のイメージとはこんなものだった。「南国」の人びとに寄せる思いも、同じように明るいものだった。しかし、現実はそのようなものではなかった。椰子に覆われた暗いカンポン、眼がギョロつき、腹の突き出た子供、貧困線（ガリス・クミスキナン）……。南の国のリアリティは、「椰子の葉陰の十字星」のロマンから、暗い森へと私を旅立たせる。

高知県の山奥の村に、敗戦を境に、山奥にこもってしまった隠遁者みたいな老人が棲んでいる、との情報をもたらしたのは、その村の出身者のSさんだった。戦争中に「南方」に派遣された朝鮮人軍属[*1]について調べている時に出会ったのがSさんで、彼は外務省の役人として、中国で戦犯となり、スガモ・プリズン[*2]に移送された一人であった。このスガモの仲間にアンボンの蘭印法廷で戦犯になった旧陸軍憲兵（軍曹）のMさんがいた。Mさんの親友が朝鮮人戦犯だったIさん、このIさんから逆に辿ってSさんと知り合ったわけである。「隠遁者」の話が出たのは二度目にSさんと会った一九八〇年夏のことであった。

森にこもって、めったに人にも会わず椎茸栽培で生き長らえている老人、それはSさんの小学校

＊1　軍属　軍に所属するが軍人ではなく、戦闘に直接関与しない仕事に従事する者。

＊2　スガモ・プリズン　第二次世界大戦後、西巣鴨にあった東京拘置所がGHQによって接収され、戦争犯罪人とされた人が収容された。その英語名称。

時代の恩師であった。その先生は、戦争中、「満州分村」（開拓村）の国民学校の校長となり、引き揚げの時には引率の責任者の一人でもあったという。貧しい土佐の山村の五〇〇戸のうち、二〇〇戸が「満州の開拓移民」として「選ばれた」。この校長先生は二〇〇戸（実際の送出は一一五戸）に白羽の矢を立てた選出委員にもなっていた。しかし、吉林省樺甸県樺樹林村に入植した江川崎村（現西土佐村）の「鍬の戦士」三六三人のうち、実に七二％にあたる二六三人が引き揚げの途上に斃《たお》れると誰が想ったであろうか。この老人は当時の悲惨を綴っている。

「何とかして日本の土を踏んで死に度い、一目でも内地を見たいとは皆一様の願であった。しかし毎日毎日引続きこの世を去って行く同胞の人々の中で痩せ衰えて起居も不自由になった自分の体を見た時、何時自分に死が訪れるか、何時までこの世の風に打たれる事が出来るかと考える。もう死という事を恐れもせねば何の感傷も起らない。」（『高知県満州開拓史』一九七〇年）

Sさんの両親も、この引き揚げの時に亡くなっている。一度死にかけた身をひきずり「隠遁」老人は故国の土を踏んだ。一九四六年六月、四九歳の時であった。「多くの同胞を満州の地に失って、自分のみが帰って来た申し訳なさ」、このことが、老人を森にこもらせたに違いない、と私は単純に合点した。

老人が敗戦、引き揚げを機に森にこもって椎茸しかしていないと、Sさんは言った。世間から後ずさりして四国の山奥にひっそりと棲息する老人は、大江健三郎が『万延元年のフットボール』（一九六七年）に登場させた「森の隠遁者ギー」のイメージを私に与えた。

「森の隠遁者ギー」は、「青年学校を出て代用教員をしていた」村のインテリだった。しかし、彼は軍隊にとられるのを恐れ、森に逃げ込んだ、村のただ一人の徴兵忌避者だった。森にこもったきり、夜だけ谷間に下りてくる「ギー」を、村びとは「狂人」扱いした。「満州」から七割もの村びとの死を目撃しながら引き揚げてきた、かの老人の敗戦後の隠遁に、私は「ギー」にも似た興味を覚えた。世をすね、森の中から、村びとに「戦争体験」という刃《やいば》をつきつけ「満州」にこだわり続ける無気味さを想起してもいた。この四国の山奥の村へと私は旅立つことにした。

「満州」棄民

この老人の棲む村は高知県の西北端、愛媛県との県境に位置する幡多郡西土佐村である。もとは江川崎と津大の二村より成っていたものが、一九五八（昭和三三）年四月に合併してこの村の誕生となったのである。東西二四キロ、南北二一キロ、総面積二四八平方キロ、東京二三区がすっぽりと入ってしまうほどの大きな山村である。しかし、そこには一四七七世帯、五二一八人の人しか住んでいない（一九七九年現在）。一平方キロ当たり、わずか二一人の人口密度である。ジャワの農村部の人口密度が五〇〇人を超えるのに比べれば、まさに過疎状況にある。しかも二〇年前の一九五九年（最多人口年）の八五三九人をピークとして、過疎化が激しく進行してきたのである。単純に平均すれば、年々一六六人の村人が、村から消えていることになる。

人が少ないのは森が多いことにもよる。林野面積は総土地面積の九二％にも達し、耕地は、山あいを流れる川沿いの狭隘な河岸段丘だけで、田んぼが三〇七ヘクタール、畑が四三ヘクタール、果樹園、桑園合わせて二三一ヘクタール、耕地全部合わせても五八一ヘクタール、村の総面積の二・三％にすぎない（一九七五年現在）。

村の中央を北から南へと四万十《しまんと》川が蛇行し、これにいくつもの支流が流れ込んでいる。この四万十の本流および支流沿いに発達した峡谷型の山村が西土佐村で、二九の部落が川にへばりつくように点在している。川沿いのわずかな平地以外は山で、黒い森が重畳と波打っている。

四万十の流れは普段はあくまでも清く、ゆったりとしている。だが毎年のように南の海から襲来する台風は、この清き流れを〝暴れ川〟にする。大きな洪水が村人たちの運命を、濁流に舞う木の葉のごとくに蹂躙する。一九三五（昭和一〇）年八月の大洪水は四五年来の大被害をもたらした。不況による生糸相場の下落と相俟って、養蚕業に大きく依存していた村の経済は致命的とも言える打撃を受けた。川筋にへばりつき、稲を植え、桑を植えても、自然の猛威の前には無力でしかない。いっそ大陸に「新天地」を求めた方が暮らしは楽になるやも、こんな思いに村の指導者はとりつかれていた。

「本村（合併前の江川崎村…引用者）ハ戸数五六一戸、人口二、五三四人ヲ抱擁シ耕地水田一〇九町余一戸平均二反六畝歩、普通畑九一町一戸平均二反一畝歩、桑園一二二町一戸平均二反九畝歩、計農家一戸当七反六畝歩余、農家ノ経営規模過少ニシテ従ツテ過去ニ於ケル経済生活ノ方途ヲ主トシテ養蚕並ニ山林資源ニ求メ主要食糧ハ毎年需用量ノ三分ノ一以上ヲ他町村ヨリ求メテ之レガ補給ヲ為シ来リタリ、殊ニ人口ノ増加ニ反シ耕地山林ニ依ル生活資源ハ漸次減少シツツアルモ他ニ生産力拡充ノ途ナク就中四一五戸ノ農家中二〇〇余戸ノ小作並ニ自作兼小作農家ノ営農状態ハ極メテ貧弱ニシテ総テ自活ノ途立チ得ザルノ状態ナリ」（幡多郡江川崎村「江川崎村経済更生事業実践要項」一九四二年）

このような村の窮状を救おうとして、「満州」へ開拓移民が送り出されたのである。「二〇〇戸単村分村ヲ断行、以テ本村ノ再編成ヲナシ、其ノ基礎ヲ営農規模ノ適正化ニ置キ母村分村ヲ通ズル江川崎村永遠ノ興隆ヲ図ラントスル」（前掲資料）ための「満州」移民であった。しかし、そもそも国内矛盾を他国に侵略することで解決できるわけはなかった。両村は「永遠ノ興隆」を達成できなかったばかりか、村の貧しい部分である小作、自小作農の多くを切り棄て、この世から抹殺してしまったのであった。耕地が狭隘で食糧が自給できない、林業も振わず養蚕も凋落傾向、頼母子講《たのもしこう》[*3]も不払い続出で潰れ去る、大洪水が追い打ちをかける、昭和初期の山村の困窮した状況が「満州分村」の結論を生み出したとしても不思議ではない。

だが、村の指導層がたとえ「新天地」の夢を描いていたにしても、送り出されたのは、自給ができない貧しい農家であったし、そもそも「満州移民」自体が帝国主義の国策であり、国内貧窮村の下層貧民の海外輸出にほかならないのではなかろうか。

一九三六（昭和一一）年に関東軍司令部は「満州農業移民百万戸移住計画」なるものを発表している。向こう二〇年間に一〇〇万戸、五〇〇万人の日本人を入植させようとする計画であった。「満州の二〇年後の人口が五〇〇〇万人になるから、一割は日本人にしておこう」との計画で、翌年には拓務省がこの計画に沿った予算を計上している。まさに国策移民である。

一方、世界恐慌、生糸相場の下落、凶作などで昭和初期の農村は困窮のどん底にあった。特にひどい状況にある村は「経済更生指定村」とされ、「満州」移民を更生計画の最優先策として設定せざるを得ないところに追い込まれた。西土佐の江川崎、津大も指定村となり「分村」計画の実施に至ったのである。太平洋戦争の緒戦の大勝に見送られ、「鍬の戦士」が村をあとにしたのは一九四二（昭和一七）年三月一三日のことであった。ジャワの蘭印軍がバンドンで日本に降伏宣言を発した四日後のことである。そのジャワからも、同じように「経済戦士」という呼ばれ方で、貧しい農民たちが「ロームシャ」として泰緬鉄道の現場へ、あるいはアンボンの飛行場建設の現場へと送られていた。デラシネの民への旅立ちにおいて、西土佐もジャワも等しく悲惨である。

〝豊かな〟村

村は束の間の暑い日だった。デラシネたちを生み落とした三五年前の八月も、きっと四万十の流れは青く澄んでいたに違いない。河辺の白い砂州、青い水、黒い森が、村のすべてのような気がした。

クマゼミの鳴き声が裏山から降ってくる村の中心地、江川崎のある家でSさんと落ち合った。この家の主《あるじ》はSさんの遠縁にあたるという。二階の広間はゆがんでいた。汗をかき、扇風機に吹かれ、蝉しぐれを聞き、ゆがんだ畳の部屋でスイカをかじるというのは、何だか三〇年も前にさかのぼったようで、私は上機嫌だった。床の間の真ん中あたり、左右の壁に一線が画され、下は茶色く変色している。これが洪水の爪痕であることは、女主人の説明で分かった。つい五年前の台風で、村は「激甚災害」の指定を受けているのだ。「満州分村」を出す構造に一体どれほどの変化があったというのだろうか。八月の白い昼下がり、この村の中心街の申し訳程度の商店街には何の活気も感じら

＊3　頼母子講《たのもしこう》　鎌倉時代から広く行なわれた民間の共済的な金融組織。構成員が一定の金額を出し合い、一定の期日に抽籤または入札でその中の一人が順次、所定の金額を受け取る仕組み。

れない。電気商の真新しい扇風機と、雑貨屋のアニメ漫画入りサンダルの陳列が、毒々しい都会文化と村とをつないでいた。

私は「過疎村」にいる。過疎村は都市工業から切り棄てられ、農による自立も達成できぬ現代日本の「はんぱ者」くらいに思われている。だが「はんぱ者」は、時にはそれを生み出す本体に嚙みつく「鬼っ子」でもある、と私は思いたかった。村は心なごむ共同体の絆があり、貧しいながらも、また村を去る若者を横眼で見やりながらも、中年や年寄りたちが肩肘張って大地にしがみついているのだ、生存の大本の食べ物を握る村人はいつかは都会に肘鉄砲を食らわす強靭さを備えているのだと、都会のごく一部の人びとは村に熱いラヴ・コールを送っている。茅葺きの廃屋、ペンペン草、自生するカボチャの黄色い花、かつての庭先に生い茂るコスモス、時折見かける老夫婦と猫の額のような水田……。私は「過疎村」とはこのようなものだと勝手なイメージを作り上げていた。そこは棄てられている、だが棄てられているがゆえに自立への芽を宿している、と考えるのは、浅はかであった。隠遁老人への思い入れが浅はかだったと同じように…。

村の助役さんと若い役場の青年の話が、勝手な都会人の幻想にアッパーカットを食らわしてくれたのだ。

「夏休みなのに子供たちの姿があまり見あたりませんが?」

「子供は川で遊びませんなあ。やはりテレビを見たりしますけん」

「あんなきれいな川で、アユやウナギがとれるっていうのに、どうしてでしょう?」

「学校には立派なプールができました。親も先生も事故が恐いのは同じでしょう。自然に恵まれているったって、いまはみんなそんな意識ですわ。歩いて学校に通う子もいませんよ。昔は二里も歩いて通った子もいましたが、いまはスクールバスがあるんです。……妙な話ですが、こんな山奥なのに、土踏まずのでけん子が多いそうですワ」

「エッ！」

私は思わず絶句してしまった。私たち都会人は甘い。「過疎村」の何たるかを何も知らないのである。自然に恵まれた山の子供たちのために、学校が国から予算をもらって体力増強施設を作っているという現実を知らずして「地方の時代」などと言っているのである。都会人は、村は「自然や田園風景が保たれている」「昔ながらの人情が残っている」「村祭りや伝統行事が残っている」「新鮮な野菜を供給してくれる」ところだと考えたがる（佐藤藤三郎『まぼろしの村』晩聲社、一九八一年）。このような「まぼろしの村」像を外から押しつけてしまうのは、都会人の「身勝手な発想」（同書）なのかも知れない。

一九七八年の西土佐の総生産額は四三億七七〇〇万円、一人当たりにすると八二万六六二九円となる。一世帯当たり（三・五人）二九〇万円ほどになる。[*4] 可処分所得を一割程度少なめにして計算すると、一人当たり七四・四万円、世帯当たり二六〇万円というのが村びとたちの純所得だろう。一

＊4　「北幡中核林業振興地域整備計画書」（昭和五四年度）ほか、村の資料による。

九七六年度の日本全体の一人当たり個人所得が一三三万円、高知県が一二〇万円であったのに比べた場合、村の「過疎化」の原因の一端をつかみとることができる。*5

村びとの二人に一人が就業人口である。就業人口のうち農業従事者五〇・二%、林業九・九%、漁業〇・二%、第二次産業一三%、第三次産業二六・五%、他町村への就業者〇・九%となっている（一九七五年）。つまり一〇人中六人が大地につながった仕事をしている。世帯での主生業を見ると、もっと自然への依存率が高いことが分かる。つまり七八年には、一五一八世帯のうち八八二世帯（五八%）が農家世帯、五七一世帯（三八%）が林業世帯と数えられている。ほとんど全世帯が農林業従事世帯である。

しかし村は農業や林業だけでは食えない。村の九二%を占める森林からの生産額（椎茸栽培やなめこ栽培を含む）は全生産額の四二%、農業（畜産、漁業を含む）からの収入は一九・一%にすぎない。農林業生産額を一人当たりで平均すると五六万円、一世帯平均約二〇〇万円、一ヵ月一六万円ほどである。もちろんボーナスも時間外手当てもつかない。

米を作っている農家は七五六戸（全世帯の五〇%）である。三〇四ヘクタールの収穫面積で約一〇〇〇トンの米がとれた（一九七八年）。米だけは自給して余りがある。一人一年に八〇キロ消費しても六割近くは他所に売ることができる。だが一〇〇〇トンの米を売っても二億八〇〇〇万円、稲作農家一戸当たり三七万円にしかならない。一戸当たりの経営面積が〇・四ヘクタールという現状では米による農家の自立など思いもよらぬことなのである。

副業として、栗、イチゴ、スイカの栽培が行なわれ、肉用牛、豚、鶏を飼い、養蚕をやっている。これらすべての農業生産を合計して農家戸数で割っても、やっと一二五万円程度にしかならない。森林への依存度は高いが、全森林の四六％が国有林ないし公有林で、生産額の七〇％は国有林・公有林のものである。しかも民有林を所有する者のうち九三％は二〇ヘクタール未満の所有者であるから林業で自立している世帯はほんのわずかと言える。大ざっぱに計算すると、一九七八年の民有林一万二五〇〇ヘクタールの生産額（素材と樹苗）は約三億二七〇〇万円、ヘクタール当たり二万六〇〇〇円程度である。二〇ヘクタールを所有しても五二万円にしかならない。森林がまずまずのメシのタネとなるのは五〇ヘクタール以上の所有者約三〇人である。むしろ、民有林の切り出しとほぼ等しい生産額を上げている椎茸（生および乾）栽培の方が、ずっとカネになるのではないか。

しかし、椎茸は森林の針葉樹化とは矛盾する。現に一九六〇年以降の国による針葉樹林化政策により、椎茸用の原木が不足し始めている。椎茸菌も椎茸の販売ルートも村外の者によって押えられており、村はますます自立を奪われているのである。

一九七六年の村の歳入は一六億一四〇〇万円ほどだった。そのうち地方交付税、国庫支出金、県支出金が六九・四％、まさに三割自治の現実がここにある。村税はたった六・四％にすぎない。二〇年前には、外からのカネが四割を超えることはなかった。

＊5　『国会地域統計提要』（国会図書館、昭和五五年版）。

確かに村は一見豊かなように見える。どこの村でもそうだが、学校や役所そしてヘルスセンターなどが立派な鉄筋コンクリートで建てられている。どんな奥の部落にまでもアスファルト道路が延びている。『村政二〇年のあゆみ』と題して出された年表（一九七八年四月刊）を繰ってみると、それは「インフラストラクチュア」整備建設の歴史にほかならない。第三世界の露骨な「開発主義」以上の「開発」が、日本の村に当たり前のように見られる。特に一九六〇年以降の〝高度成長期〟には、毎年のように橋ができ、簡易水道が敷かれ、学校が新設され、プールができ、テレビの中継塔が立ち、道路が舗装され、無電灯部落がなくなり、スーパー林道が完成し、診療所ができている。「開発」とはこういうものだということが手にとるように分かる。「NISHITOSA」と、緑地に朱で書かれた、洒落た村の紹介パンフレットを開いてみると、村民四九人に一人の村職員がいて、児童生徒八・八人に一人の小中学校教員がおり、自動車は〇・九世帯が一台を所有し、テレビは七世帯に一〇台あり、電話、洗濯機、冷蔵庫のない家はいまやないということが絵入りで分かるようになっている。

「ギー」の棲む山村に、ある無気味さと、底力のようなものを期待していた私は、村に入った日に、すでに幻滅を感じていた。身勝手かも知れないが…。しかし奪われてゆく自立性について、もう少しはっきりしたものを把む必要があるようだ。

機械貧乏

　私たちの泊った〝温泉つき〟民宿には、カラオケセットだけでなく、村の歌い手を写し出すビデオ装置まで備えてあった。沢蟹と鮎の塩焼き、天然うなぎの蒲焼きを肴に、渓流のせせらぎを聞きながらビールを飲み、都会からの闖入者はカラオケで「人生劇場」を歌い、「UFO」を踊った。宿の若主人は名歌手であった。〝カラオケ楽団〟に見事なまでに手なずけられており、カラオケすらに素朴に驚嘆した都会人に余裕ある笑みを絶やさなかった。

　翌朝、奥の部落の区長さんが訪ねてきた。ひぐらしが朝から鳴いている。雨が来るかも知れない。カラオケぼけのねぼけまなこの私たちを前に、背筋をピシッと伸ばして正座する区長さんに、また勝ち目はないなあと感じてしまった。

「クルマ、テレビ、耕うん機、……、皆さん方が御覧になれば、ぜいたくにも見えましょうが、内実は厳しいものです」

　村の〝矛盾〟を何とか答えてもらおうとのこちらの意図を、区長さんは見抜いていた。六五歳の区長さんは、七年前まで小学校長を務め、いまは一町五反の栗畑と五反歩の田んぼと、そして年金で奥さんと二人で暮らしている。栗と米の純収入は六〇万円にしかならないという。

「私は人間がガサツイので、もともと教師にはむいていないんです。百姓しとる方がむいとるんですわ」と区長さんは言う。三人の娘さんは、一人も村にはいない。六〇キロ離れた須崎の町に住む長女の夫を養子にとったので、何とか家系がつながる、その夫婦がいつの日か村に帰ってきてくれるのではないかと区長さんは淡い期待を持っている。だが、一町五反の栗園と五反歩の田んぼは、役所に勤める婿さんの一回分のボーナスを稼ぎ出してくれるにすぎない。「開発」と「過疎化」が同時進行する山村で〝篤民〟区長はあきらめにも似た気持ちを抱いている。

「いなかというのはおかしなところで、競争心というのがあります。隣も買えばウチも買うといった具合で、運転する者が一人しかいなくとも車は二台ある。クルマは家計を圧迫しています。ローンはもちろん、維持費もあります。本当にクルマが必要で、しかも余裕があって買うとる人は三割ほどで、あとは無理をしとるのです。ヤマの仕事に出るならオートバイで結構。農機具も同じことで、結局、私ら機械貧乏ちゅうやつです。セールスが激しくて、私の部落にも大メーカーの手下みたいなのがおりますワ」

「手下」と言ったときの区長さんは厳しい顔つきをしていた。

山形で百姓をやりながらモノを書いている佐藤藤三郎さんも「機械貧乏」にされてゆく農村のことを書いている。

「いま農家は、車をはじめとする耐久消費財の支出に追いまくられているといっても大きな間違いはありません。ステレオだとか、さまざまな耐久消費財を買い込むために追われて、兼業を余儀なくされている農家も少なくありません。そして兼業をやるために農機具を購入します。収入より先に支出がどんどん増加します。……〝農協まつり〟というのが行なわれるようになってから数年になります。〝まつり〟というよりも、実質的には大売出しといった方が適当なことばです。家具や仏壇、電化製品などをはじめとするもろもろの商品を、業者をつれてきて大売出しをするものなのです。」（佐藤藤三郎、前掲書、傍点は引用者）

どこの村でも大資本の「手下」になる者がいるようだ。ジャワの貧しい村にも、華人米穀業者や青田買いの出先みたいな人がいた。

区長さんの部落は、役場から一三キロも入った本当の山奥で、平家の落武者伝説もある。かの隠遁老人もこの部落の人である。区長さんのお婆さんの時代には、木綿の機織りをやっていた。木綿《きわた》尻という地名が木綿栽培の名残を留めている。尻というのは畑を意味するそうだ。大正一〇（一九二一）年頃まで機織りは続いていたという。「地織」と称する織機で絹織物が作られてもいた。昭和恐慌の前頃までは、生糸の製糸工場が何軒かあり、足踏みの製糸機で女工さんを二〇名も雇っている工場もあった。いま、繭は愛媛県のS製糸にすべて出荷、同じく愛媛県のYという会社が、村に縫製工場を進出させ、その分工場が区長さんの部落にある。工場といってもミシンをかける農家のおばさんが八人いるほどである。下請けのまた下請けといった内職的労働を周辺部に皺寄せしてゆく構造は、日本国内だけでなく世界的に歴史的に成り立っているようだ。

部落はかつては、外部とは、必要に応じた限られた交渉しか持っていなかった。区長さんが子供の頃でも、外との接触はあまりなかった。医者が往診にでも来ようものなら、どこそこの家には医者が来たといって話題になった。山を越えて、籠を背負ったジャコ（炒子《いりこ》）売りがときどき来た。塩や砂糖が祝いで多量に入用なときには、一日がかりで買い出しに出た。木馬《きんま》道といって、材木を搬出するトロッコ道みたいな道ができたのは一八九九（明治三二）年のこと、木馬を引っぱるのは牛であることもあったが、人が引っぱることが多かった。枕木に油を塗って、よく滑るようにしたそうだ。役場まで、どうやらまともな道ができたのは一九三〇（昭和五）年のことだった。その頃まで、部落にとって最大の収入源は木炭で、皆が木炭を焼いていた。戦前は主として白炭を焼き、戦後は黒炭になった。一九六〇年頃までは、それでも炭焼きをやっている人が結構いたが、いまでは二戸だけ、老人が副業として細々と焼いている。一九六〇年前後というのは村の生活でも一つの分水嶺らしい。民有林が「見る間に」切り尽くされたのも、ちょうどこの頃だったという。

電気が来たのは一九三二〜三三（昭和七〜八）年の頃、電気点燈記念碑というのが部落にはまだある。ラジオが聞こえたのもその頃からであった。「満州事変」（一九三一年）や「満州国建国宣言」（一九三二年）などの後だけに、「満州」に関するニュースが、ラジオを通じて村びとに伝わったに違いない。「満州」についての放送がいかに多量に流されたかは、最近出版された三輪公忠編『再考太平洋戦争前夜——日本の一九三〇年代論として——』（創世紀）の中の池井優の論文「一九三〇年代のマスメディア」に詳しい。

マスメディアの村への進入が国策遂行、戦争への根こそぎ動員に果たした役割は想像以上に大きなものだったのかも知れない。区長さんも一九四四年に召集を受けた。丙種合格[*6]だったので「補充の補充」にすぎず、「インパール要員[*7]」としてインパールに行く前に日本軍はもう撤兵し始めていたという。鉄砲二発撃っただけで英軍の捕虜になり、日本軍にいるときより楽をしたそうだ。「黒人兵」(英印軍のインド兵か?)がタバコをくれ、日本兵には好意的だったという思い出もある。

「戦争ではだいぶ死にました。満州分村から帰ってこられた人は本当に少なかった。私だって二〜三ヵ月早く行っていたら分かりません」

区長さんにとって、戦争や「満州分村」は部落のヒトが極端に減ったことと同じである。ほかの多くの村びともそうであるが、戦争や「開拓移民」は、進んで語ってくれる「話題」ではなく、それ

＊6　丙種合格　第二次世界大戦時まで満二〇歳になった男子は徴兵検査を受ける義務があった。毎年四月一六日〜七月三日に全国で軍医による身体検査が行なわれ(学力検査はなし)、甲・乙・丙・丁・戊の五段階に分けられた。甲種は身体頑健で即時入隊、乙種は補充兵役となり、丙種は体格・健康状態共に劣るもので一旦帰宅、丁種は身体に障害がある者で兵役免除、戊種は病気療養者などで翌年再検査となった。

＊7　インパール　インド北東部、ミャンマー国境の地名。第二次大戦末期、太平洋戦線で劣勢だった日本軍はビルマ戦線での挽回を図って無謀な戦いを仕掛けたが、インパールの英印軍基地を落とすことはできず敗退。雨季のジャングルを退却した日本兵に多数の犠牲者が出た。「インパール」は日本軍の無謀で愚かな作戦の代名詞となっている。

を何らかの形で「総括」することも避けているようだ。

戦争が終わって一〇年ほどすると、部落には県交通のバスが通ってくるようになった（一九五四年）。一軒家に五人や六人はいた子供たちの数がだんだん減り、通婚圏が拡がり始めた。一度部落を出ていった者で部落に帰ってくる者はめったにいなくなった。六〇年代に入ると、もう雪崩のような「近代化」が進行した。養蚕をやる家はどんどん減り、野鍛冶もいなくなり、七〜八人いた猟師は、いまは九〇歳の老人だけになった。若者は、炭焼きはもちろんのこと、百姓もいやになり、ボウリングやパチンコが「文化」だと思うようになっていった。

一九六〇年、有線放送開始。六一年、テレビ受像が可能になる、部落の四辻橋が竣工。六二年、村役場新庁舎が竣工。六三年、部落に簡易水道が敷設される。六四年、部落の小学校のへき地集合室が完成、オリンピック聖火リレーの走者が村を出発。六六年、無電燈部落解消。六八年、部落内の林道起工式。六九年、NHKテレビ中継塔完成。七〇年、バス路線廃止に伴い代替バス運行開始。七一年、中央公民館完成、園芸（スイカ、キュウリ）が導入される、他部落小学校にプール完成、村内九九％に電話がつく。七三年、国鉄予土線が開通。七四年、部落に中学校ができる。七五年、台風五、六号襲来で甚大な被害。七六年、電話の自動化。七七年、韓国人医師がへき地出張診療所に着任。学校、集会所、公民館、プール、電話、有線放送、テレビ受像、道路舗装、水道、電化……、いわゆる「開発」が進行してきたのに、若者はますます村を去る。「開発」とは裏腹にバスが来なくなる。みんなが自分のクルマを持てるようになったからなのか。クルマを運転できない老齢者はバスも利用できなくなり、ボウリングやパチンコの「文化」からも取り残され、「近代園芸」にもついてゆけない。七〇年代は部落にとっては「開発時代」の終焉であったが、「開発」が生み出した「豊かさ」とは、土や森とともに自立ができる豊かさとは及びもつかないものだった。公共投資のおこぼれや年金がなければ、ほとんどの世帯は明日にでも部落を棄て去ってしまうかも知れない。

区長さんは、ボウリングやパチンコを「文化」だと思って村を棄ててゆく若者のことを想ってか、寂しげな顔をしていた。

村の前途は暗澹たるものです！

雨が風呂場のトタン屋根を打ち始めた。モンキアゲハが薄暗い杉林から飛び出してきて宿の庭のユリの蜜にありついた。ヒグラシとニイニイゼミとせせらぎの合唱は、昨夜のカラオケの轟音を遠くに消し去っていた。部落では「吉信《よしのぶ》」の鎌を契《けい》(手形)で行商人が売りに来た時代がすぐの昔だった。区長さんが、ほんの昨日のことのように話す昔日談といまの落差は大きい。とてつもない大きな力が部落を呑噬《どんぜい》したことによって部落は部落でなくなってしまった。

「村の人のまとまりの意識っていうのか、例えば青年団みたいのがあって何か活動でもしているんでしょうか?」

「青年団ねえ。うーん……。いや、あるにはあります。二年前にはボウリング大会をやりました。いま盆踊りの稽古をしとりますよ。まあ、まとまりはあるのかも知れません。二〇年ほど前までは、田植えも稲刈りも一緒で、ゆい*8が確かにありました。みんなが出合ってやる場面がなにしろ多かった。しかし、いまじゃ、みんな個人個人で、共有林の手入れと、水路の手入れぐらいでしょう。

部落の前途は暗澹たるものです！

もう一〇年先です！

嫁の来手《きて》もありません。百姓だって自分の娘を百姓の家にだけは出したいと思ってやしません。四〇にもなった独身モンもいます。

田んぼだって、二、三年も休めば用をなさなくなります。若者が村を去り、嫁の来手がなく、働く人はみな年寄り、本当にこの先暗澹たるものです」

区長さんが、半ば自給自足の「みんなが出合ってやる」昔の部落を懐かしがっているのは事実である。だが、同時に、医者も来ない、木材を搬出するのに重い木馬《きんま》を引き、木炭焼きで真っ黒になる暗い閉ざされた時代には戻りたいとは思っていない。

村の山には楮《こうぞ》が豊富だった。最盛時には河原は漉《す》いた和紙の干し場となり、雪が降ったようだったと、和紙作りに生きていたN老人は語っていた。N老人は白魚のような華奢な手で、昔、自らが漉いた泉貨紙《せんかし》*9を箪笥の奥から引き出してきて、二本の紙縒《こより》に縒《よ》って、引っぱり合ってみろと言う。二〇年以上も昔の紙だが虫も食っていないし、なかなか引きちぎれなかった。しかし泉貨紙も障子紙も、工業紙の出回りで、二〇年前には村から姿を消した。その分、外国の山々につけが回っているのである。蕨の根をたたくと澱粉（ワラビ粉）がとれた。これは食糧にもなったし、唐傘を張る糊にもなった。木炭は敗戦直前の頃が最盛期で九万トンも村で焼いていた。瓦を焼く人も戦後はいなくなった。

分厚い『西土佐村史』（一九七〇年刊）には、多様だった村びとの営みが記録されている。しかし村は変わってしまった。貧しく、苦しかった時代には、多様な営みがあり、みんなが出合う場面も多かった。〝豊かな〟現在、若者は村を去り、中年、老人が米と栗と椎茸と材木、そして中央からの補助金、振興費、大資本のおこぼれに寄りかかりながら「暗澹たる」未来を憂いながら暮らしている。

区長さんの話を聞いているうちに雨足が早くなってきた。せせらぎがゴロゴロと音をたて始めた。宿の前の渓流は、すぐ四万十の本流に出合う。また暴れ川になりそうだ。

＊8　ゆい（結い）　農作業などで互いに労力を提供して助け合うこと。
＊9　泉貨紙　楮《こうぞ》を原料として作られる手すきの和紙。すいたあとの濡れた二枚の紙を一枚に貼り合わせるという独特の製法で作られる。

幻の隠遁者

　どしゃ降りの雨をついて、いよいよ隠遁老人に会いにゆくことになった。前の日に行ったときには不在だった。老人が椎茸を栽培しながらこもっているという「小屋」は、小屋ではなく、かなり大きな家だった。そこでもう半分位失望してしまった。部落の少し小高いところにあるが、決して山奥ではなかった。どうやら思い込みが激しすぎたようだ。

　隠遁老人とは、部落の真ん中にある息子さんの家の応接間で会った。八三歳の老人は細身で長身、白い眼帯が生々しい。落ち着いた声で淡々と語る「満州」の「思い出話」は、「隠遁者ギー」の狂暴じみた振る舞いとは、およそかけ離れたものだった。

「私は昭和二四年に教師をやめたんです。戦前とまったく違うことを教えなければならなかったからです。戦争には勝てる道理はないと思っていました。しかし『やらねばならん』と思ってやってきた。校長ということで、毎年軍隊で講習を受け、それを学校で教えました。国の方針には積極的に協力したと言えるでしょう」

　この老人や村びとたちにとって、「満州移民」や戦争とは一体何だったのだろう。隠遁老人は、引き揚げ時の惨状を、多くの日本人と同じように縷々《るる》綴っている。それは、藤原てい『流れる星は生きている』（日比谷出版社、一九四九年）で語られ、菊地章子の「岸壁の母」（一九五四年、藤田まさと作詞平川浪竜作曲）に唄われ、パターン化された民衆の戦争体験の「総括」と異なるものではない。

「日本へ帰って一番に感じたのは、敗惨の痛ましい姿であった。まことに見る影もない故国の姿であった。しかも国敗れて山河ありとか、故山は吾等を暖かく迎えて呉れた。迎えて呉れる故郷の山河、故郷の人々、吾等の喜びと感激は筆にも言葉にも尽せない。しかし喜の裏に深い寂しさと、申し訳ないと思う心が一ぱいである。それは多くの同胞を満州の地に失って、自分のみが帰ってきたことである。……

思えば日華事変が長期戦の様相を深め、遂に大東亜戦となったその年に、鍬の戦士として歓呼に送られ、渡満してから満四年、満州の曠野に開拓の鍬を打振い、漸く基礎が固まらんとした時に、敗戦を迎えた。敗戦の年は豊作であったが、一粒一棵もとり得ず脱出せねばならなかった。休む暇なき苦闘の連続であった。そして敗戦逃避と、苦難の途を辿り遂に三百名近い犠牲者を出したのであった。」（『高知県満州開拓史』）

「五族協和東亜安定の礎石たらん」として国策に「協力」した村びとの艱難辛苦は語られても、国やエライさんへの「うらみつらみ」は、どこかに消え去ってしまう。うらみつらみがないはずはない。だが、それは「暖かく迎えてくれる故郷」という曖昧な「土着性」に吸い取られ、まあまあで終わってしまう。本当は「故郷」から棄てられたはずなのに。村には「いいたいこともいわないで、やりたいこともやらないで、秩序維持のために束縛されていることだってたくさんある」（佐藤藤三郎、前掲書）という場合、言いたいことを言えないのは、常に権力や富から疎外された弱者である。

隠遁老人は村では権力に近い側の人だった。「満州」に送り出す家を選出する側にあった。彼は、自分たちの入植した「吉林省樺甸県樺樹林村大清溝」に、もともとは中国人が住んでいたことを知っている。「五〇〇〇人位の満人が住んでいたんですが、匪族の根拠地になるっていうんで、五年ほど前に軍が、よそに移したんです」と、老人は言う。逃避行のときに感じた同胞への痛みはあっても「満人」への痛みは露ほども感じられぬ言い方であった。彼が校長をした入植村の学校には、もちろん「鮮満人」を入れるようなこともなかったという。老人の懐古談には、世をすねて、村びとに森の中から刃《やいば》をつきつけて、「満州」にこだわり続ける無気味さはなかった。

そろそろ暇《いとま》を告げたくなった。椎茸菌が手軽に他所から入る前に、椎茸の生えてくる木を見つけるには、木の葉の色を見分け、斧を打ち込んで耳にあて、「ジーン」という音を聞き分けたものです、という「生活する」老人の昔話の方に、私は興味を覚えた。森の色や音とともに、村びとが自然と仲良く生きてこられたのだったら、私の妙な思い入れなど語らずにすんだことだろう。

雨がますます激しくなっていた。部落を流れる渓流は、もはや鉄砲水のような大濁流と化していた。

西ジャワの区長さん

区長はパッ・オロットと呼ばれていた。オロットおじさんという意味だとばかり思っていた。だが、このおじさんの名前はアドハリであり、オロットというのは、区長（カンポン長）を意味するスンダ語ココロットから来たものであるのを知ったのは半年もたってからであった。

区長さんは当時（一九七六年）五六歳、六人の子供のうちの五人と妻と一緒に、七人で一軒家に暮らしている。家はレンガを積んで白壁を塗り、ガラスもはまっていて、村では裕福な部類の造りである。客間と二つの寝室と食堂と台所がある。トイレはすぐ下の川。田んぼを約〇・三ヘクタールと、畑を〇・二ヘクタール所有し、さらに〇・六ヘクタールほどの他人の田んぼを小作（マローという分益小作）している。村の中では中の上か、上の下ぐらいの生活を維持できる規模である。といっても田んぼから上がる収益は多く見積もっても三〇万ルピア（七六年当時のレートで約二一万円）、畑には落花生やトウモロコシやキャッサバを栽培するが、売りに出したとしても二万円前後の収益にしかならないだろう。村役人としての給料が籾六〇〇キロで約二万七〇〇〇円、そのほか庭で栽培するバナナやトウガラシなどの細かい雑収入がある。これらすべてを含めても三〇万円のラインには達しないだろう。一ヵ月二万五〇〇〇円で一家七人が暮らしているのが、ここ西ジャワの村の中流

写真1

写真2

の上クラスないし上流の下クラスの実情である。

もう雨期もたけなわの一一月（一九七六年）、午後になると南東の強い風が吹きスコールがやってきた。私の泊っている村長の家の外にあるマンディ（水浴）用の貯水タンクに、屋根から樋を伝った水が気持ちよくみるみるたまってゆく。朝のうちのおだやかなカラ暑さが嘘のようだ。雨に打たれて私もマンディをした。少し寒いが気持ちが良い。マンディを終え、さっぱりしたところでメシを食べ、それから区長さんの家に来たのだ。区長さんと知り合ったのは五ヵ月も前のことである。そのとき、私は友人とともにこの村に初めて来た。区長さんの五歳になる末っ子の割礼祝いの日の当日だった。部落あげてのお祭りで、名物〝踊る馬〟（クダ・レンゴン）が近在の村から呼ばれ、割礼を受けた子供は得意気に、その馬にまたがっていた。見ず知らずの異国人を区長さんは賓客としてもてなしてくれた。二度目に行ったのは三ヵ月後で、そのときは撮った写真を持っていった。区長さんは大喜びだった。それ以来、村の中で、もっとも仲の良い一家になった。

区長さんの田んぼが何ヘクタールだとか、収入がいくらだとか、家族が何人だとか、自分でもいやになるほど「ブラパ?」（How much, How many）の疑問詞を発する私を前に、区長さんはいやがらずに答えてくれる。一体、よその国の見知らぬ村に入り込んで「ブラパ?」（いくら?）を連発して何になるのだ。ひと様の台所を覗き込んで学術論文とやらを書いてみても、ここにいるおじさんにとって何になるのだ。こんなつき合いの仕方はとても正常なことではない。

区長さんにとって、おそらく三十数年ぶりに話すであろう日本人には、それほど良い感情があろ

写真1　西ジャワ、チペレス村の渡し舟。
写真2　割礼の祝いに集まった人びと。一番後ろで主人公の子供が ➡
「踊る馬」に乗っている。

うはずはない。彼は日本軍の海軍兵補[*10]になったことがある。「満州」に行った西土佐村の開拓移民と「なった」と言っても決して自発的になったのではない。兵補と言っても、実体は軍に奉仕を強いられた「労務者」とも言うべきものだった。また、区長さんは兵補の訓練所から一週間もしないうちに逃げ出してしまったという。笑いながら私には語っているが、おそらくいやな体験だったのだろう。その話はあまりしたがらなかった。

区長さんは敬虔なイスラーム教徒で、温厚で笑顔を絶やさぬ人柄の持ち主である。部落の中だけでなく、村の人みんなに慕われている。この前の村長選挙でも、村長に推す声が強かったが、結局、村長になった現職警察官のカミさんが区長さんの親戚だということで彼は候補から下りてしまった。遠慮深い善意の村びとにとっては、やはり生きてゆくのがしんどい環境がここにもある。

〝在郷〟の人びと

村役場にはガラス窓がない。金網だけを張った村の分教場といった感じの木造家屋である。前庭

＊10　兵補　アジア太平洋戦争中、日本軍が東南アジア各地で兵力不足を補うために組織した地域住民の補助兵。

写真3　村役場の前庭の菩提樹。

に大きな霊木菩提樹《ガジュマル》（榕樹、ブリンギン）がある。役場の敷地は、すぐそばを蛇行する川に刳《えぐ》られ、庭が狭くなり、やがては役場そのものが川に呑み込まれてしまいそうである。ここ、西ジャワの東北部に位置するスメダン県チペレス村は、西土佐村と同じように、川とともにある。雨期になると、川は暴れる。ここの人びとも洪水を恐れている。洪水は川の蛇行している所にぶつかり、そこの土地を刳り、もっと蛇行を大きなものにする。役場のように、やがて水に没する危険にさらされることになる。そこにあるのが役場なら、移転することも考えられるが、田んぼだったらどうなってしまうのだろう。事実、ある年の洪水で、川筋が大きく変わったことがある。水がひいてみると、左岸の畑が川に没し、右岸の河川敷が大きく拡がっていた。水に没した畑の所有者には新しい河原の土地は与えられ

写真4　水牛と一緒に水浴びをする子供達。

ることなく、村の共有地が対岸に増えただけだった。

村は川とともに生きている。子供たちはもちろんのこと、村びとすべてが川に〝遊んで〟いた。水牛使いの少年たちは、田んぼの仕事が終わると、水牛と一緒に川に水浴びにやってくる。水牛の背にまたがり、少年たちは川に入る。やがて水牛の背に立ち上がり、ザンブと水に飛び込む。少年たちの歓声、水しぶきが川をはなやいだものにした。茶褐色の肌が夕映えに美しく光って、子供をたくましい生活者に見せていた。夕餉《ゆうげ》前のこのひととき、川はもっとも生き生きとしている。女たちは皿を洗い米をとぐ。そばで夫が畑仕事の汗を流す。子供がしゃがみ込んで用を足している。味噌も糞も一緒みたいで何とも楽しげである。岡倉天心が八〇年もの昔に描いたアジアの理想型があるような気さえする。

「亜細亜の簡素な生活は、今日蒸気と電気の為に、亜細亜が欧羅巴と著しき対照をなしていても、何等之を恥として憂うる必要はない。旧時代の商業界、職人と行商人の社会、村の市場と縁日の社会、小舟が地方の産物を積んで大河を上下する社会、宏壮な邸宅には悉く多少の庭があって、そこで旅商人はその織物や宝石を陳列して、美しい被衣《かつぎ》をした婦人がこれを見て買うことが出来るような世界はまだ全く廃れてはいない。……

如何にも亜細亜は時間を滅却する交通機関の熱烈なる歓喜は少しも知らないが、然しいま尚巡礼や雲水という遥かに深い意義を有つ旅の修養がある。蓋し、村の主婦達から食を乞い、或は黄昏時に何かの樹蔭に坐して土地の百姓と談笑喫煙している印度の行者こそは真の旅人である。行者から見れば、在郷は単にその自然の地形のみで成っているのではない。それは習慣と連想との連鎖であり、人間的要素と伝説の連鎖であって、仮令僅かの束の間でも、在郷の人の身の上に起った出来事の喜び悲しみを共にした人の深切と友情が漲っている。」（岡倉覚三著、村岡博訳『東邦の理想』岩波文庫、旧漢字・旧仮名は改めた）。

こんなにも麗しい共同体は架空のものであろう。「在郷の人」は「深切と友情」で結ばれてばかりいるのではなく、むしろそれを盾として弱い者を切り棄て、臭い物に蓋をし、情緒に訴えることで矛盾を陰蔽してきたのではないか。それは西土佐の村も、この西ジャワの村も同じことである。

写真５　見慣れたような農村の風景。

この西ジャワの村は貧しい。村の面積は西土佐村の二〇分の一にも満たない一一平方キロ、しかし村びとの数は三六二一人（一九七六年）、人口密度は平方キロ当たり三三〇人で、西土佐の一六倍もある。ジャワのほかの多くの村ほど過密でないのは、国有林が村の六割近くを占めているからである。国有林を除けば人口密度は七二六人にも達する。過密であることは、農地の世帯当たり所有面積から見ても明らかである。村の土地台帳によれば、一世帯平均で〇・四五五ヘクタールの土地を所有していることになる。水田が〇・三〇九ヘクタール、畑地プラス宅地が〇・一四六ヘクタールということである。西土佐の場合、農地総面積を世帯数で除すると〇・四四五ヘクタール（水田〇・二二一、畑〇・〇三九、果樹園〇・一八六ヘクタール）となり、チペレス村に近似している。ただ西土佐の場合、民有林を世帯平均で八・二五ヘクタール（林業経営世帯だけに限ると二一・九ヘクタール）も所有しているし、チペレスと異なって村内の非農家世帯が四割近くに達するので農家一戸当たりの農地所有面積は〇・七八七ヘクタールになり、チペレス村より農業経営条件はかなり良いと言える。

しかも村にはかなりの不平等がある。先の区長さんのいるカンポン（日本の区にあたる自然集落）では、水田所有世帯は七六％、畑地所有世帯が四七％で、宅地だけはかろうじてほとんどの世帯が所有しているが、農地をまったく持たない世帯が二割以上もある。これらの世帯も農業と関わって生活していて、純然たる非農家ではない。農地を所有する世帯でも八割の世帯は〇・三ヘクタール以下の水田しか所有せず（所有しない世帯を含む）、八割の世帯は〇・一ヘクタール以下の畑地しか所有していない。したがって、このカンポンの八割の世帯は「四反百姓」以下ということになる。[*11]

この条件の悪い村に人びとはへばりつき、貧しさを分かち合いながら生活している。村の人口は一九六一年から七六年までの一五年間に三〇〇人ほど増えている。これも、ほかの村に比べると増加率は低い。理由は分からないが、ある村びとは「避妊用の薬草を女たちが飲んでいるからだ」と説明していた。七〇キロほど離れた州都バンドンや二五〇キロ西にある首都ジャカルタに出てゆく村びとも、もちろんいる。村では食べられないから出稼ぎにゆくのである。風俗店で働いて、村に立派な家を新築した娘もいる。

この村では一四歳以下の子供が全人口の三五％を占める。西土佐の場合は二三％である。西土佐では四〇歳以上の中老年層が住民の約半分を占め、二〇〜三九歳の働き盛りの人は二一％にすぎない。

貧困線

村には二つの小学校があるだけで、中学校も高等学校もない。無論、立派なプールもジャングルジムも、その他もろもろの体力増強施設もない。あるのは校舎と、黒板と机と椅子と、青い草の生えた運動場だけである。親は稼ぎに忙しく、子供にはかまっていられない。子供も結構忙しいのである。テレビやワーク・ブックなどに時間は費やせないし、そもそも、そんなものはない。ヤギのための草刈りや水牛の世話、水汲みと、学校に行く時間だって探すのが難しい。隣近所のガキ同士のつき合い上、フットボールもしなければならないし、イスラーム教学校《プサントレン》で老師からコーランも教わらなければならない。もっと〝自立心に富んだ〟子供は、親にくっついて大きな町に出稼ぎにも出る。ここでも親子分業で、親が輪タク（ベチャ）引きをやると思えば、子供は子供で靴磨きや新聞売り、ガム売りをやっている。小さな赤ん坊の妹を道路に放り出して、お物陰に隠れ、お布施がた

＊11　詳しくは、拙稿「インドネシアにおけるビマス計画と農業労働」（『アジア経済』第一八巻第六・七号、一九七七年七月）を参照されたい。

まるのを見ては飛び出して集金する頭脳的少年労働者になる子供もいる。

村の暮らしは楽とはほど遠いものである。仮に田んぼを〇・五ヘクタール所有する自営農家を想定してみよう。これは区長さんとほぼ同じ規模の水田を経営する農家である。いまは政府が肥料、農薬、そして高収量品種の種籾など、いわゆる「集約化」の代金を融資してくれる。もちろん返済が遅れると貸してくれなくなる。この村では年二期作のできる田んぼが半分ほどある。川がそばを流れていながら、あとの半分には水をひくことができない。

〇・五ヘクタール農民が二期作をした場合、彼が生産する籾はおよそ四・五トンほどになる。精米にすると約二・三四トン、一キロ一二五ルピア（一九七六年当時の村での販売価格）で全部売ると二九万二五〇〇ルピアになる。これから融資金を差し引き、田植えや稲刈りやその他もろもろの耕作費が差し引かれる。とすると、彼の手もとに残る純収入は多くとも二五万ルピア以上にはなるまい。日本円にして一七万五〇〇〇円（一九七六年当時）である。区長さんのように畑や庭の果樹を持っていたにしても、三〇万円には達しないのである。西土佐の世帯平均が二六〇万円であったのに比べると、〇・五ヘクタールの水田農民の場合一五倍近い開きがある。これでも中農以上のクラスであるから、あとは推して知るべしである。一日四〇〇〜五〇〇円で、五人の世帯が何とか食べてゆかねばならないというのが、ジャワの人びとの生活であると考えればよい。日本人の一時間の賃金にも満たない額である。物価が安いといっても日本の一五分の一なんていう馬鹿げた安さではない。せいぜい食品類や土着の日用品が三分の一とか四分の一という水準であるにすぎない。

冒頭に〝ガリス・クミスキナン〟（貧困線）と書いた。一九八〇年の世界銀行の年次報告によれば、栄養不良、文盲、疾病に悩まされ、人間にとっての基本的な必要（basic human needs）を満たすことのできない「絶対貧困層」は七億八〇〇〇万人に達するという。地球上の全人口の五・六人に一人の割合である。このうち半分はインド・バングラデシュなど南アジアに、六分の一の一億三〇〇〇万人が東南アジアに住むという（中国を除く東アジアもこの中に含まれているが一応考察の枠からはずした）。東南アジア全域の人口は約三・四億人と推計されるから、東南アジアでは三分の一強の人びとが「絶対貧困層」ということになる。

ボゴール農科大学（IPB）のサヨグヨ（Sajogyo）という農業経済学者が、インドネシアにおける〝貧困線〟の概念を定義している。この定義によると、農村部では年に米二四〇キロ、都市で三六〇キロに相当する消費水準を〝貧困線〟とし、それに達しない人びとを〝貧困層〟と呼んでいる。この基準によって、あるインドネシアの社会科学者が一九七六年の国民社会経済調査（SUSENAS）のデータを用いて計算してみたら、インドネシア全体の農村部では四八・九%、都市部では四一・三%が〝貧困線〟以下の生活をしているという結果が出た。しかも、その前の数年のあいだに貧困層の比率がジャワの都市部以外で大きく減ったという傾向は、ほとんど見られなかった。

年二四〇キロの米に相当する支出額は、農村では一人当たり二万七八四〇ルピア（ジャワ農村では二万五二〇〇ルピア）、一世帯平均では一三万六四一六ルピア（ジャワでは一二万八四〇四ルピア）となる。一〇万円に達しない額である。一ヵ月八〇〇〇円ほどで四・九人（ジャワは四・七人）の生活を維持するのが、インドネシアの貧困世帯の暮らしである。

ジャワの農村の最貧世帯六・二%は、月の平均消費額は約三八〇〇ルピア(二六六〇円)、食費への支出が約三〇〇〇ルピア、一日一〇〇ルピアである。一家四・七人が平均であるから、一人当たり二一ルピア(一五円)が食費にあてられ、たった五ルピア(三円五〇銭)で食費以外のすべてをまかなうことになる。ほとんど生存すらおぼつかないと言える。

これほど極端ではなくとも、ジャワ農村部では、一ヵ月の支出額が二万ルピア以下の世帯が七七・六%に達する。一万五〇〇〇〜二万ルピアを消費する農村では中の上クラスの階層でも、約八〇%は食費のための消費で、この階層の食費以外への支出は三四五〇ルピア(二五〇〇円)にすぎない。一人当たり一ヵ月七三四ルピア(五一四円)にしかならない。このように見ると、ジャワの農村では、ほとんど八〇%の世帯は〝豊かな日本人〟の感覚からすれば貧困層に属しているとさえ言えよう。

〝ガリス・クミスキナン〟というのは、おそらく、それ以下では生存すらおぼつかないギリギリの線であり、それより上が貧困ではないと言えるような「水準」ではない。

〝貧困線〟(ガリス・クミスキナン)以下の貧困層は、一日一人当たり一二七グラムの米と一四三グラムのトウモロコシと六二グラムの芋類と若干の副食品とを平均して食べる。これらすべてを合わせても一六〇〇カロリー程度にしかならない。七歳以下の子供でも生きてゆくためには一三〇〇カロリーが必要だし、もし世帯の稼ぎ手たる父親が田んぼや畑で肉体労働を一日したら三五〇〇カロリーが必要だという。子供をかろうじて生きてゆかせるため、稼ぎ手や母親が必要カロリーを犠牲にしながらでしか、この一家は生きてはゆけないだろう。骨が細く、病気にかかりやすくなってしまう。外見的に怠惰にすら見せてしまう貧困の実情を知らず、南の国は自然に恵まれているから、働かずにぶらぶらしている、と観察する日本人が何と多いのだろう。その〝迷信〟がまことしやかに流布され〝南洋観〟を継承させている。

めぐりめぐっておかしい

日本の村は中央の支えが大きいと書いた。学校の立派なプール、鉄筋の校舎、四万十川にかかったまばゆいばかりの橋、ヘルスセンター、……、補助金や地方交付税で村は「近代化」する。もちろん、そうしたお金も、もとをたどれば国民の働いたものから差し引かれた税金にほかならない。だが、多額納税者は私企業であるし、私企業に働くサラリーマンたちである。太平洋ベルト地帯に連なる大工業コンビナート、それこそが日本を支えている。支えているというのは、そこで生み出されるものこそが付加価値が大きく、もうけが多いのである。巨大技術と巨大資本のメリットということである。

たとえば、太平洋工業ベルト地帯として、東京、埼玉、千葉、神奈川、静岡、愛知、三重、京都、大阪、兵庫、岡山、広島、山口、福岡の一四都府県を考察の対象にしてみよう。この一四都府県は面積で全土の約二割、人口で五七％を占める（一九七五年）。しかし、四七都道府県の県内純生産額合計の六四％、製造業部門では七一％のシェアを持つ（一九七六年度、県内純生産合計は一五〇兆一四七億円）。製造業付加価値額（一九七八年、総額約五六兆円）では六九％が、この一四都府県から生み出される。また一九七七年度の都道府県からの国税収納額一六兆六一二二億のうち一二兆八五五九億円、七七・三％がこれら都府県から収められている。日本の「カネになる」生産活動の三分の二から四分の三は、太平洋工業地帯で営まれているのである。[*12]

しかも、このベルト地帯を支配しているのは大資本と巨大技術を所有する一部の大企業集団である。六大企業集団（三菱、住友、三井、第一勧銀、芙蓉、三和）の社長会に参加している一六三社と「独立企業集団」と言われる新日鉄系（三四社）、日立系（二九社）、東芝系（一三社）、松下系（一四社）、日産系（一九社）、トヨタ系（二〇社）の六系列一二九社、合計二九二社は、全法人企業一二九万二五三六社（一九七六年度）の〇・〇一％の数でしかないのに、総資産において二一・四％、資本金において二二・四五％、売上高において一六・八六％、経常利益において二二・一三％を支配している。[*13]これらの六大企業集団と独立系六系列の会社は、持株によって、ほとんど過半の企業に直接的影響を及ぼす立場にある。もちろん、海外への影響力もますます強くなってきている。

しかし、太平洋ベルト地帯であれ、大企業であれ、そこで最終生産物として生み出されるものに生産要素として投入されるものは、天然資源であり生身の労働力にほかならない。生身の労働力は西土佐村からも「供給」されているし、ジャワからは原材料や資源が安い値段で送られてくる。結局、めぐりめぐって西土佐の立派な校舎ができるんだから、それでいいではないか、という議論も成り立つだろう。

だが、ちょっと待って欲しい。西土佐にピカピカのヘルスセンターができ、アスファルト道路ができたとはいっても、子供の足が扁平足になり、大人たちは機械貧乏だと嘆き、みんなの出合う場面もなく、将来は暗澹たるものだと言っている。富の源たる太平洋ベルト地帯は騒音、排気ガス、公害に悩まされ、心臓部の一つたる自動車工場の中で労働者がどんな情況に置かれているかは鎌田慧さんの『自動車絶望工場』(現代史出版会、一九七三年)を読めばすぐ分かることだ。

めぐりめぐってというが、村はほとんど〝自立〟する術を奪われ、ただ都市工業に従属させられ〝おこぼれ〟にあずかっているにすぎない。中央の都合で〝お荷物〟になれば「満州」にでも行けと切り棄てられたし、いまでは減反政策で脅される。都会のブルーカラーだって、労働に真の喜びなど見出していない。日曜祭日に、自分がぶつぶつ言いながら、ネジを回すことだけに加わって出来あがったピカピカ自動車やオートバイに乗って、しばし「個室の優雅」を味わった気になるだけではないか。めぐりめぐって、すべてがおかしいと考えた方がよさそうだ。

＊12　『国会地域統計提要』(国会図書館、昭和五五年版)。
＊13　『企業系列総覧』(一九七八年版、東洋経済)。

ジャワは安い原材料の供給地で、安い原材料は安い労働力と密接につながっている。チペレス村の米の値段は七六年に一キロ一二五ルピアだった。約八八円である。日本のお米は四五〇円以上、五倍の値段である。お米を作るインドネシアのお百姓さんが貧しいのはお米の値段が安いことにも原因がある。お百姓さんの貧しさは、都市や資源採取・採掘地などで働いているブルーカラーの労働者の賃金を引き下げることにもなる。農産物の値段が安いということは、豊かさの反映ではなく貧しさの反映でもある。

区長さんのいる部落に一九七七年、小学校が完成した。村びとが朝に夕に集まる川の上の小高い丘の上にできた学校は西土佐とは比べるべくもないが、新しい〈開発の時代〉のシンボルではある。この学校を建てるにあたって、政府から四〇〇万ルピア（二八〇万円）の予算がついた。しかし、村に実際に届いたのは一〇〇数十万ルピア、途中で三分の二くらいが〝つまみ食い〟され、村でも誰かが余禄にあずかっている。だが学校はできた。最初の図面と同じものかどうかは分からないが、それに近いものができた。誰がワリを食ったのか。当然のことながら、そこに日雇いで働いていた大工、左官、その他もろもろの肉体労働者たちであり、勤労奉仕に駆り出された村びとたちだろう。交付税や補助金が日本の保守政治を支えているように、インドネシアでも、膨大な外国「援助」資金を主要源泉とする財政投融資資金（開発予算と言う）は、現政権与党たるゴルカル（職能集団）への集票マシンとなっている。

実際は中央から下りてくるお金の何倍かの対価を村人たちは支払わされているにもかかわらず、

汗した労働が安いことに甘んじている。村には、学校を建てるときなどは中央政府からお金が来るが、そのほかは県の補助金と村びとの直接収める貢納米、共有地の地代からの収入、家畜販売税などでやりくりしている。この県からの補助金というのは、村民の支払う土地税の還付金で、全支払い額の四割しか返ってこない。だから、村は実質的に搾取されていることになる。お米を安く統制価格で買われ、土地税の六割は県の懐に入り、村役人を養うために米を収め、それでいて、村を流れる川には一本の橋もない。

椰子の実がとれる。だから南の国の人は昼寝ができて楽だ、と言う。だが椰子の実は一個一五円ぐらいのものだ。その油で石けんを作れば何倍もの付加価値がつく。日本のメーカーが進出し、資本と技術をおさえて、この付加価値を吸い取り、一部は政権中枢にある人、華人のパートナーにころがり込むという仕組みだ。

チペレス村にはマンゴーがたくさん実る。マンゴーの花が咲く頃に大都市の商人がやって来る。華人の〝手下〟のような人たちが多い。花の咲き具合で彼らは値をつけ、木ごと買いとってしまう（木というより、やがてつくだろうマンゴーの実の先物買い。お米で言えば青田買い）。実がなっても、村の人は食べられない。町より高い値段で買うのである。売らなければいいのに、と思うかも知れない。だが村は貧しい。明日食うために売ってしまうのだ。

貧しき村の歩み

〈ゴトン・ロヨン〉という美しい理念がある。相互扶助だ。稲作を基礎とした村落共同体ならば、農作業を助け合わねばやってゆけない。西土佐の区長さんの言う「みんなが出合う」場である。スカルノ初代大統領はゴトン・ロヨンを国家の指導原理として称揚した。

行政村としてのデサ・チペレス(チペレス村)が出来あがったのは、一九一二(大正元)年のことだった。これを教えてくれたのは、以前村の宗教役人(ルベ)をしていたおじいさんで、一九一八年の生まれだから、今年で六二歳になる。このおじいさんの話では、昔はゴトン・ロヨンとは言わなかった。それにあたる言葉としてグバガンという言葉が使われていた。グバガンとは、もともとはジャワ語で「一緒になって急いで(仕事を)する」というような意味である。だが、おじいさんの言うグバガンとは「もし村長の仕事があれば、これを手伝う」ということだそうだ。デサという行政村自体を作り上げたのはオランダ植民地政庁で、間接統治の原則に従って、オランダはデサには役人を送り込んではこなかった。徴税や労役の負担が村長に「委ねられた」のである。だから、このおじいさんの理解している〈ゴトン・ロヨン〉たるグバガンというのは、スカルノが理想としたような「美しい相互扶助精神」の範囲を越え、植民地支配下の間接統治に基づく搾取や封建的性格を帯びた村長―村民の支配・被支配関係をもごちゃまぜにしているようなところがある。

しかし、ゴトン・ロヨンとは、しばしばそういう側面を持つものであろう。西土佐村の区長さんの部落には、それほどひどい村民間の経済格差はなかったという。だが七〇ヘクタールの山持ちもおり、医者を呼べる富農がいた一方で、作男もいた。村落共同体をきれいごとだけで描くことはできない。が、皆が懐かしがり、また、価値として持ちたがる〈共に出合い、助け合いながら働く心〉が垣間見られたことだけは確かなのだろう。

川に水没しそうな村役場の近くに墓地がある。菩提樹が聖木であるならば、墓地を鬱蒼と覆うトゥアランの大木は「歌うたいと森の隠者」の伝説を持つ木である。隠者に騙された歌うたいが、森に誘い込まれ、幻の家の宴会で楽しく歌を歌い夜を明かして、気づいてみたらトゥアランの木のてっぺんにいたという話である。だから森で歌を歌うなと、いまでも村びとは言う。そのトゥアランの大木の下に、粗末な村びとたちの墓地に囲まれるようにして、妙な小屋掛けの墓があった。村びとたちは、この墓のことをあまり説明したがらない。それとなく聞いた人びとの話を総合すると、一種の願掛けをする場所らしい。金網を張った粗末な小屋の中を覗いてみると、そこにはイスラーム教徒と同じ長方形に石で仕切った墓があり、スペード型の墓標がある。黒ずんだすりこぎのような木の棒も一本置かれている。昔、マタラム朝（一六世紀末～一八世紀中葉、中部ジャワに興ったイスラーム王国）の時代に、戦いに敗れた武将とその妻がこの村に落ちのびてきた。その武将の妻の墓だと言う村びともいた。どういう勢力争いの戦争があったのか、私たちの目にする歴史書は、この地方の歴史を少しも詳らかにしてくれない。この言い伝えが、ある程度正しいとすると、チペレスにはすでに一六～一七世紀頃から人びとが住んでいたことになる。しかし、その頃やそれ以前のことはほとんど何も分からない。

墓への願掛け。正統派ムスリムは決してしないことである。学校の成績が上がるように、商売が繁盛するように、恋人が見つかるように……、人びとは何でも祈る。遠くジャカルタの方からも祈願しに来る人もいるという。中には御籠《おこもり》をする人もいて、黒い棒で墓石をこすると願いがかなうのだそうだ。村びとは全員イスラーム教徒として登録されている。各カンポン（自然集落）にはモスクないし簡素な祈禱所がある。しかしながら多くの村びとの心の根っこはメッカに向いているよりも、ジャワの土に向かっている。

いつの頃か分からないが、川沿いの密林を開いてチペレスの祖先が住みついた。洪水と森との闘いの歴史がそこにはあった。一六世紀の終わり頃にはイスラーム王国の影響が及んできて、村に武将が逃げのびてきたこともある。この頃にはオランダ人も入ってきて、ジャワの地を蚕食し始めた。オランダ東インド会社（VOC）は、西ジャワでコーヒーの栽培・供出を強制するプリアンガン制と呼ばれる植民地収奪を開始した。一八世紀初頭の頃である。ブパティ（県長）を現地人の頂点とした間接的収奪で、伝統的な共同体の人間関係が利用された。プリアンガン制は、のちの強制栽培制度の原型となり、サトウキビ、藍、タバコ、茶などの輸出作物が対象とされ、一九世紀にはジャワ各地で全面的に生産物、労働力の収奪が行なわれるようになったのである。チペレスは低地であるの

内容

で、サトウキビやタバコの耕作を強制されたのかも知れない。

ゴトン・ロヨンを「村長の命令による仕事の手伝い」と解した、宗教役人だったおじいさんの話は、オランダによる村の間接統治を物語っているものかも知れない。共同体内部での人びとの助け合いは、本来的に稲作を核とした共同労働にあるのだろうが、それを封建的地主小作関係と植民地主義的収奪構造が呑み込んでしまっているので、安易に「ゴトン・ロヨン」を美しいものとして、まつりあげるのは危険である。

チペレス村にはティティサラと称する村の共有地がある。これは二ヘクタールの水田であり、その収穫が村役人の給与の一部になっている。この「職禄田」は普通は封建的共同体の産物と考えられる。しかし、村の長老の話だと、ティティサラができたのは一九三五年のことで、それ以前はなかったという。ストークというオランダの理事官（レシデン）の時代に、村の墓地が田んぼにされ、それがティティサラになったというのである。世界恐慌のあおりで、蘭領東印度は砂糖など一次産品輸出が壊滅的打撃を受けた。村役人をなだめすかすために職禄田が作られたとも想像できる。西土佐村で「満州」分村が計画されていた頃のことである。のんびり、人びとが助け合った豊かな共同体は、西ジャワにも高知にもなく、世界資本主義の波に根底から呑み込まれていたのである。

理事官などオランダ政庁の役人たちが、県長に率いられて村に遊びに来たことがあった。理事官たちは川に舟を浮かべて魚釣りをした。村の娘は着飾って白人たちをもてなした。だが、村びとはオランダ人を恐れていた。オランダ時代に、村にはチークの木が次から次へと植林された。ちょうど西土佐の森が針葉樹に植え代えられ、炭焼きの生活が脅かされたと同じように、村びとたちは木を自由に切り出せなくなってしまった。村から何人かの人が森林監督官に選ばれた。いまの宗教役人のSさんも監督官の一人だった。一九三九年から一一年間、彼はチークの森を守らされた。オランダの強力な指令にそむくと、すぐに馘首《かくしゅ》された。やがて日本軍が入ってきた。日本軍はチーク材の森林保守にほとんど関心を持たず、村びとたちは再び自由に森に入れるようになった。にわか仕立ての〝南方侵略軍〟が森林の監督にまで手が回らなかったのである。森林密伐者がにわかに増え始め、それが今日の村の製材業の始まりとなった、とすら言う人がいる。

日本軍も〝密伐〟に励んだようである。汽車を走らせるためにチーク材を切り倒し、それを燃やしたというから、ずい分とぜいたくなことをしたものだ。いま、村のチーク材はみな細い。独立後にインドネシア人の手で植えられたものだろうが、この細いチーク材も、いまは密伐の対象にされてしまっている。

西土佐の「満州」移民たちが異国の土地に鍬を入れ、その地の人びとを外に追いやっている頃、ジャワの日本軍も人びとから米を強制的に買い上げ、スマトラや遠く泰《たい》(タイ)と緬甸《めんでん》(ビルマ)の国境へと「人力輸出」をやっていた。「経済戦士」なる美名のもとに泰緬鉄道の現場へ、バヤ鉱山(ジャワ)の石炭採掘場に狩り出された幾十万の人びとの命運を知る者はあまりいない。〝ロームシャ〟という忌まわしい言葉は、いまもインドネシアの人びとの心の中に生きている。チペレス村からもバンドンの町に狩り出された人びとがいた。村長が引率して、徒歩二日がかりでバンドンに行った。

飛行場建設が仕事であったが、かなりの村びとたちは逃げ帰ってきたという。日本軍政の時代に、人びとは着るものがなく、古い布でつくった服や米袋をまとっていた者もいた。

「(占領地での)〝経済的自活〟は、村の経済を大きく変えてしまった。小農や土地のない村人たちは、経済的負担の深甚な圧力下にある。……〝経済的自活〟によってひき起こされた物資の不足は、闇市での物価上昇を招き、闇市の米価の上昇は、その他の日用品の価格をつりあげている。その結果、全体として、人びとの生活条件は非常に悪化している。」

これは、当時、西部ジャワで、米の供出が民家の生活をどのように圧迫しているかを、秘かに調査した海軍武官府(ジャカルタ)のレポートの一節である。[*14]

つながれる村と村

一九四五年八月一七日。インドネシア共和国が独立宣言をした日である。スカルノ、ハッタの名

＊14　"The Life Conditions of Population with regard to the Requisition of Paddy by the Government"

で読み上げられた独立宣言文は、同盟通信の電波に乗って世界中に伝わった。チペレス村にラジオがあったのかどうか分からない。だが、村ではすぐに人づてに伝わった。村長が「独立祝い金」を村人たちに配ったという。五〇キロの米に相当する一ルピアが配られ、だから独立は嬉しかった、と懐古する村びともいる。しかし、独立は名のみで、オランダが再侵略をしてきた。一〇〇人以上の村びとがゲリラ戦に加わり、西の隣村に駐屯するオランダ軍は南の隣村のインドネシア軍に大砲を撃つこともあり、村は戦場になった。大砲で壊され、焼かれた家もあった。戦闘はオランダ軍と共和国軍とのあいだだけでなく、反共和国を鮮明にした宗教軍（ダルル・イスラーム）と共和国軍とのあいだでもなされ、遠く山岳ゲリラ地帯に源を発する川には死体が流れてくることもあった。隣村の金持ちの家が宗教軍に襲われることもあった。

血生臭い事件は一九六五年の九・三〇事件（共産党のクーデター未遂事件と言われている）まで続く。村には共産党員やシンパが何人かいた。小学校の教師が指導者で、あるカンポンにまとまって共産党員やシンパがいた。何人かが、ある日やって来た地方軍によって逮捕され、遠くブル島政治犯収容所に送られ、帰ってきたのはつい二年前のことである。しかし、そのときには、もう妻に離別されていた者もいる。

村が静かになった頃、今度はミツビシの名前で外国資本が入ってくる。オランダ時代の末期の頃まで、村の脇を走る道路は舗装されておらず、車はめったに来ない。バスが一日一本だけ近くの町とを結んでいた。歩くことが移動の基本であった。隣村の学校までは八キロの道のりである。そんな状態はつい一〇年前も、ほぼ変わらなかった。村びとは村で生活するのが当たり前のことだった。

だが、ビマス・ミツビシという名で呼ばれた稲作の近代化プロジェクトが一九七〇年代初頭に近隣の村で始まった。高収量品種、肥料、農薬に対する融資が外国資本の援助で開始された。日本の商社も一枚かんでいたため、ミツビシという名が入ってきたのである。七〇年代は、それ以前のどんな時代にもまして、外の世界が侵入した。そして、どんな時代にもまして、村びとは外の世界へと出て行った。〝モノによる近代化〟が怒濤のように押し寄せたのである。山羊の糞が外国製化学肥料に取って代わられ、在来のインディカ米は実験室で交配された高収量品種に代わり、徒歩で隣村には行かず〝コルト〟(三菱製小型乗合ミニ・バス)に乗り、トランジスター・ラジオを三軒に一軒は持つようになり、ワルン(簡易食堂兼雑貨店)では外国製炭酸飲料、化学調味料、日本製の風船ガム、シャンプーが並ぶようになった。渡し舟でしか行かれないカンポンの若者がオートバイを買い、ジャカルタの風俗店で働いていた娘は、村に立派な家を建ててしまった。

「機械貧乏」と同じように、モノへの渇望、都会へのあこがれが、貧困感を一層つのらせている。機械よりも消費財貧乏と言った方が正確だろう。機械を買うのなら、まだ生産財としての効用がある。香りの良いシャンプーやコカコーラやカセットラジオは、欲望や見栄を満足させても生産には直接結びつかない。肥料や農薬の融資を受けて現物を手に入れても、それを他人に売ってラジオを買うこともある。その借金のゆえに次の融資が受けられなくなったケースはしばしばある。最近では、自動車用バッテリーを使ってテレビを見る家が出てきた。村にはまだ電気が来ていないのであ

る。このテレビに転用しているバッテリーを作っているのが日本の会社だと聞いて唖然としてしまった。

まだ稲作の共同作業の部分は多い。日本のような太平洋ベルトコンビナート地帯による村びとの吸い上げシステムがないので、高度成長期の日本のように村びとが村を激しい勢いで抜け出すことはない。貧しくとも、それに甘んじており、消費財の一方的流入が貧困感を強いものにしている。いたたまれぬ村びとは、大したあてはなくとも〝コルト〟に乗って都会に出てゆく。しかし、シンデレラになれる娘はほとんどいないし、夢のようにきらびやかな外国製品を作る大企業の正社員になれる者もいない。村の狭い土地にひしめく農民は、だから省力化や機械が入ってきたら本当に困ってしまう。稲穂を刈り取るアニアニが鎌に代わるだけでも、刈り取り労働に収入を大きく依存している土地のない農民は大打撃を受ける。日本の農機具メーカーがこの村や近くの村にも少しずつ入り始めている。だが、村びとは共同労働で安くできると考えている限り、また周囲への影響を恐れているために、それほど容易にはトラクターには飛びつかない。オートバイやテレビを買っておいた方が無難だと考えている。

チペレスの貧困者、西土佐の老人、ジャカルタの国家官僚・資本家、四日市コンビナートの労働者、バンドンの日系繊維資本労働者、経団連ビルに集う日本財界人、こうしたすべての人びとは見えない糸につながれて生活している。その糸をときほぐす丹念な作業をやらなければならないと思う。

写真６　稲穂を刈り取る。手にしているのはアニアニ。➡

「ビマス・インマス計画用肥料
窒素四六％
純重量四〇キログラム
メイド・イン・ジャパン
鉤竿を使用するな」

チペレス村の入口の精米所の横にあった合成樹脂製肥料袋に書かれていた文字である。「鉤竿《かぎざお》を使用するな」というのがどういう意味なのか、私には分からなかった。肥料を使った後の空き袋なのか、袋の中には米が入っていた。ここの精米機も日本製である。村の人、町の人の胃袋が、どこの国の誰と関わりを持っているのか、それはどういう意味を持つのか。私たちは知らなすぎる。

肥料袋兼精米袋は、国道を五分に一本の割合で通過する〝コルト〟に乗せられ、町へと向かっていった。

第2章　二つの刃物

前の章では、ムラ、農業、共同体のことを考えてみた。工業、大資本、国家が、ムラや農の自立性を傷つけていたことを見てきた。

ここでは、鍛冶屋の作る刃物を手がかりにして、工業と技術のありようを考えてみたい。はじめに登場してもらうのは、やはり西土佐の元鍛冶屋稲田竹美さんである。この村の鍛冶屋さんは、農業や林業と仲良しだった時代の「工業」のありようを教えてくれた。村というのは、ただ農民が農業をやっているだけの場ではなかった。農民の使う道具を生産する製造職人や、それを流通させる商人もいた。しかし、そこには作る人、運ぶ人、使う人が、いわば〝顔の見える関係〟として存在していたのである。また、地域と密着した技術、製品が存在していた。

技術が地域、風土、歴史と密接な関わりを持っていることを教えてくれたのは、越後三条の鍛冶屋岩崎重義さんである。岩崎さんの鍛えた、魔性すら感じさせるような鋭利な刃物と、西ジャワのチウィデイの鍛冶屋の打ったヤスリの削り跡もあらわな刃物とのあいだの違いは何だろうか。鍛冶屋岩崎さんの話は、安易な技術移転論に警告を発するものであった。

分業、標準化、大規模生産というのは歴史の不可避的な流れであると、私たちは観念している。だが、ジャワの小さな鍛冶屋と、外国資本による大きな鉄鋼工場を見比べてみると、外資の大鉄鋼工場は多くの小さき民にとっては悪魔的存在ですらある。「技術本体」を所有しているのは工業国の大企業だからである。小さき民は、周辺の派生的技術のまわりによってたかって糊口をしのぐことを強いられているにすぎない。

村の鍛冶屋が町工場へと飛翔をした例を越後の三条に見出すことができる。だが、その三条も、やはり大都市・大資本の系列化に入ってしまい、「作る人－使う人」の往還関係の中で、より良い技術を磨く方向をはずれてしまったという。

より良く、より安いものを求めるのが、分業、標準化、大量生産のはじまりだったのだろう。しかし、大量生産による利潤追求だけが目的化してしまったのが現代である。私たちが、良いと思い、便利と思って、そればかり追求したことに、実は落とし穴があった。

「良い」ことの裏側にある「悪い」ことは、日本と第三世界の関係を見れば明らかに分かる。買春ツアーはジャンボ・ジェットの出現とともに急増し、国内大量生産が生態系を許容できないほどになると、公害までも輸出するようになったからである。

村の鍛冶屋までさかのぼって、工業のありようを考えてみようというのが、この章の狙いである。朝から晩までネジしか回さない大工場の労働者と、赤い鉄を自分で鍛えあげる鍛冶屋との、労働の違いについても触れたかったが、それは別の機会に譲りたい。

〝焼き按配〟は口では伝わらぬ

話を再び西土佐村に戻そう。

写真1　鍛冶屋の稲田さんの手。

「暗澹たる村の将来」を憂えていた区長さんが、鍛冶屋稲田竹美さんを紹介してくれた。案の定、その晩は激しい雨になっていた。部落を流れる渓流は、すでにごうごうと音を立て、稲田竹美さんの家へ行く急峻な坂道も川と化している。鍛冶屋の竹美さんは、正確には元鍛冶屋で、いまは山林労働者である。

私たちが竹美さんの家へ辿り着いたときには、竹美さんは友人と二人でアルミの生樽ビールをかなり飲んでおり、いい加減にでき上がっていた。

「鍛冶の話をうかがいたくて来ました」

「よう来なすった。今日は泊っていきなさい。なんせワシの話をし始めたら切りがないけん。そりゃあ鍛冶屋の仕事は言葉じゃ教えられんことはたくさんありますよ。だけんど、まあ上がりなさい。いや、それより前にワシの仕事場を

写真２　稲田さんは鍛冶屋の仕事をやってみせてくれた。

見なさい。いまは打っちょらんけど、ちゃあんと、いつでも火をおこせば鉄を打つ手筈はできとりますけん」

三和土《たたき》を伝って奥の方にゆくと、裸電球一個の、それなりに立派な竹美さんの鍛冶場があった。三和土の仕事場は横三間、縦二間ほどの大きさで、一番奥の方に竹美さんの座る横座がある。横座は床を一尺ほど掘り下げてあり、そこに親方たる竹美さんが腰かけ、横の鞴《ふいご》を自分で吹ける仕組みになっている。向こう鎚を打つ弟子はいまはもういない。炭をおこして、竹美さんは酔っているにもかかわらず、友人を向こう鎚にして、鍛冶屋の真似事をして見せてくれた。そのたくましい腕と四角くなった指だけが往時の面影をしのばせていた。ステテコの股の中央部に穴が空いているのが何ともおかしかったが、昔を語る竹美さんは実に生き生きとし、楽しげであった。

「そりゃあ鞴といやあ、あんた、大阪の六左衛門だな。これは六左衛門の鞴ですよ」

黒くすすけた鞴には貫禄があった。竹美さんの話では、風を送るポンプの部分に張りつける毛皮は白鼻心《ハクビシン》が最良だという。狸の仲間である。竹美さんのは狸の毛皮で、白兎の毛皮は、火を送る具合は良いが、長持ちしない欠点があるという。

「炭三年といって、弟子入りすると、三年間は、炭をこねる。こねるというのは炭を五分六ミリ角に、きれいに、粉にせんように叩くことです。いまの若い人にこんなことできますか。そんな難しい技術があるわけじゃないけど、要するに精神の修養ちゅうやつですよ。習う気持ちのある人がいたら、ワシの後を継いで欲しいなあって思いますが、どうも難しい時代じゃから……」

鍛冶屋はタバコに火をつけるとき、冷えた鉄を速打ちして赤くし火つけができる位の腕がないと一人前ではないという。それは実験して見せてはくれなかった。居間に場所を移して竹美さんの話はえんえんと続いた。赤銅色の顔はときにほころび、ときに涙ぐみ、同じ一九八〇年に生きる東京人の想像を超えた世界を眼前に再現してくれた。

竹美さんは一九二〇（大正九）年七月二日に貧しい炭焼きの倅《せがれ》として生まれた。尋常小学校を卒業し一三歳のときに鍛冶屋に弟子入りした。村から四〇キロも離れた宿毛《すくも》の小筑柴《こづくし》という小さな漁港の鍛冶屋さんに弟子入りしたのである。師匠は松本さんという人で、弟子は竹美さんの先輩格が一人いた。師匠の松本さんは主として山林用の斧を打っていた。その斧はほとんど九州からの注文であったという。地方間の交易に眼力の及ばない八〇年東京人は高知と九州の近さにハッとした。

奉公明けは七年、弟子がどうやら一人前に鉄を打てるようになる期間でもある。一日に五丁の斧を打てればまあまあだったそうだ。しかし小学校を出たばかりの子供が、故郷を遠く離れ、汗水流して丁稚奉公するのは並大抵のことではない。

「実はワシは見込まれていました。しかし二年ほどたってお盆に里帰りしたんです。その時、親に可愛がられました。ワシは言いました。本当のところつらいって。そうしたら親は『それほどつらいところはいかん。ここにおれ』って言うんです。つらいというのは弱音じゃあないんで、ここんとこ誤解せんで下さいよ。実は師匠というのが、これ、分かるでしょ。そう、花札に凝ってしもうて。だからワシは書き置きをして出てきたんです。『私は一年以上辛抱してきました。しかし何年たっても、よう覚えんからもう帰ります』と書いて家出をしたんです」

竹美さんは親許で半年ほど炭焼きの手伝いをして過ごした。しかし彼は色々と考えた末に「炭焼きじゃいけん」という結論に達し、再び鍛冶屋の門をくぐった。今度は隣の十和《とうわ》村の鍛冶屋平野晴太郎という腕の良い人のところに弟子入りした。ここでは山林用の鉈や鎌を打っていた。彼はここで五年間辛抱した。しかし仕事がつらいことに変わりはない。

「ワシらは五時半には仕事場に出ておりゃならんのです。起きたら、まず職場の掃除、服装は素足で前かけです。足袋をはくと火が飛んでくるんで危いわけです。だから足はいつも火傷で水ぶくれがいっぱい。苦労言うかね？　そりゃあ、つらいけど、精神というものがあるから、どんなことでも耐えられるよ。晩だって九時四〇分まで職場にいなけゃいけんのですよ。九時四〇分に、いまで言うニュースがラジオで聞こえてくるから、よく覚えとるんです。それから風呂に入って、そのあとは指圧、いまで言う按摩。師匠と奥さんの按摩を三〇分やるわけです。師匠は嫁さんが二人おりました。本妻というのは子宮ガンを患ったから、その人の承諾で二番目の奥さんをもらったわけです。師匠はそりゃ甲斐性があったんだ」

ここでも竹美さんは炭をこねるところから始めた。誰も技術を口では教えてくれない。見よう見まねでやる以外にない。そして、技術の伝達はコトバで表わして分かるようなものではないと竹美さんは言う。「技学」で言えば、鉄を五六〇度に焼いて、何度の水につけるというようなことは言えるのかも知れないが、[*1]何を作るかということで鋼の「焼き按配」があり、「ええハガネ」を作るのは、結局はコツで、そのコツは言葉で教えられるようなものではない、ということらしい。

例えば、大工さんの使う鉋《かんな》はいちばん軟らかいハガネでなければならず、これに使う鉄は「ローモル」でなければならないという。炭も昔は注文で焼いてもらい、竹美さんは白炭を使っていた。

＊1　竹美さんは五六〇度と言ったが、鋼とは、鉄を九四〇度から九六〇度に加熱し、これを水に入れ急冷するとマルテンサイトという硬い針状組織になるがこれは硬いが脆いので、これを再び焼戻した上で徐冷しなければ得られないという。この場合、鉄は〇・六～〇・八五％の炭素含有量がなければならないとされる（村上英之助「古代東方の鉄冶金」、森浩一編『鉄』社会思想社、一九七四年）。竹美さんの言う五六〇度がどの工程のものかは分からない。

黒炭だとカスがあり、接着が悪く、鉄の中にゴミが入る。話がだんだんと難しくなって、ポカンとしている私たちを前に、竹美さんはますます調子が乗ってきた。

やはり鍛冶屋

戦雲急を告げる一九四〇（昭和一五）年六月、竹美さんは晴れて独立の鍛冶屋となった。弱冠二〇歳であった。村に帰って藤光鍛工所を開いた。「藤光」の銘の入った鉈や嫌に注文がたくさん舞い込み、身入りも多かった。

だが半年もすると兵隊にならなければならなくなった。同年一二月一日、現役で善通寺第一一師団に入隊。第一期検閲を終わり、翌年三月一日、深夜一時に善通寺を出て徒歩で坂出港に向かった。竹美さんは年月日から時刻までを実によく記憶している。日記をつけているわけでもないのに、こういう記憶のよい人にはときどき出会うものである。

午後一時。出港予定が三時に延び、見送りに来ていた女学生が帰れずにいたとも言う。船は宇品に寄港したのち、三日かけて上海に到着。これ以後敗戦までの三年半、竹美さんは中国戦線に放り出されたことになる。せっかく一人前の鍛冶屋になったのに、である。

しかし軍隊でも彼は鍛冶屋として重宝されることになった。上海から武昌まで船に乗り、武昌から咸寧まで貨車、三月一〇日の陸軍記念日に咸寧に着いた。そこで五ヵ月のあいだ、彼は軍馬の蹄鉄を打つために鎚をふるった。それから第一次長沙作戦に参加、九月一六日に右足を撃たれ戦傷、武昌の第一陸軍病院で二ヵ月、南京の第二陸軍病院で六〇日の療養生活を送った。ほぼ傷が完治し、南京近郊の温泉でなお加療中に「大東亜戦争」が勃発した。その頃慰問に来た桑野通子、上原敏、浅草〆香、石井みどりなどと一緒に写した写真を、いまなお竹美さんは宝物のように大事にしまっている。

しかし、彼がもっとも大事にしているものは、再び戦線に戻ってから行なわれた蹄鉄術競技会のときの優秀記念写真と賞状である。そのボロボロで、いまにも裂けそうな賞状を彼は誇らしげに見せてくれた。

賞　状

鯨第六八六部隊
陸軍上等兵　稲　田　竹　美

右者昭和十七年度師團蹄鐵術競技曾ニ於テ其ノ成績優秀ナリ
仍テ茲ニ壹等賞ヲ授與ス

昭和十七年四月二十三日

鯨部隊長陸軍中将　従四位　勲二等　功三級　青木成一

「蹄鉄を打つのが難しいのは、馬の足に合わせねばいかんちゅうことだね。昔のこと言っても、あんたら分からんだろうけど『爪なければ馬なし』言うてね、馬は爪がいちばん大事です。それを保護するために鉄を打ってやらなければならんのです。ワシは腕だけは磨いてきています。師団ですよ。四〇人の中で一等ですよ。いまでもやれますよ。忘れんもんですよ。太いことを言いますけんど、日本にこれを持っちょるもんばおりませんよ」

ボロボロになった賞状と一枚の写真、これが鍛冶屋の竹美さんにとっての「戦争」であり、生涯の栄誉でもある。敗戦、九月一六日に復員、善通寺で除隊、五六〇円の一時金は台風で帰郷を遅らされたために一週間でなくなってしまった。

戦後も竹美さんは、弟子を一人とって一〇年ほどは鍛冶屋をやっていた。復員後にすぐに結婚し二男三女の子宝に恵まれたが、二人の男の子は不幸にして亡くしている。村でもだんだんに鍛冶屋さんへの注文が少なくなったことが廃業の大きな理由である。

写真3　昭和17年度蹄鉄術競技会の表彰状。

「機械で打つよりええもんができることは分かっちょる。だけんど手打ちじゃ追いつかん。刃がたちません。採算が合わんちゅうことです。

昔の長船とか正宗なんちゅう刀はいまはできませんよ。石を鍛えるだけの人間がいません。鉄だってもとは石ですよ。ハガネでも石ですよ。それをよう鍛える人間がいません。いま全部機械ですから。昔は、この石をなんぼ焼けばどうなるかというのを目で見たんですよ。安来ハガネにも三通りあるんです。これは昔は玉ハガネと呼ばれていたんです。安来ハガネには、白、黄、青の三通りがあって、いちばんええのが青、その次に白、それから黄。だけど、ええ言うても、使い刃によって違うんです。このハガネの接着には赤泥を使うてはいかん。これには硼砂じゃなけゃいかんの。いまは工業用の接着剤があるがね」

赤泥というのは、軟鋼の地金に刃になる部分の硬い鋼を鍛接する際に使う泥である。この泥を山で見つけるのは容易ではないし、泥によって刃を接着する技術も大変難しいものだという。[*2]

それにしても、話の熱中ぶりを見ていると、竹美さんはやはり鍛冶屋なのだ。いまは鎚打つことはなくとも、彼がハガネの話をするときが、いちばん生き生きしている。

「鍛冶をやめて残念ですか?」

最後に私は尋ねた。

「誰かあとをとってくれる人がいたらとは思います。習う気持ちがあれば何年もかかるもんじゃありませんからね。技術としては簡単、ただ精神の修養がきついちゅうことかね。しかし、もう駄目じゃろねえ」

竹美さんは、いま毎日、営林署で雇われた山林労働者として森に入っている。一日の賃金は七〇〇〇円から八〇〇〇円だ。しかし六〇歳にもなった竹美さんが、この、体で働き出す仕事をいつまで続けることができるのだろうか。

町工場のプレス機で打たれた鎌すらだんだんに姿を消し、草刈りは農薬や機械にまかせられてきている。「藤光」の銘の斧は、どこか農家の納屋にでも錆びついて眠っているかも知れない。炭の原木たる楢や櫟《くぬぎ》や樫の木は、金になる杉や檜に取って代わられる。見た目に美しい日本の森は、山村で生活する人びとの多様な生活を呑噬《どんぜい》してきているのだ。キーンというチェーンソーの響きの中で、竹美さんは今日もつらい仕事をしている。「藤光」銘の斧を鍛え上げたときのつらさと別の質のつらさが、いまはこの村全体を包み込んでしまっている。

それにしても竹美さんの話は、私にいくつかの衝撃を与えた。それは当たり前のことかも知れないが、生活者の知恵ということに対する私（を含んだ都会人）の徹底した無知と想像力の欠如である。そして歴史に対する無自覚である。同時代人である土佐の山奥に住む元鍛冶屋が一体どんな人間で、どんな歴史の中に生き、いま何なのかということを、ほとんど何も知らない。知ろうとさえしない。つい二〇〜三〇年前のこうした人びとの日々の生活にもまったく想像力を欠いて、歴史の行く先を語ろうとすらしている。ほんの束の間の近代技術体系に支えられた大量生産と高度成長と産業構造の地殻変動に目を奪われ、その延長でしかモノを見ようとしない。

農村と言うと百姓が大地で農産物を生産しているところ、という程度にしか私たちは思わない。しかし、百姓の使う道具である鎌や鍬や鋤を作る鍛冶屋、鍛冶に必要な炭を焼く炭焼き、鉄を掘り出す鉱夫、農具を行商する商人……、こうした人びとすら、私たちは思い起こすことができなくなってしまっている。もともとは漂泊民であり、火を使い石より硬い製品を作る鍛冶屋は民衆から恐れられた存在だった。酒呑童子や伊吹の弥三郎や弁慶の伝説も鍛冶屋についての理解なくしては分からないのだ（例えば、谷川健一『鍛冶屋の母』思索社、一九七九年、を参照）。ともすれば、農民の視点でしか農村なり地方を見ようとしないわれわれの習癖に、竹美さんは大いなる刺激を与えてくれた。

＊2　詳しくは、森清『町工場——もう一つの近代』朝日新聞社、一九七九年、を参照。

さらには、工業というものは都会でのみ成り立つ大工業しかイメージしない〝近代化〟論者への、生活からの批判を提起されているのではないかとも思う。

鍛冶屋の竹美さん宅を辞すときには、雨は一層激しくなっていた。泊れ、泊れと引きとめる竹美さんは、もっともっと鍛冶屋の話を聞いて欲しかったに違いない。

二つの刃物

ここに二つの刃物がある。一つは一九七九年八月に西ジャワのチウィデイで買い求めた水牛の皮の鞘に収まる刃渡り一三センチほどの果物用ナイフ、もう一つは新潟県三条市の鍛冶屋、岩崎重義さん作の長さ二四センチ、刃の部分六センチの切り出しである。西ジャワの片田舎と日本の地方都市で作られたこの二つの刃物を手元に置きながら、ここで技術、工業化、近代化の問題を考えてみたい。

チウィデイで作られた果物ナイフは、御世辞にも切れ味抜群とは言い難い。同じハガネといっても、岩崎さんの切り出しの刃の部分は鏡のように光り、思わず背筋が寒くなるような鋭さがある。磨き抜かれた美しさがある。金属の透き通った輝きと柄の部分の渋い黒鉄色との対比は、無機物とはいえ、刃物としての生命の躍動を感じさせるものである。チウィデイの刃物には、磨き抜かれたハガネの鋭さはない。ヤスリかグラインダーで懸命に磨いたのだろう、刃には細い研ぎ跡が無数に引かれ、刃全体が鈍い銀色となっており、ところどころに研磨が及ばなかったのか小さな穴も残っている。果物ナイフだから刃をそれほど鋭利にする必要はないにしても、研磨の技術、鉄を美しく打つ技術には、歴然たる違いがそこにある。優劣で言うならば、三条の鍛冶屋さんの技術がその洗練度において、格段優れていると判定されても仕方がないように思える。

だが、この二つの刃物を見比べることで、日本の技術は進んでおり、インドネシアは遅れている、だから日本の技術をインドネシアに移出せよ、といった単純な結論を出すわけにはいかない。技術移転の問題はそれほど安易に論じられるべきではないし、日本は最先端の技術を有する工業先進国だから、その最先端の技術を集中的に所有する大私企業が、技術の遅れた〈南〉の国に投資をして、技術を移殖することが〈南〉の発展の役に立つと、すぐに結論してしまうことには躊躇を覚えざるを得ない。この感を深くしたのは、一九七九年のジャワの旅と、一九八〇年夏の西土佐村や三条市への訪問の結果でもある。

西ジャワの鍛冶屋

チウィデイ（郡）はバンドンの南、約二五キロの山の中にある。前に紹介したチペレス村が低地の暑い村であるのに対し、海抜一〇〇〇メートルほどのこの村は熱帯とは思えぬほど涼しいところである。ここは有名な鍛冶村でもある。

私がここを知ったのは、インドネシア人学者アテン氏の書いた論文からである。[*3]

「三〇〇年以上の昔、チウィデイには、ほんの数家族が住んでいただけだが、当時すでに鍛冶屋が仕事をしていたと言われている。鍛冶の創始者はンムバー・ジャンゴット（あごひげじいさんの意…訳者）という人物らしい。彼は多少なりとも伝説的人物で、素手で真っ赤に焼けた鉄を細工できる卓越した技能を持っていたとの話すらある。この話は無論、脚色されたものであるが、彼の後継者たちがきわめて有能だったことは間違いない。ときには、事実、素手で真っ赤な鉄をも細工したらしい。……鍛冶屋のわざは魔術的雰囲気に包まれ、しばしば、奇跡的な力を持っているのだと信じられている。それは父から息子へと受け継がれ、今日では村びとたちは魔術が鍛冶屋のわざについているのだと思っていないにしても、鍛冶屋は村人たちからは最高の尊敬を受けている。このことは家族内での専門的秘伝として保たれることになっているが、反面で若干の不利益をもたらすものである。……なぜなら、新しい技能を発展させるイニシアティブの欠如につながるからである」

あごひげじいさんが素手で真っ赤な鉄をこねたことは伝説的脚色であると言いながら、そのあとですぐに、後継者が素手で鉄を細工したらしいと書いているところは、多少インチキ臭いが、そのくらいは大目に見よう。著者アテンさんは、独立後のインドネシア経済を村落工業にかけるのだという雰囲気で筆をとっているのである。

アテンさんは二つの鍛冶屋部落を紹介している。一つがチウィデイで、もう一つはジャカルタのおよそ九〇キロ南にあるスカブミの町の郊外チサアトである。このチサアトでも何百年もの昔から鍛冶屋が住みついて仕事をしてきたそうだ。技術はチウィデイと同じように父子相伝であった。

チサアトでもチウィデイでも、日本の軍政期（一九四二年三月〜四五年八月）に大きな変動が起きた。どちらも、鉄、斧、つるはし、鎌、鉈、ナイフ、包丁などの農具や台所用品を打つ鍛冶屋部落で、それなりに繁栄した地域だった。[*4]

チウィデイでは一九三四〜三五年頃に黄金時代を迎えた。主にナイフとクリス（護身用の短剣）がマラヤにまで輸出され、月々の注文が三万〜四万ギルダーになることもあったという。オランダ植民地政府がバンドン工業センターを創立し、技術指導をしたのもその頃であった。蘭印政府の技術指導は一九二九年の「暗い木曜日」に始まる世界大恐慌によって、砂糖をはじめとした熱帯農産物

＊3　A. Aten, "Some Remarks on Rual Industry in Indonesia: V. The Pandai's, (Blackmiths) in Western Java," *Indonesië*, Vol.6, No.5 May 1953.

＊4　一九五〇年に、西ジャワでは一三〇万丁の農具、畜産道具、台所品が製造されたが、チウィデイとチサアトの両地域で約六〇万挺を生産している、とアテンは書いている。

図1　チウィデイの生産品。*3

輸出が壊滅的打撃を受け、安い日本品の大量流入に対する対抗手段としての、植民地の一定の工業化を図ろうとの政策にのっとったものであろう。しかし、この「工業化政策」は、ほとんど効を奏さぬままに日本軍が入ってきた。

日本軍の進入はジャワの鍛冶屋にとってはまったくの冬の時代だった、とアテンさんは言う。チウィデイでは多くの鍛冶屋が鍛冶をやめるところまで追い込まれた。別に生業の道を見つけなければならなかった。しかし一九四三年の終わり頃になると、鎚の音がまた聞かれるようになり、四四年にはかなり活発になった。日本軍が軍需品の生産を命令したのである。日本軍が〝ロームシャ〟(労務者)や俘虜を飛行場や鉄道の建設に〝使役〟するため、つるはしや鍬が必要になったからである。鍛冶に携わる人の数は増えたが、日本軍の注文をこなすだけの拙速の技術に堕し、技量が低下した。このような「人為的ブーム」は日本の敗退で終わりを告げたが、チウィデイは四七年まで立ち直りができなかった。一見繁栄したかに見えた時代の悪い習慣は容易には克服できず、チウィデイの名声が大いに損なわれたのである。

一方、チサアトでは、日本軍は〝サムライ〟(日本刀)の製作を命じた。経済的にはチウィデイよりも恵まれていた。皮肉なことに日本軍が去ったあとには、もっと有利な立場に立てることになった。なぜならば、日本軍の残した車などから屑鉄が山のように入手できたからである。また機械化も進められたという。

アテンさんの記述で残念なのは、日本軍が負けた後、インドネシア独立軍が創られ、英軍、蘭軍と本格的な植民地戦争に突入するわけだが、このとき果たして地場の鍛冶屋がどのような生産をしていたか、という点への言及のないことである。チウィデイはバンドンの南で、とりわけ戦闘の激しい地帯だったし、レンヴィル協定[*5]（一九四八年一月一七日）後も、ダルル・イスラーム軍など住民軍の戦闘の場でもあった。戦争と周辺の人びとの生活の営みという点から、チウィデイの鍛冶屋さんに着目して調べると意外に興味深い事実が掘り起こせるかも知れない。

五〇年当時の鍛冶屋の仕事は、基本的にはいまと大差はないようだ。チウィデイの鍛冶場は親方の家のそばにある五×六メートル位の大きさの小屋である。そこには対になった二本の垂直に立てられた木の鞴《ふいご》、金床、炉（単純な造りで、地面に直接掘られている）、大小のハンマー、二本の箸（焼けた鉄をつかむ挟み道具）、定規、ヤスリ（平型と半円型）、万力、手動ドリルなどが備えられている。

鞴はチウィデイは垂直型の二本の丸太をくり抜いたものであるが、チサアトのものは、水平型で四つの弁が備わっているという。

鍛冶屋は一般的には、親方、助手、ヤスリがけをする助手、雑用助手の四人からなるが、ヤスリがけの助手を置かない三人の場合もある。親方はたいていは水田や水牛を有する比較的富裕な階層に属しているが、技術的に劣る二級の親方はそれほど豊かではなく、特に販売流通面で仲買業者(bakul) に従属している。助手は向こう鎚をふるう役割を受け持っており、親方と長年仕事をしてから独立する。ヤスリがけの助手は製品の仕上げ係であるが、親方が代行することもある。チサアトでは手動グラインダーが導入されている。雑用係は普通は村の少年で、たいてい親方や助手の子供がこれにあたる。この少年は鞴をあやつったり、木炭を炉に補給したり、その他の雑用をして、小遣い程度の金をもらう。

鍛冶屋は朝早くから仕事を始め、一〇時に一服入れ、このときに食事が親方から供される。二度目の食事はその日の仕事が終わったときに出されるが、いつ終わるかは注文の具合にもより定かではない。鍛冶屋は農業も兼業しているので、年に働く日は二〇〇日位、一日の平均労働時間は五～八時間ほどである。一九四九年の調査では、親方は一日四～一五ルピアの利潤、助手は四・五～六・五ルピア(二回の食事代を含む)、ヤスリ工は二・五～四、雑用少年は〇・五～〇・七五ルピアの賃金を得ていた。当時の米の小売価格一リットル＝一ルピアと一九八〇年一二月の約二〇〇ルピアとだけで単純に比較してみると、親方の収入は現在で言えば約八〇〇～三〇〇〇ルピア(二八〇円～一〇六〇円)、助手の賃金は九〇〇～一三〇〇ルピア(三二〇円～四六〇円)、ヤスリ工の賃金は五〇〇～八〇〇ルピア(一八〇円～二八〇円)という具合になる。今日よりほんの少しばかり上回る賃金水準だったと言えよう。あるいは、正確なことは言えないが、この三〇年ほど、大して生活水準の向上がなかったとも言えるのだろうか。

鍛冶屋にとっては木炭と鉄材の確保が最大の問題である。チウィデイでは木炭を焼く人たちがい

＊5　レンヴィル協定　オランダ領インドネシアを再興しようとするオランダ政府と独立を目指すインドネシア共和国との間で結ばれた政治協定。オランダが決めた境界に沿って停戦を認めるもので、インドネシアにとって認められるものではなく、結果的に失敗に終わっている。

た（いまでもいる）。彼らは何人かのグループで山に入って、白い柔らかな木（キ・ヒウルとキ・リンジュクと呼ばれる）を原木として木炭を焼き、鍛冶屋に届けた。しかし雨期には木炭が不足したので「金属企業連合」（GPL）なる協同組合組織を作って、木炭と屑鉄の仕入れの努力をした。またこの組合は製品の販売にも乗り出し、ドイツの大商社と提携して、マラヤ、インド、日本など外国にも製品を売ったという。鉄やハガネは工場の屑鉄、自動車のスプリング、鉄道線路などを集めてきた。

アテンさんは、西洋工業に負けることなくチウィデイの土着鍛冶が発展してゆくことを三〇年前に望んでいた。

「西洋人は村落工業なんかに同情も関心も持っていないことは明らかです。……こんな進んだ時代に村落工業も小規模工業も生き残る余地はなく、近代的工場だけが国の経済水準を高めると思っているのでしょう。……（だが）この進んだ時代でさえ、もし技術の進歩がさまざまな場面で始まれば、村の工業だって、もっともっと重要なものになってくるはずです」

アテンさんの期待通りに、村の工業はますます大事なものになってきたのだろうか。

チウィデイの鉈

何しろ三〇年も前に書かれた論文である。そもそも、果たして、ここに書かれたような鍛冶屋部落があるのだろうか、また熱い真っ赤な鉄を手でこねるような名匠鍛冶がいるものだろうか。そこに行くまで不安であった。

ともかく私たちはバンドンから車を雇って、南の山岳地帯へと向かった。ちょうど甲府から御坂峠へと向かう笛吹川支流の道を想い起こさせる。渓流をはさんで斜面には田んぼや畑がずっと続く。ときどき小さな集落があり、農夫が鍬をかついで歩いている。バンドンの南部山岳地帯は広大な茶のプランテーションがあるが、チウィデイへの道には大きな茶畑はなかった。

何のあてもないので、ときどき通りすぎる村人に「鍛冶屋のチウィデイはどこだ?」と尋ねた。だんだん確かな答が返ってくるようになり、最後に、バンドンから素材鉄（自動車のスプリングなど）を販売に来たという若い男が、鍛冶屋協同組合長の家に案内してくれることになった。私たちの探しあてた鍛冶屋部落は、チウィデイ村の隣のパシル・ジャンプ村サマランジャ区であった。

部落はひっそりとしていた。レンガ造りに白壁、ガラス窓をはめている家がほとんどで、村が豊かであることがすぐに分かった。協同組合長の家もなかなか立派な家で、床石はピカピカに磨き上げられている。ちょうど断食月《ラマダン》にあたっているので、組合長は私たちには茶菓をすすめたが、自分は絶対に手をつけない。イスラーム信仰が強い村との印象も受けた。

私たちがこの部落に辿り着いたのはすでに午後。鉄を打つのは午前中だけ、もっと早く来ればよいのに、と組合長は残念がっていた。しかし、部落を一回りして見せてくれるという。二百数十世帯からなるこの部落は、ほとんどの世帯が鍛冶屋とそれに関わる仕事で生計を立てている。農鍛冶(鍬、鋤など)が主であるが、包丁、ナイフ、装飾用のクリスなども作っている。バンドンで知り合った農村出身の学生は、「越前の鎌、土佐の刃物」と言う日本人とちょうど同じような感じで「チウィデイの鉈、ボジョン・ジェンコルの鍬」と言っていた。ボジョン・ジェンコルというのは、バンドンの東のタシクマラヤ県の村で、そこにものちに出かけたが、確かに鍛冶屋がたくさんあった。鉈で有名なのがチウィデイということだが、日本の鉈のように肉厚なものではなく、ゴロッ(golok)という山林用の大型ナイフと言えるようなものである。

パシル・ジャンブ部落は、ただ鉄を打ち、刃物や農具の金属部分を鍛造しているだけでなく、柄や鞘に用いる木材、皮革の加工、彫刻も行ない、燃料の木炭も生産している。そして、製品の販売に携わっている世帯も多い。部落の男たちは遠くスマトラにまで農具の行商に出るという。

部落の表通りからは、ここが鍛冶屋の中心地であることがほとんど分からない。しかし、細い路地を入ってゆくと、そこここに作業場がある。午後も遅くなっているのに、柄を削って加工している家があった。家の一室が作業場で、男があぐらをかいて木を削り、女房はヤスリをかけたり、ニスを塗ったりしている。別の作業場は、竹編み壁のだだっ広い小屋になっていた。サングラスをかけた若い男が、鍬の刃と柄を差し込む金属部分を酸素溶接していた。青白い火花がパチパチと飛び散った。壁には何点かの製品が掛けられている。見るとワニのマークの商標紙が貼られ、英語で「クロコダイル」と書かれていた。

部落のはずれまで歩いてゆくと、そこには小屋がけの四坪ほどの鍛冶場があった。椰子の葉で葺いた屋根、竹壁、土間の簡素な作業場である。珍客が来たと思ったのか、ここをとりしきる鍛冶屋のおじさんが隣にある家から出てきた。二人の助手もどこからか呼ばれてきた。一人はまだ年端もゆかない少年であった。デモンストレーションをやってくれるというのだ。親方鍛冶は高台に乗り、木をくり抜いた二本の鞴《ふいご》を、上から交互に、手動ポンプよろしく、布を巻いた竹棒を上下させることによって、風を送る。この丸太の下端から二本のパイプが地面を這って突き出され、排出口に木炭が積まれている。木炭はすぐにパチパチと火花を散らした。

少年が今度は高台に上り、鞴の風を送った。親方が鉄挟みで素材を火に突っ込み、真っ赤に燃えた頃を見計らって金床に運ぶ。向う鎚にあたるもう一人の助手がハンマーを打ちおろす。少年もそれに加わる。トンカントンカンというリズミカルな音を聞き、親方は満足気に私たちの方をふり返った。私もすっかり満足した。

一通りのデモンストレーションが終わると、親方は、自分の手を見ろと言う。指が四角くなって、触ると堅い。触られて親方はニッコリとした。

図2　チウィデイの鍛冶場。

写真4　少年が鞴の風を送った。

チウィデイの近辺に、なぜ鍛冶屋が集中しているのだろうか。何人かの人に聞いてみたが、はっきりしたことは分からない。ずっと昔からとか、先祖代々という答だけが返ってきた。私の想像にすぎないが、鍛冶屋伝説があるほどだから、かなりの昔からここには鍛冶屋が定着して仕事を始めた。原料の鉄が得やすい条件があったのだろう。そして、燃料たる木炭が山の中だから得やすい、涼しいから熱気を伴う仕事に適していた、近くに農民の需要が多くあった、等の諸条件が重なって鍛冶の隆盛をもたらしたのだろう。

もともと昔の産業は地域とともにあった。いまのエレクトロニクス産業は、ほとんど国境を突破して成立している。労働環境はカネさえつぎこめば、どこでもさして変わらないものができる。工程もほとんど単純化され、ほとんど誰

写真5　チウィデイの鍛冶屋。親方が鉄鋏で素材をつかむ。

でも構わない。要はカネで計算してより有利な立地点を決めるだけである。だからカラーテレビを見て、その配線をやった人の顔を浮かべることもないし、自動車のネジを締めたのが、結構年配の山形県の出稼ぎのオッサンだなどということは考えないのである。

だが鎌や鍬や包丁には顔があった。地方性があった。ほんのひと山越せば鎌や鍬の形状が違うという。使う人と作る鍛冶屋とのあいだに直接的なつながりもあった。

信州鎌（善光寺鎌とも呼ばれた）は、農耕馬を飼っていた黒姫や妙高山麓の農家が馬草刈りに使うために大量の需要があったという。こうした信州の山の草刈り鎌と平場の水田の稲刈り鎌とはおよそ使途が違うのだから、鎌自体も違うものを用いたはずだ。善光寺参りに来た農家の人たちが信州鎌を買い、具合が良ければ村で宣伝し、また買いに来るだろう。使う人と作る人が触れ合ってさらに良いものができる。

信州鎌が盛んになったのは、そうした農家の需要が一方にあり、他方には、作る側の条件もあった。まず鋼材が北国街道を通って、北陸から容易に入ったこと、鍛冶仕事には涼しい気候が適していたこと、良い水があったこと、木炭の大生産地だったこと、などである。*6

チウィデイと同じような条件を備えていることが分かる。チウィデイの農具が、どのような流通経路を持っているかを私はまだ調べていないが、遠くスマトラにまでここの人びとが行商に行くというから、相当広い範囲で農民たちがチウィデイの農具を愛用していたのだろう。日本では農具のほとんどがいまでは機械化している。その機械化も、日本的技術革新抜きには考えられない。その技術革新も農民と鍛冶屋と金物農具商との合作によるものが多い。千歯扱《せんばこ》きが回転脱穀機を生み、さらにコンバインの脱穀部に取り付けられた。コンバインだけ見ると千歯扱きなど思い浮かべられない。トラクターだって、日本式短床犂《たんしょうすき》の延長線上にある。チウィデイを取り巻く環境は百姓の改良に応じて進んでゆく鍛冶屋だったのだろうが、いまや、先進工業国の機械が一挙に上陸しようとしている。土壌土質農法を考えないで大丈夫なのだろうか。

チウィデイでも酸素溶接とかドイツ製大型カッターの導入に見られるように、技術面での革新が部分的に始まりつつあるにしても、基本的には、手作業にほとんどを依拠しているのが現状である。

＊6　森清、前掲書を参照。

写真6　チウィデイの鍛冶屋。

素朴な技術、周辺農民のそれなりの需要、そして、それなりの豊かな生活、これがチウィデイの鍛冶屋たちを取り巻く状況である。だが、繊維産業に見られるように、先進技術は容赦なく大資本をバックにして入り込んできている。鉄鋼の一貫生産プラントの建設がすでに進められ、そのプラントの関連で近代的鍛工技術がどっと入り込んで来るのはもうごく近い将来である。チウィデイがどうなってゆくのか、繊維の町マジャラヤの衰退と同じ運命が待ち受けているような気がする。

小さな火、大きな火

ジャワにはボロブドゥールやプランバナン（ロロジョングラン）に代表される、仏教・ヒンド

写真7　チウィデイの鍛冶屋。ヤスリをかけている。

ゥーの大石造建築がある。あの石を切り出し、加工した石工たちはタガネを使ったはずである。タガネは鍛冶屋がいなければできない。大きな岩石を切り出し、細密流麗なレリーフをほどこすのに、どんな鉄道具を使っていたのだろうか。最近、ボロブドゥールにきざまれた柔和な仏の顔を見るたびに、当時の鍛冶屋に想いをはせてしまう。

また、日本刀と同じような神性を持つとされているジャワのクリス（短剣）のことを思い出す。クリスの刀身は細身で、直線型もあれば波状型もある。波状型のものは蛇のようにくねくねと刀身が曲がっている。波は五つ、七つ、九つ、ないしそれ以上のものもある。人が死ぬと、その魂は、菩提樹、宝石、クリス、その他のプサカ（家宝）に乗り移るともいう。だから、このクリスをめぐっては、ごく最近に至るまでも、さまざまな伝説が伝わっている。シンガポールの大使としてインドネシアに駐在していたリー・クーン・チョイ（李炯才）氏は、中部ジャワのウォノギリから三〇キロ離れた墓地で、ある人の父親の霊魂が乗り移ったクリスが三〇キロ離れたそのウォノギリの人の家の庭まで〝飛ぶ〟現場に立ち合わされた。そしてクリスから青白い光がちらついているのを目撃したあと、三〇キロ先の庭に二本のクリスが突きささっているのを見ている。トリック臭いところもあるが、ことほどさようにジャワの人びとの中にはクリスの神性を信じる向きがある。

このクリスを鍛える刀匠（ウンクー）は、それこそ古くからの鍛冶屋だろう。ソロ（スラカルタ）のサルタン、パクブオノ家に伝わるクリスは、七つの波状のある竜の模様を描いたもので、これを鍛造するのに刀匠は二八年間を要したという。[*7] ジャワだけでなく、このような刀鍛冶はバリにもいるし、勇猛にしてイスラームに敬虔なアチェ族の中にもいる。アチェではレンチョンと呼ばれる曲状の短剣が鍛えられている。ウトー（utoh）なる名人の称号を持つ刀鍛冶にもなると、一振り二〇万ルピアもするレンチョンを打つという。しかし、現在では注文そのものがめったにないし、原料の「白い鉄」の入手も容易でないそうだ。[*8]

おそらく、ジャワでも、その他のインドネシアの地域でも、一〇〇〇年以上もさかのぼる時代に、すでに王朝文化を支える鍛冶師たちが、かなり高い技術を身につけていたと思われる。しかし、その技術はイスラームが入り、ボロブドゥールやプランバナンなど仏教・ヒンドゥー文化が衰退し、さらに西洋の侵入という事態を迎えるに至って、発展の芽を摘みとられてしまったのではないだろうか。

だが鍛冶屋はまだ連綿とジャワの地に、その伝統を生き長らえさせている。どんなに素朴な技術を用い、簡素な道具を用いようと、民衆の需要に何とか応える存在である。そして、中には、伝統の上に立って飛躍を遂げんとしている鍛冶部落もある。

中部ジャワ、クラテン県トゥガルレジョ村の村長の話によると、部落のほとんどの家にはテレビがある。カラーテレビの家さえ五軒ある。竹編み壁の家は一軒もない。ほとんどが石（レンガ）の家で、中には近代的ビルのような家すらある。

これが本当だとしたら、貧しいジャワの村の中では例外に属することは言うまでもない。ただ、この一帯はかつてのマタラム王国の王家の一つであるスフナン家の直轄する領地で、オランダもこの地は直轄支配はしていない。そして、ジャワで有数の稲作と砂糖栽培の中心地でもある。だが、この豊かな部落（バトゥル区）は、田んぼで食っているのでも、砂糖で食っているのでもない。ここは昔から名の知れた鍛冶屋部落なのである。[*9]

朝早くから夕暮れまで、鉄をたたく音がドゥンタン、ドゥンタンと響いてる。この部落には二二〇世帯一二〇〇人の人が住んでおり、一一〇軒の工場がある。二世帯に一つが工場ということにな

＊7　リー・クーン・チョイ『インドネシアの民俗』サイマル出版会、一九七九年。
＊8　*Tempo*, 一九八〇年九月六日号。
＊9　*Tempo*, 一九八〇年七月一九日号に紹介記事がある。

る。この部落では労働力が足りないので、よそから一五〇〇人もの人が働きに来ている。一一〇の工場のうち六〇が協同組合に加盟している。

マタラム王国時代の一八世紀にはすでに鍛冶部落があったという。四人兄弟の名匠鍛冶が、昔、西ジャワの西端のセランから来た。そのうちの一人セラン・クスモという人物が住民を指導し、鍬や鋤などの農機具を作らせるようになった。それ以来、バトゥルは鍛冶屋部落になっていった。鉄を溶かすため、昔はブサレンと呼ばれる炉を使い、燃料はコサムビとかムランディンガンの木の炭であった。いまは機械力を使ったトゥンキ（中国語か）と呼ばれる炉が用いられている。一日四〜六トンの生産能力を持っており、農具だけではなく、自動車部品、ポンプ、ミシンの足、フライ鍋から骨董贋品まで作っている。

原料はこれまで国内の屑鉄などでまかなってきたが、最近では日本や台湾のものを仕入れなければならないという。ともかくもバトゥル部落は細々とした農鍛冶から出発して、いまでは鋳造も行ない、オランダでテレビにまで紹介されるほどの村落工業のモデルケースとなっている。[*10]

この部落には一億ルピアもかけて作ったイスラーム教寺院があり、幼稚園から高校までもある。技術中学校も新設され、保健所もある。もちろん電化されており、電話局もある。

テレビで放映されたオランダのフィルムは、クリス伝統の上に立つ、ジャワの〝小さな火〟に支えられた鍛冶屋部落を近代的大鉄鋼工場との対比で描く。

クラカトウ・スティールという、いわくつきのインドネシア最大の鉄鋼会社がある。本書の冒頭に書いた、暗い椰子の木の下に飢えた子供たちがいた、あのカンポンのすぐ近くにこの大工場がある。ジャワの西端チレゴンに大鉄鋼プラントを建設しようとしたのは二〇年も昔のスカルノ時代のことである。ソ連が援助を申し出た。鉄鉱石は近くの南スマトラから来るはずだった。だが掘ってみたら出なかった。いまは、遠くブラジルとスウェーデンから鉄ペレットが送られてくる。一九六五年の九・三〇事件でクラカトウ鉄鋼所プロジェクトは挫折した。ソ連が手をひき、スハルト体制下で新たにこの夢を実現しようとしたのは〝国の中の帝国〟国営石油公社プルタミナ社であった。一九七三年にクラカトウ・スティール社が設立、西ドイツの援助で八三年に完成を予定している。だが、プルタミナ社は放漫経営と莫大な負債の責任を問われ、クラカトウ鉄鋼所からは手をひいた。

　私がチレゴンを訪れた一九七五年三月には、すでに社員用の立派な宿舎ができていた。暗いカンポンとは対照的に、この工業団地には煌々とライトが照り、青い芝生には一日中スプリンクラーが回っていた。高級社員住宅にはベンツ入りカーポートがついている。インドネシアのほかの場所では見たこともないようなスーパーマーケットがあった。大衆とは縁もゆかりもないような多国籍企業商品が所狭しと飾り立てられている。社員専用の立派な映画館もゴルフ場もあった。ここがインドネシアかと目を疑った。二五億ドルのカネをつぎ込んで、七九年には何とか第一期工事が終わり、

＊10　オランダのＩＫＯＮ制作、一九八一年四月三〇日、ＮＨＫ教育テレビで、「いま、地球を考える」第四集「ジャワの小さな火」として放映された。

いま第二期工事を行なっている。第一期工事分では、一五万トンの鋼棒工場、八万五〇〇〇トンのプロファイル・アイアン工場、二万五〇〇〇トンの鋼鉄ワイヤー工場、一〇〇万トンの還元鉄工場、五四万トンの板用鋼片圧延工場、二二万トンのワイヤ・ロッド工場、六万五〇〇〇トンの鋼鉄パイプ工場ができたという。さらに、第二期工事(一九八三年まで)は総工費一三億ドルで、ホット・ストリップ工場、冷間圧延工場、一〇〇万トン能力の鋼板工場、還元鉄一〇〇万トン工場を作るという。[*11]

オランダのIKONというテレビ会社が制作したこのフィルム「ジャワの小さな火」は、クラカトウは「莫大な投資がすべて裏目に出て、何の成果もない」ときわめて厳しい評価をしている。何十億ドルをも投資したのに、そこで働いているのは、ドイツ人、アメリカ人、オーストラリア人合わせて一六〇人、この白人のもとで四〇〇〇人のインドネシア人が使われている。ここで作られた鉄筋は、民衆の生活とは関わりのないジャカルタの近代高層ビルで使われるだけである、と。

それに比べて、クリスの伝統の上に立ったジャワの鍛冶屋の小さな火が、いかに民衆の生活向上に直結するものであるかということをIKONのフィルムは極端なまでに対照化して描いて見せた。

ワヤン劇のアルジュノとチャキルの踊りがそのフィルムに映し出された。アルジュノは正義と調和、チャキルは悪と破壊の象徴であると語られる。チャキルは植民地支配者であり〝進歩〟という言葉を装った近代科学技術、アルジュノにとってチャキルの存在は我慢がならない。クリスを持ったチャキルはアルジュノと闘う。アルジュノはチャキルのクリスを奪い、チャキルを殺す。チャキルは自らのクリスによって殺される。悪は常に自らが手にした武器によって滅ぶ。侵略者チャキルを滅ぼしたのはインドネシア民族主義である。だが、まだまだ悪がはびこる。貧困と飢えである。自然と一体となって調和ある生活をしていたジャワで、植民地主義者はタバコを植え、サトウキビを植え、ゴムやキニーネを植える。田んぼが畑や農園となって囲い込まれる。人口が増えると木がどんどん伐採される。その木は先進国のぜいたくな家具に化ける。土地がどんどん侵蝕され、人びとが農村に住めなくなる。彼らは食えない農村を捨てジャカルタに行く。まばゆいばかりの近代的なビルが建ち並び、高級車が走り、多国籍企業のネオンサインがきらめいている。だが貧しい人には何の職もない。ベチャ引きになるか、屑の山をあさるゴミ拾いになるか、乞食にでもなるしかない。ゴミの山から多国籍企業のミルクの空き缶を拾って、ていねいに加工し直し、おもちゃの車や機関銃を作るブリキ職人の知恵と技能が、いたましくもたくましく映し出される。

そして、すでに紹介したようなジャワのクリス伝統の上に立った鍛冶屋部落の活況が映し出される。古いレールの鉄屑からつるはしやポンプを製造する村の鍛冶場……。鋳造所は真っ赤な鋼を滑るように炉から吐き出すクラカトウの工場とは及びもつかないほど、非能率的で安全でもない。だが鉄塊をハンマーでたたき割る村の若者の顔は、クラカトウの工員の安全ヘルメットの下の顔よりも輝いて見える。時代遅れの機械、質の悪い炉、非効率、ひどい安全管理……。だが人びとは職に

＊11　*Indonesia Development News*, Vol.4, No.5.

ありついている。生活が成り立っている。働く者を守っているのはゴトン・ロヨンだという。

二つの経済がある。多国籍企業や開発援助で成り立っている経済、クラカトウのような高価な溶鉱炉、白人が経営し現地人が使われる経済、ベルトコンベアでブラジルの鉄鉱石を運ぶ経済、大量生産、効率、官僚主義に支えられた経済。一方は自分の足で立ったバトゥル部落の鋳物工場のような経済、粗末な炉、誰も見向きもしないような鉄屑の上に成り立つ経済、土に眠るエネルギーが息を吹き返すような経済、ゴトン・ロヨンの心で息づく経済。現代の悪——飢えと貧困——に対し、ジャワの昔ながらの小さな火が大きな挑戦をやって欲しいと、このフィルムは訴えているようだった。それが空しい努力に終わるだろうことをこの制作者は知っているかも知れない。

バトゥルの伝統的鍛冶を自立の旗手として描きたい気持ちは、私もよく分かる。しかし、それはたやすいことではない。近代大資本と高度技術がこうした弱少集団を呑噬《どんぜい》してしまうことは赤子の手をひねるよりたやすいことだ。バトゥルがかろうじて活況を呈しているのは政府のあと押しが曲がりなりにもあるからだ。多国籍企業は失業問題にプラスの効果をあまりもたらさず、かえって悪化させることが明らかになってきている。クラカトウ鉄鋼は二五億ドルかけて四〇〇〇人の雇用しか生んでいない。日本のナショナルプロジェクト、アサハン・プロジェクトもほぼ同じ程度の効果しか持たない。クラカトウができれば鍛冶屋にだって影響が出てくる。少なくとも雇用問題を悪化させないようにと、政府はバトゥル部落をモデルケースに仕立て上げたいのではないだろうか。それは二つの経済を結びつけることにはならないだろうが…。

政府の援助とは、具体的には、工業省の中部ジャワ地方局やバンドンの金属工業開発センター、さらにはジャカルタの経営教育・育成所（LPPM）といった機関が、技術、経営指導から、資金援助までしているということである。それでなければ部落中にテレビが普及することなど考えられない。

金属ランプ、壁飾り、額縁、昔風の椅子などを生産するバトゥルのある企業家は、その製品が経営教育・育成所の関係者の目にとまり、製品販路を確保してもらった。彼の作るものはかなりぜいたくなもので、オランダに輸出されるランプもあるし、二八万ルピアもするランプもある。当然、かなり高額の融資もしてくれる。

日本のテレビで放映されたときには、井戸のポンプを主として紹介していた。農鍛冶の部落が自力でその土地と結びついた産業を発展させたように描かれていた。そういう側面があるのはもちろんのことだろう。しかし、いま見たように、一部には都市の、ごく一部の金持ちと直結したぜいたく品の生産もやっているようだ。それによって村にカネがめぐってくるだろう。それはそれでよい。だが、そこには、すでに中央のヒモがつけられ始めているような気がしてならない。バトゥルが「成功」したのかどうかは、もう少し先にならないと結論できそうにもないが、農鍛冶部落のポテンシャリティを考える上では重要な事例を提供してくれていると言えよう。

地場の農鍛冶が発展して、地方工業都市へと成長したのは、本章のはじめに登場した岩崎重義さんの住む三条市である。

技術と必要

三条と燕は金物の町として名高い。特に燕は輸出用の洋食器を生産する町として有名で、円高ー輸出不況と言うとき、必ず話題にされる町である。

岩崎重義さんの存在を知ったのは、三条市の商工会議所でだ。まだ鞴《ふいご》を使っている伝統的な鍛冶屋さんはいませんかと商工会議所で尋ねたら「さあねえ」と熱のない返事だった。そこで、ジャワの鍛冶屋の話や技術交流の話をしてみた。すると職員の一人が、こんなものを書いている人がいます、この人のところに行ってみてはどうかと勧めてくれた。それが岩崎さんであった。

岩崎さんは『三条金物ニュース』(三条金物卸商組合の発行する月刊新聞)という、何となく胸のときめく地方業界紙に「ふいごの旅」という連載記事を寄せていた。

「日本政府が開発途上国に行っている技術協力の一環で、農具、特に鍬・鎌の品質向上を図る。つまり鍛冶の仕事の手助けをするのが、私に与えられた仕事である。……兎に角、どのような状況でも、日本の鍛冶仕事が出来る様に、道具を準備した所、ジェット機に積んでゆく荷物は十六梱、四百瓩になってしまった。日本の伝統ある三尺五寸型の鞴《ふいご》をジェット機に積み込んだのは、恐らく初めての事ではないだろうか。[*12]」

こんな任務を帯びて、岩崎さんは一九八〇年二月に、バングラデシュを旅していた。この人に会いたい、興奮抑え難い気持ちで、岩崎さんの鍛冶場に直行することにした。

古い町並み、入り組んだ路地の中心街から抜け、五十嵐川という信濃川支流の橋を越えると、ちょっとした鉄工場がいくつかある。岩崎さんの家は狭い路地の奥の方にあり、小さな町工場ほどの作業場が併設されていた。ちょうど昼休みの時間で、とりあえず作業場を見せていただくことにした。素人にはわけの分からない工具が所狭しと並べられ、鞴《ふいご》も作業場の片隅に置かれていた。以前に何人かいたお弟子さんは、いまはなく、一人ですべての工程をこなしている。

岩崎さんが作っているのは、切り出しや和かみそりなどの刃物で、たまに日本刀を打つこともあるという。鍛冶屋としては変わり種で、父親が東京帝大文学部で歴史を学んだあとに、日本刀に魅せられて、俵国一博士のもとで冶金工学を学び、鍛冶の実践を息子である重義さんに委ねたのだという。だから、重義さんは伝統技術に精通している上に、理論面でも一家言を持つインテリ鍛冶屋で通っている。しかし、職人としての誇りを持つことは、現代では〝豊かな生活〟を必ずしも保障しないようだ。大型プレスを入れ、何人かの職人を雇い、ガンガンと包丁を打ちつけ大量生産する、

＊12　『三条金物ニュース』第一七号、一九八〇年七月一五日発行。

写真8・9　三条の鍛冶屋。

こうすれば利益が上がることを彼は承知している。だが、彼の作る切り出しや剃刀に、機械による大量生産は適用できない。岩崎さんはたんたんと語るが、どこかで突っ張っているのだ。

午後の作業を邪魔してはいけないと思って、夜になって、岩崎さんの家を再訪した。バングラデシュの鍛冶技術の話を是非とも聞きたかった。

「バングラに鍛冶技術の指導に行かれて、いかがだったですか？」

私は短兵急に切り出した。

「あまりにも問題が複雑すぎたなあ。現地の人たちの生活というものを簡単に考えすぎていました」

「まず日本では現地の気候風土というものが分からない。雨期と乾期があって、暑いということぐらいしか知らないわけです。ところが、

そんなんじゃないんだなあ。乾期の激しさ、これが実感として分からない。向こうに行ってみると、その乾期の激しさっていうのは、人間が働いたら命がつまるっていうことがはっきり分かりました。雨期になれば、国の半分が水につかっちゃうっていうでしょ。これにはガックリきました」

岩崎さんが指摘した重要な点は、まず第一に気候風土と技術の関連性である。バングラデシュはデルタ地帯である。したがって砥石に適した石がない。彼はそれを見越して、日本から砥石一〇〇本を持っていっている。砥石がないということは、研がずに済む、長持ちのする刃物が要請されることになる。研がずに、長持ちのする刃物とは、軟らかいハガネ（刃こぼれがしない）である。岩崎さんはバングラの包丁を見せてくれた。三日月型の刃に鉄の柄がついた、ひどく重いもので、これは包丁だと言われなければ、草刈り鎌に思われても仕方のないような代物だった。

「技術の高低というようなことは簡単には言えません。バングラは砥石がないから、こうした軟らかいハガネが無難なんです。削るということをしないから、たたいて形を整える。だからたたいて形を作るという技術は抜群と言えます。日本は砥石だの、それを機械化したもので削って形を作るわけですから、たたいて形を作る技術は、いまではきわめて弱くなっているわけです」

バングラデシュの人びとは調理をするとき、日本のようにまな板に調理するものを乗せて、上からトントンと切りきざむのでなく、三日月型包丁を立てて、刃の部分に、切るものをぶつけるという。硬い切れ味のよい刃物でないから、人間の力でぶつけるわけである。気候風土、地理的条件による技術の制約が調理文化をも制約していると言える。

もっと人力の消耗を防ぐ刃物が要求されないのだろうか。これは、そこに住む人びとの技術に対するニーズということである。

「この重い、ぶつけてものを切る包丁を、技術革新ないし技術の洗練化をするとしたら、どういうことが考えられるのでしょう」

岩崎さんは、しばらくうなって考えていた。

「まず軽くすることは可能でしょう。そして、ハガネをもっと硬く焼き入れし、切れ味をよくすることはできます。しかし、そのためには〈研ぎ〉に対する価値と実践が普及しなければなりません。だから私は、国際協力事業団が砥石を無料で大量に配布するようなことも、技術援助のプログラムに入れねばならないと思っています。

それよりも重要なことは、力まかせにたたっ切るよりも、力のロスなくきれいに切る、という価値観が定着しなければ、硬い刃物への要求は出てきません。〈力を使わずによく切れる〉という価値観は、われわれは普通のことと思い、それが良いことだと思っていますが、果たして、それは地球上のどこでも成り立つ普遍的な価値なのかどうかは分かりません」

技術や道具・機械に対するニーズというものは、ある価値観に支えられているものである。その価値観というものが普遍的でない以上、よその土地の技術が遅れているとか、洗練されていないとか簡単には言えない、というのが岩崎さんの主張だと思われる。現地の必要度が高いものであれば、技術はよそから持っていっても一年もあれば根づくとも彼は言う。結局、そこに生活する人びと、それもどの階層に属する誰が、真に何を求めているかを知らなければならない。

「一日一〇〇円でも収入が上がるという、ごく実際的なところから出発しなければ根はおりないんですよ」

岩崎さんの仲間である山形の鍛冶屋さんは、バングラの別の地方で、日本の刈り取り鎌とそっくりのものが売られているのを目撃している。これは二〇年前に日本から同じ型の鎌を送った結果、現地の人びとの要求に合致したため、それが定着したものと考えられる。

技術援助や技術移出と言うと、妙に生臭い国益がらみのような発想が底流にあるような感じがする。岩崎さんは〈先進国〉サイドで考える技術援助に疑問を投げかける。

「向こうの人の暮らしを、自分の肌でもって感じないと駄目だね。そこまでお役所はやりたがらない。私はバングラに着くと、すぐにリキショウ（人力車）に乗って、町の中をぐるぐる回ったんです。そうすると在留邦人たちは『もう乗ったの？』とびっくりしているわけ。こういう姿勢だから困るんですよ。日本の技術援助なんて大袈裟なこと、鍛冶屋が言うのはおかしいけど、援助のプログラムを日本で作ってしまうんですね。本当に向こうの人が何を必要としているかということよりも、専門家としての立場をはっきりさせることを先にやる。だから天候なんかに合わなくて、そんな計画はあっさり駄目になってしまうわけです。ただ向こう側も、お役所が入っていたり、政治家がいたり、自分で働こうとしないインテリがからんでいるでしょ。こうした人たちのメンツを立てることもしなけりゃいけないから、結構大変だとは思うんですがね」

植民地と知恵

インテリの話が出てくると、問題は気候風土、人びとのニーズ・価値観から、さらに核心的部分に入った。

「私はどうしてもアラーの神をひっぱり出さざるを得ない心境になってしまったんですよ。指導層たるインテリやお役人、この人たちは体を動かしません。民衆はバカだと思ってる。バングラの鍛冶屋はほとんどヒンドゥー教徒で、職人の地位は低い。イスラームの人が指導層ですから、この指導層の態度を変えるには、アラーの神以外ないんじゃなかろうかって考えてしまったわけです」

民衆はただ生き続けている。バカにされ、搾取され、ただ工夫もなく適当にその日を働いていればそれでよしとする、一種の諦観が支配している。これをアラーの神で克服したらと岩崎さんは考えている。話は植民地支配に及んだ。

「私はジャワのことは知りませんが、植民地化される前の技術には高いものがあったんではないかと思うんです」

ボロブドゥールの繊細な石の彫刻や、スンバの織物や、バリの木彫を引き合いに出し、植民地支配による技術の断続が語られた。ボロブドゥールに見られるような石の彫刻があったということは、それを加工する道具を鍛冶屋さんが作っていたことである。鉄かハガネかは分からないが、そういうものを必要とする王様がいた。そこを植民地化されたものだから、職人から王族に至るまでの階層がずたずたに破壊された。「要は働きさえすりゃいい」という心情が社会を支配する。もっと良いものが欲しい、という使う側の欲求は一〇〇年もすれば消えてしまう。鍛冶屋にもそれが影響し、ともかくも、その日暮らしのものを作ればよいというところに技術が落ち込んできてしまう。

インドからバングラ、ビルマ、インドネシア、フィリピン、こう見てくると、完全にヨーロッパ人にしてやられたんじゃないか。技術は何分の一かのレベルに落ち込んでしまった。壊れそうな自動車をうまく修理するというような、「暮らしの知恵」みたいなものが発達したのも民衆の一種の抵抗で、あっけらかんと明るい生活態度も、そうした中から出てきたのではないか。

技術には風土や人びとの価値観が反映されている。社会的ニーズが技術の発達をもたらす。だが、植民地化された社会では、技術はその発展を疎外される。ストレートな技術発展経路がねじ曲げられ、妙な部門で妙な工夫や精緻化が生まれてくる。たとえば、植民地社会では宗主国にとって利益になる産業部門ばかりが肥大化してゆく。オランダ植民地下のインドネシアでは、ゴム、砂糖、オイルパームなど、いわゆる「熱帯農作物」のための農園がやたらと土地の多くを占拠してしまう。このため、そこに住む人びとの真に必要な農作物の生産と、その技術の発達が阻止される。労働力も農園や農園管理、ひいては植民地管理のために充当されてしまう。米やその他の食糧品の生産が真に必要であるにもかかわらず、農地が植民地農園用に奪われてしまったため、狭い農地できわめて集約的な生産を行なう限界的農法が精緻化してゆく。ともかく、かつかつであろうと人を食わしてゆく工夫が必要になるのである。

サービス業の部門でも同じことが起きる。大きな流通は植民地支配者や華僑が独占する。「原住民」に与えられる役割は荷の積みおろしや、小規模、非効率な苦力労働である。住民のあいだを商う行商人、小商人、露天商のようなものばかりが発達する。人の輸送についても、後に見るように、人力車やベチャ文化の類が肥大化してゆく。汽車や自動車は「原住民」の乗るものではない。彼らは運転や修理だけを受け持たされ、技術の本体でなく末端を担わされる。その末端でいかに巧みに生き抜くかが、植民地住民の「知恵」になるのである。

独立すると、今度は新しい支配者が頭上にのしかかってくる。彼らは独立の闘士であり、西洋教育を受けたインテリであり、軍人であるが、技術の本体に近いところにいた企業家でも技術者でもない。それゆえ、民衆の必要に応じた技術の発展を担ってゆく心構えはほとんどない。すぐれた技術は西洋にあると信じ、それだけに頼ってしまおうとする。相変わらず技術本体が輸入され、それを修理し、使い尽くす民衆の知恵文化が発達する。一シリンダー軽エンジンの自動輪タクが、真っ黒い排気ガスを噴射しながら、何万人もの人を運び尽くす。モーリス・ミニ（英国車）を改造してオプレットなる乗合い自動車にし、ラジエーターが一日二回も三回も煙を吐き、ギアが何度すっぽ抜けようとも、それを三〇年間も使い尽くす。この涙ぐましい努力は植民地やその延長にある支配者への、民衆の精一杯の生活の闘いでもある。

フィリピンのジープニーも、タイのロット・ソンテウも、インドネシアの〝コルト〟も、技術本体はヨソ者であるが、それは大衆の足として定着してしまった。エアコンの利いたきれいなセダンに悠然と乗るエリートには、かつての人力車と同じく、ジープニーやロット・ソンテウやコルトは、ゴミ、虫ケラと映っているかも知れない。だが、エリートがステレオで聞くシンフォニーよりも、ジープニーやコルトの運転台から耳をつんざくように鳴り響く〝下品な〟歌謡曲の方に、アジアの未来が開けてくると考えるのは、単なる思い入れにすぎないのだろうか。

話が少し横道に逸れたが、岩崎さんと話をしているうちに、チウィディのざらざらのナイフと岩崎さんのピカピカの切り出し、この違いに私はそれなりの納得を見出すことができた。

三条金物発達の歩み

西の三木（兵庫県南部の市）と並び称せられる金物の町三条の起源は、足利尊氏が室町に幕府を開いた一三三六（延元元）年にさかのぼるとされている。この年に、河内国より鋳物師《いもじ》が蒲原郡大崎（現在の三条市内）に来住し、これが始祖となり、鋳物師が鍬、鎌などの農具鍛冶を兼ねるようになったという。三条は信濃川と五十嵐川の落ち合う低湿地で、西土佐やチペレスと同じく洪水に悩まされてきた地域である。だが、日本海へと抜ける川沿いにあったことが、金物の町としての発達を助けてもいる。原材料の入手、製品の運送に便利な地だったからである。

五十嵐川の流域、三条のやや上流にある南蒲原郡森町村（現在は下田《しただ》村）の鎌倉沢というところには「片目のカジカ」の伝説がある。鎌倉権五郎景政が鳥海三郎の矢に左眼を射られ、五十嵐川上流、大江の村の奥に身を隠したため、彼の住んだところを鎌倉沢と称し、ここに棲むカジカの左眼もすがめだというのである。

これを紹介している谷川健一氏は、片目魚の伝説の所在地は鉱山、たたら、鍛冶場に関連があると書いている（『鍛冶屋の母』思索社、一九七九年）。五十嵐川上流の山中には銅や銀の鉱穴があることも知られており、三条がただ交通の便がよかったというだけで金物の町になっていったというのは、やや飛躍した起源説になる。三条に、はじめ鋳物師が住みついたというのも、柳田國男の「炭焼小五郎が事」から考えれば、炭焼きを兼業とした山師的鋳物師たちが金鉱を求めて、五十嵐川上流の山奥に入り込み、一部の者が三条あたりに定着したと考えるのが妥当ではないだろうか。

一六〇八（慶長一三）年、この地域は幕府直轄領となった。一六二五〜二八（寛永二〜五）年に、三条代官所奉行となった大谷清兵衛が、毎年のように起こる水害、災害で、農業生産がきわめて不安定な三条、燕の地帯の産業振興策を実行したという。それは、江戸から釘鍛冶職人を招いて、冬期農閑期に、農民の副業として家釘《やくぎ》の製造を指導・奨励したのである。これが三条鍛冶の濫觴《らんしょう》と伝えられている。[*13]

家釘（明治以降、洋釘に対して和釘と呼ばれる）は小さな角棒のようなもので、技法は容易、農閑期の副業としてはうってつけだったという。鉄は近くの村々の屑鉄が使われ、木炭は五十嵐川上流の山から川舟で運ばれてきた。これは素朴な形での国内技術移転といったものかも知れない。もともと農鍛冶があったと思われるので、一方的移転というよりも技術交流と呼ぶべきかも知れない。

やがて専業の鍛冶屋が生まれ、さらに重要な技術交流が行なわれるようになった。それは寛文年間（一六六一〜七二年）に、会津地方から八十里峠を越えて、鋸、鉈、のみなどの製法が伝わってきたということである。専業の鍛冶屋も増え、製品の数も徐々に多くなった。一八世紀末には、鉄製の曲尺《まがりがね》を作るようになった。天保年間（一八三〇〜四三年）には、京都伏見の系統の鋸技術が会津経由で伝わり、三条金物の中核となる三条鋸が出現する。幕末期には役銀を納入した鍛冶屋だけでも五四戸に達し、役銀を納入した全戸数一七一戸の三割を占め、最大の業種であった。

三条の鍛冶が発展するにつれ、炭市が立つようになり、鉄材（出雲より船で運ばれる）を商う商人が現われ、さらに、金物問屋が生まれるようになった。商圏は江戸を中心とする関東、信州、奥州で、鎌、鍬、包丁、鋸、小刀、和釘、鋲など多くの品目が扱われた。江戸には、水路信濃川をさかのぼり、六日町まで舟で行き、そこから三国峠を越え、倉賀野から今度は利根川を舟で下って行った。三条商人は問屋として鍛冶職人を配下に置いたが、三条商人の草鞋ばきの金物行商がなければ、三条の隆盛は築くことはできなかっただろう。

明治維新後の職業の自由化、産業化の進展は、三条の鍛冶をさらに飛躍させた。洋釘、硼酸、コークス、レース研磨、メッキなど、新しい技術がどんどん入ってきた。和釘製造が衰退し、和釘鍛治は刃物に転じていった。西洋技術の多くを鍛冶屋は取り入れ消化していった。昭和期に入ると、動力化、機械化が進んでくる。しかし、零細な鍛冶屋が多いことと、手工技術に多くを依存する刃物鍛冶が多いため、機械化の速度は遅かった。ただ、新しい技術を吸収する担い手たちが、旧制中学校と同レベルの商工学校で学んだ者たちの中から育ってきた。

戦争は三条金物に大打撃を与えた。一九三八(昭和一三)年、蘆溝橋事件の翌年、国家総動員令が四月に出され、電力が国家管理され、工場事業場管理令が公布され、産業全体が国家統制下に入ってゆく。七月一日に鉄鋼配給統制が実施され、八月一五日からは非軍需品と認定された鋼製品一三五点が製造禁止、一二月一日から鉄屑配給統制規則が施行されるに至った。一部の鍛冶屋はすすんで軍需品生産に転換したが、伝統の家庭金物の生産ができないのならと生産を止めた者もいる。一九四五年、陸軍兵器本廠は、日本刀六〇万本を急造せよとの注文を三条の業者に出した。チウィデイやチサアトと同じことをここでもやっている。三条軍需工業株式会社(一九四四年に設立)が、これに応じ、全市関係業者に製造手配をしている最中に敗戦の日を迎えた。ある卸商は当時を回想して書いている。

＊13　池田庄治監修・土田邦彦著『三条金物——その形成と構造』野島出版、一九七七年、鳥羽万亀造『三条金物小史』三条商工会議所・三条市役所、一九五七年、三条金物卸商組合創立二〇周年記念誌編集委員会『金物と草鞋と』三条金物卸商組合、一九八〇年、などを参照。

「国家総動員法という法律ができた時には気にしなかったのだが、それが思いもかけぬおそろしい物だと感じた頃はもう遅かった。商売を続けてさえ居れば必ず警察に引張られる事になって居たのだった。陸海軍御用という時局便乗に乗りおくれた金物問屋五十軒が親譲りの営業を捨て、店仕舞をして、月給取りになり、三条軍需工業株式会社という看板を出したのは、もう戦争も末期の昭和十九年の事だ。[*14]」

戦時の軍需品生産は機械化を促進した。戦後、三条は非戦災都市ということもあって、復興期日本の金物需要の多くを引き受け、さらに金物の町として不動の地位を獲得するに至った。一九七五年には金属関係工場は二一一〇社にも達し、徒弟制は完全に崩壊、工業団地も育成され、かなり大規模な工場も生まれている。いまや〝地方の時代〟の旗手とさえ見なされている。

だが、三条を「地方の時代」の旗手と見る見方に対して、岩崎さんは懐疑的である。いまや、地方の独自性、創造性によって三条が支えられているのではないという。戦後、とりわけ高度成長以降、利益が出ればいいという考え方ばかりが先走って、やたらに機械化し、規模を大きくし、大量生産をする風潮が強くなった。それは、流通面を通じて中央の大資本に従属化してゆく道でもあった。いまや商売の才覚のある新世代が、商工学校出の職人気質を残した鍛冶屋に取って代わり、工場を拡大し量産に励んでいる。

やはり、一九六〇年頃からの高度経済成長がここでも問われている。それまでの三条は、地場製品を主に販売していた。一九六〇年頃から、電動工具が出現した。電気鉋とか電動鋸である。作業工具の輸出が飛躍的に伸び始めたのもこの頃である。県外の問屋のサブ代理店となる問屋が増え、輸出関連メーカーの下請けになるものも増えた。

一九七一年のニクソン・ショック（ドル・ショック）、七三年秋のオイル・ショックと、世界経済の構造変動は三条にも大きな影響を与えた。円の切り上げはもろに響いた。一方では、都会のデパートやスーパーは日曜大工用品、園芸道具が売れることに目をつけ、三条でもそうしたものを作るメーカーが増えてきた。刃物をコチコチ手造りで鍛えるような鍛冶屋の時代でなくなった。きまぐれな都会の消費者は見栄えだけ良いステンレス包丁や簡便な電動工具ばかりを買いたがる。高度大量消費時代は生産者のありようを変えてしまった。

もちろん、作る人の側には、使う人のためにと、それなりに一生懸命やっている人もいる。しかし売れねば食えない。消費者・使用者と直接接触のあった行商人の時代ではもはやない。問屋が入り、小売店やデパートが入る。クッションがいくつもできてくる。すると、使う人の中でも、いいものを使うという関心がだんだんとなくなる。少し質は悪くても安けりゃいいという風潮が高度成長期にワーッと広がった。こうなると、もはや職人の時代ではなくなるのである。使う側の意識が変わり、作る側の意識も変わる。カネ、大量生産、大量消費・使い捨て、効率性の論理が中央から

＊14　『三条金物ニュース』第一四五号。

地方へと波及する。岩崎さんのように、突っ張って良い仕事をし続けようとする人は例外的である。

〈いい〉ことの裏側

私は三条に少し思い入れをしていた。岩崎さんはもっと思い入れている。

「三条の職人が叛乱したら、中央の人間が困る、こういうことを考えたりするんですが、まず無理なんです」

職人は頼まれればいやと言えない、職人は自分の土地を離れては何もできない。そもそも職人らしき人はいてもほとんどは中央のカネでがんじがらめにされ、中央の不況が身にこたえることはあっても、叛乱を起こそうなんていうことはあり得ないことなのである。

西土佐、チペレス、チウィディイ、三条と、私はそれぞれに思い入れて考えてきた。村、みんなが出合いゴトン・ロヨンをする場、村と周辺農民に支えられつつ活気を持つ小工業、そして少し規模の大きなユニークな町工場の町。絶望はしないが、強い強い力があらゆるものの個性や存在感を剝ぎ取ってゆく。〈森の隠遁者ギー〉のように逃げ、隠れねばならないのだろうか。

「世の中が狂っている、というんじゃなくて、物事って、何か一ついいことがあると、それに見合うだけの悪いものがついているんですよ。多分、それだと思うんですよ。みんながいい、いいって言うと、そんな気になるけど、だけど、その〈いい〉っていうものが、人間の暮らしの中でそれほど、本当にいいものなのか、これを冷たく見るっていうのが日本人は少ないんではないですか」

鍛冶屋さんの結論である。

岩崎さんの作った切り出し。直線と平面はピカピカの細い刃の部分だけである。刃の裏も握りの部分も、円でない面と曲線でできている。平らな砥石にあたると必要なところだけが研げるようになっている。直線と円で成り立たない道具は機械化ができない。手で作る以外にないのである。

私たちは手で作る以外にないものの存在を忘れかけている。そのことを〈いい〉ことと考えている。〈いい〉ことの裏にある〈悪い〉ことを冷たく見ることをしないでいる。新幹線、ジャンボジェット、コンビナート、スーパーマーケット、化学調味料、合成洗剤、ステンレス包丁、電気カンナ……これら〈いい〉ものの論理が、西土佐村で土踏まずのできにくい子供を生み、機械貧乏を生み、村の将来を暗澹たるものと思う老人を生む。チペレスでもチウィディでも三条でも、同じようなことが起きている。

いま防衛力の増強が声高に叫ばれている。総合安全保障政策とやらが公認の国策になっている。どこかで戦争が起きると、その地の邦人の生命財産のことばかりが話題にされる。オイル・ルートが生命線であるという考えは戦前から変わらない。世界中から安い資源を買いあさり、それを加工して多量に海外に売ることが、私たちの〝豊かさ〟の中身となっている。私たちは、その〝豊かさ〟を〝良い〟ものとして懸命に守ろうとし、さらに〝豊か〟になることが〝良い〟ことだと考えている。

〝豊か〟になって、東南アジアに買春ツアーに出る。そこで買春をし風俗で遊び、そこに住む人びとを傷つけながら、買春観光反対のキャンペーンが出てくると、海外邦人の安全が脅かされると文句を言う人までいる。日本の企業が海外進出する。安い労賃で人を使う。公害を出す。それによって〝豊かさ〟が支えられているのに、公害に苦しむ住民に対しては、日本の法人ではない、現地の法律を守っていると言い逃れをしようとする。

私たちが〝豊かさ〟を良いことと思うのはかまわないが、その良いことの裏に何があるのか、それを問わないことは無責任である。いい、いいと戦後三五年間やってきたこと、それは本当にいいことだったのか。西土佐の鍛冶屋、西ジャワの鍛冶屋、三条の鍛冶屋、それぞれが個性と活力を奪われてゆく過程は〝顔のない豊かさ〟への行進でもある。誰もがそこに呑み込まれ、破局に行きつかない限り、いま追い求めている〈いいもの〉の意味を悟ることはないのだろうか。

第3章　ベチャと〝コルト〟

前の二つの章で、農業と工業のことを考えてみた。いわゆる「近代化」の進展の中で、分業化が進み、資本・技術の独占化の傾向が生み出されてゆく。その中で、ムラや農民は大都市、大工業への従属を強いられてゆく。使用者と顔の見える関係にあった製造職人（小工業）は、大資本・ハイテクノロジーの安価な大量生産製品に駆逐される運命にある。だが、私たちが〈いい〉と思って進めてきたことの裏側に大きな犠牲を生み出していることを見逃すわけにはいかない。

この章では、乗物、人の移動、輸送という問題を考えてみたい。

ベチャという、人の足でこぐ三輪の輪タクと〝コルト〟と称されるガソリン・エンジンで高速移動する日本製ミニバスの関係を、主に論じてみるつもりである。

東南アジアの大衆の乗物と日本とは歴史的に深い関わりを持っている。人力車の大衆的実用化を果たしたのは、明治維新後の日本社会であり、その人力車をアジア各地に輸出したのも日本の人力車製造業者であった。人力車と自転車を組み合わせ、アジアの輪タク文明の発生を促したのも、どうやら日本人とアジア人との知恵の結合と呼んでよさそうである。

自動車や機関車のような西洋文明本体に社会が完全に覆い尽くされるまでの、貧しく人口の多いアジア的知恵が人力車や輪タクではないだろうか。今日でも、インドやインドネシアやバングラデシュなど、貧しく人口の多い地域では、人力車文明が自動車文明との闘いに火花を散らしている。

だが、日本が金持ちになり、西洋以上の技術すら身につけるようになると、貧民の知恵のアジア的結合の素地は薄らいでしまった。西洋車よりはるかに実用的な日本製自動車が、見る間にアジアの道路を占拠してしまったのである。一九三〇年代のソシアル・ダンピングと言われたほどの日本製雑貨、繊維製品の怒濤の進撃以上の、耐久消費財の侵入が一九六〇年代後半以降の東南アジアで起きている。機械、耐久消費財を売り込むにあたっては、戦前、戦中の人脈が十二分に活用された。トヨタ車を売り込んだ松浦攻次郎氏は戦前、戦中、戦後をつなぐ人でもある。

　人力で人やモノを移動させるベチャと自動車との間のギャップは決定的ですらある。問題は、前者が駆逐され後者が普及する過程での人民の犠牲である。「速い、安い」という基準だけが人の移動やモノの輸送の原則であっていいのだろうかと思わせる現象が、いまのインドネシアでは起きている。事故死の比率は日本の一〇倍にも達している。ベチャの運転手は確実に職を失っている。それに代わる職場がない。

　結局、自動車（とりわけ自家用乗用車）に近い特権層の快適さを生むため、多くの底辺の人びとが犠牲になっているのである。その犠牲、皺寄せの度合は、想像をはるかに超えるものである。〝交通帝国主義〟と呼んでもよいような現象ですらある。それは、なぜ速く大量に人やモノを運ばなければならないかという、移動、輸送の原点への問いかけを促すほどのものである。

路上で死ぬ人、死なす人

とうとう出たという思いであった。

インドネシアでは交通事故が、かなり激しい勢いで増加しており、いつかは深刻な社会問題になってくるはずだと、私は数年来思い続けてきた。一九八一年七月四日号の『テンポ』（同国で最もポピュラーな中央週刊誌）が、ついにカバー・ストーリーとして「路上の死」と題して交通事故を取り上げたのである。私の知る限り、もちろん記事として大きなバス事故などはその都度、取り上げられてきたが、カバー・ストーリーに「昇格」したのは初めてのことである。

「なぜ大通りで生命が絶たれるか」と題するこの記事は、直接的には同年六月二四日に、中部ジャワのソロ近郊で起きたバスの事故をきっかけに書かれたものである。記事によって、その事故を再現してみよう。

「鋭角に曲がった濡れたアスファルトの滑りやすい道路、その先には狭い橋が待ち受けている。一人の運転手が時速九〇キロのスピードでバスとともに、ここに突っ込んできた。事故が起こってくれと言わんばかりの完全な条件がそろっていた。

図1　“暴走”バス——服従急行「反安全号」と車体に書かれ、運転手の黒旗には「運転名人」と書いてある（*Tempo*, 1981年7月4月号）。

この流血の惨事は当然のように起きた。先週の水曜日のことである。運転手のルスラン以外、その事故がどのようにして起きたかは誰も知らない。バスの後部でゆったり座っていた車掌のグルフォンは、事故の起きたときには切符の勘定をしていた。この車掌も、ルスランの運転するバス、〝トゥンガル・ジャヤ（唯一の勝利）号〟が一台のコルトを〝とらえた〟ことを知らなかった。しかし、バスはすぐに橋の欄干に激突、宙返りしながらサングン川の川床に転落した。ソロの南西一七キロの地点であった。バスに追い抜かれたコルトの運転手ワルヨは『何か夢でも見たんだろうか？』と言った。友人のカエラニがゆっくりと答えた。

『事故だよ』

写真1　ターミナルで出発を待つ長距離バス。

このバス転落事故で一八人が死に、一七人が負傷した。八一年に入ってから三番目に大きな交通事故である。最大の事故は、五月中旬に起きたフローレス号というバスの事故で三一人が死亡、その一ヵ月前にトゥランガ号というバスの事故で二三人が死んでいる。毎月起こるバスの大事故が、『テンポ』記者に筆をとらせたのだろう。なお、八一年は船の大惨事も起きている。一月にはタンポマスII号という連絡船がジャワ海で沈没、五〇〇人以上が死亡、八月にも連絡船が沈没、二〇〇人余の死亡が伝えられている。

大きな交通事故がなぜかくも頻発するのか？『テンポ』記者はさまざまな角度からの意見を掲載している。

まず第一に挙げられる原因は、車の増加とそれに追いつかない道路距離ということである。

車は年に一五％も増えているのに、道路距離はせいぜい二％しか延長されてない。

次に、車の性能（とりわけスピード）がアップしているのに、道路がそれを許容できないこと。いままでの道路では五〇〜六〇キロのスピードが安全速度なのに二倍以上のスピードを平気で出せる車が増えているというのだ。

第三に免許制度が挙げられる。試験さえ受かればＳＩＭ（運転許可証）が誰にでも与えられるが、この制度では運転手の〝規律〟（ディシプリン）までも試すことはできない。だから無謀な運転手が往々にして事故を起こすことになるという。

さらに、社会そのものが〝規律に欠ける〟という意見も紹介されている。この〝規律に欠ける〟（クラン・ディシプリン）という言い方は、私自身も耳にタコのできるほど聞かされた。特にインテリの常套文句であるとさえ言える。『テンポ』の記者は言う。

「西ジャワでは、無謀なのは運転手ばかりではない。乗客もまた、運転手をけしかけ、車をできるだけ速く走らせようとする。誰が狂っていて、誰が無責任なのか？」

第五番目に、警察官や安全標識の不足といった、道路管理上の問題が指摘されている。

次に、運転手が「無謀なのは、過渡期的現象である」という中部ジャワ交通運輸局長の見解が載っている。彼によれば「運転手は、一般的には、いままで簡素な道具に慣れ親しんできた〝農村的メンタリティ〟を持ってきたのが、いまや〝近代的〟道具へと移行し始めているのです。その結果、彼らは、とりわけ急ごうとしているのです」という。それは、靴をはじめて履いたイリアン（ニューギニア）の人が滑ってしまうようなものだ、と交通運輸局長が付け加えている。

最後に、見出しをわざわざ新たに紹介している内容がある。実は、この「手と口のあいだ」（直訳、日本語としては〝手から口〟あるいは〝糊口をしのぐ〟の意味）というタイトルで書かれた二ページこそが交通事故の本質に迫る内容であるように思われる。

それは、運転手が歩合給で雇われた〝雇われ運転手〟で、彼らは貧しい生活を少しでも克服せんと、なるべく多勢の客を乗せ、なるべく早く目的地に到着しようと涙ぐましい努力をしている、その結果が事故につながるというのである。問題はこうした車の賃貸しによって稼げるだけ稼ごうとする企業（個人の場合も多い）であり、それを支えてしまう貧困にあるのだ。

スマトラのパカンバル＝パダン間六四〇キロを結ぶバスの運転をしているユフリという、その道二〇年のベテラン運転手は言う。

「事故を起こしたい運転手なんていませんよ。事故が起きれば責任はすべて運転手にかかってきます。刑務所に入るか、賠償支払いのために財産を売るかです。もしバスが満員になれば所有主が儲かり、事故が起これば運転手がぶっ倒れるだけです」

彼は、この六四〇キロを、どんなにとばして走っても八〇〇〇ルピア（約二八〇〇円）より多くは稼ぐことはできない。この運転手はまだましである。一般的には、一日一二時間、びっしり働いて二〇〇〇～三〇〇〇ルピア（七〇〇円～一〇〇〇円）にしかならない。毎日一二時間はとても働けないから、一ヵ月で、せいぜい一万五〇〇〇円から二万円位の稼ぎだろう。医療費も事故の補償金も、ボーナスはもちろんのこと、年金も何もない。これが〝近代〟利器、自動車を操る人びとの生活である。エリート・インテリから〝無謀〟〝規律なし〟と蔑まれながら、また交通警官の要所要所での〝不法徴集金〟に泣かされながらも「爆弾遊び」(main bom-boman)と自らの〝サーカス運転〟を顔をひきつらせながら言い放つのが彼らである。「われらの生活の闘いはしんどいものだ」「稼ぎなんて口と手のあいださ」と彼らは言う。

しかしながら、貧しい運転手の運転するバスやコルトで事故にあって死ぬ貧しい人、路上で虫ケラのようにはねとばされる同じく貧しい人は、もっとみじめである。保険制度すら知らずに、財産を売り払って病院に通う人もいる。インドで不可触民をはね飛ばした車に同乗していた山際素男氏は、轢かれた人を黙殺して走り逃げたその車の運転手、同乗者に驚愕しただけでなく、それを当然のこととした〝非〟不可触民の社会に一層の衝撃を受けている(山際素男『不可触民——もうひとつのインド』三一書房、一九八一年)。

インドネシアでは、「事故を起こしたら逃げろ」とも「まず警察にかけ込め」とも、日本人のあいだで言われている。人をケガさせたり、殺したりしている時に、こんなことがまかり通ることが恐ろしくはないのだろうか。人の生命より値段の高いクルマ、人の生命を無視しながら成り立つクルマ社会、私たちの国にあるクルマの会社が製造するクルマがインドネシアやタイやフィリピンの市場を占拠している。この事実をもう少し真剣に考えてみたい。

人間の顔をした移動

椰子と竹に囲まれたジャワのカンポン。朝靄に鈍い乳色の光が木の間から漏れ、柔和な明け方の世界をもたらす。カンポンから少し離れた簡易舗装の間道はしっとりと濡れ、村人たちが天秤棒をかついで近在の町へと気ぜわしげに歩む。籠はニワトリ、殻を剝いだ椰子の実、小さな青トウガラシ、青いマンゴー、黒いしみの多いバナナ……、朝市の喧騒に向けて、村人たちは黙々と天秤のきしみに歩みのリズムをとって進む。昔ながらの太いタイヤ、広い荷台の自転車のペダルを踏みながら国民帽をかぶったおじさんが通り過ぎる。かと思えば、野菜を満載したベチャ（三輪の輪タク）も通る。足と、足で動かす乗物による移動の世界がここにはある。岡倉天心流に言えば、「時間を貪《むさぼ》り食らうはげしい喜びは何も知らない」世界である。しかし、実はこうした「深い旅の文化」とつらなる足による移動の世界は、いまや急速に崩壊しつつあるのだ。

ベチャ――。この乗物の世界を描くことは容易なことではない。ベチャは伝統と近代の接点にある、快適と苦痛の接点にある、金持ちと貧乏人の接点にある。それほど遠くはない将来に、この二重の運命を担わされた乗物はなくなってゆくのかも知れない。ベチャがなくなった社会は、では、完全な「近代」であり、快適な社会であり、貧乏人のいない社会になるのか。逆に言えば、ベチャ

写真2

写真3

がある以上、社会は「前近代」で、不快で、貧乏なのか。問題はそれほどすっきりしたものではない。なぜならば、クルマ社会、新幹線社会、ジェット機社会は高速、大量輸送を実現するが、その過程であまりに多くのものを犠牲にするからである。

その日――一九七五年三月二七日、私はバンドンから二五〇キロほど離れた西ジャワの西端に近いセランという町まで旅をした。新幹線ならば一時間余で、高速自動車道があれば三時間もあれば行ける所である。だがバスを乗り継いで、そこに辿り着くのに要した時間は一〇時間、何と新幹線の一〇倍の時間がかかっている。人びとは黙々とバスの中で窮屈さに耐えている。特に、ジャカルタからセランに向かう闇夜のバスは苦痛であった。クッションなどほとんど利かない。板切れに直接座っているようだ。道路の凸凹が尻を直撃する。外は文字通り真っ暗闇、バスの中も真っ暗闇、ヘッドライトの照らし出す前方だけがほの明るい。ときどき天秤をかついだカンポンの住民がライトに浮かび出されては消えてゆく。だが、尻の痛いのを除けば、熱帯夜をそれなりに疾走するオンボロバスも快適なものである。外側から見れば汚ないし壊れそうだが、あとから登場する〝コルト〟に比べれば安全のような気がする。運転手も年配だし、運転席の上にはコーランの聖句なのだろう、アラビア文字のお守りのようなものが貼られていて、乗客を守ってくれているようだ。乗客たちは羊のようにおし黙ってはいるが、どことなく運転手と車掌とに率いられた団体のような雰囲気がある。この二〇年以上も使い古しただろうバスを降りると、まことに都合がよいように、そこにはベチャが待ち受けている。深夜二時半、バスから数人の乗客が降りるのを知っているかのようにベチ

写真2　ベチャ。三輪の輪タク。
写真3　ベチャは2～3人までの客と買い物の荷物などを乗せて走る。➡

ャ屋が寄ってくる。いままで、ベチャにうずくまり寝ていたような感じのねぼけ顔の若い運ちゃんもいる。

知り合いの家まで、ほんの数百メートルをベチャに乗った。セランの町と言っても、ここは町はずれ、ほとんど家もまばらで、だだっ広い畑らしき平原の向こうには椰子の木とイスラーム教寺院のドームがなお黒々と星空に浮かんでいるだけだ。ベチャは母衣《ほろ》をすべて開けて無蓋。満天の星空、アスファルト路を滑るように走るベチャ。スプリングが利いている。スピードをあげると、ブーン、ブーンという心地よい金属音が夜気にこだまする。車軸に二、三本の鉄環が通されていて、それが鳴り出すのだ。タコあげの時に環を通して鳴らすのと同じである。ベチャが振動すると、運転手のそばにハガネで弓なりに釣った鈴がネン、ネンと澄んだ音を響かせる。暗闇でも対向車の識別ができる知恵であるし、乗客にとっても爽快さを増す心憎い工夫である。

ブーン、ブーン、ネン、ネン、……、空がほんとうの空であるかのように広い。

ベチャは評判が悪い。封建的乗物だ、搾取的だ、運転手にとっては苛酷な労働だ、クルマの邪魔だ、どれもそれなりに正しい。しかし、それは大地を人間らしく移動させてくれる乗物である。少なくとも戸口から戸口へと確実にわれわれを運んでくれる。クルマのように衝突して人を殺したりはしない。横断歩道橋や地下の穴ぐらに人を追いやったりはしない。人びとに恐怖の沈黙を強いたりはしない。

「アトス、ディディウ」（着きました。ここです）

運転手のおじさんが降りることを促した。自分が先に降り、客の荷物をひきとっておろしてくれる。

「トゥリマカシ、バニャ、バン」(おじさん、ありがとう)

「サミ、サミ、トゥアン、ハトゥル、ヌフン」(どういたしまして、旦那、どうもありがとうございました)

ジャワの片田舎で、深夜の労働をいとわぬこのトゥカン・ベチャ(ベチャ屋)は、貧しい民であるに違いない。だが、そこには利用する人と労働する人のあいだに心のつながりがある。「移動する」というのは人の営みの中でもかなりの比重を占める大事な行為である。スピードや能率(低コスト高速移動)だけが「移動」の基準なのだろうか、ベチャに乗っていると、こんなことを考えさせられる。

人力車

『スモール・イズ・ビューティフル』(邦訳『人間復興の経済』、斉藤志郎訳、佑学社、一九七六年)の著者であるイギリス人、E・F・シューマッハーは、インドを訪問した折、カルカッタの飛行場から乗った自動車の中で、人を二人も三人も乗せた人力車(Rickshaw)を、一人の男が曳いているのを見て「戦慄を覚えた」[*1]と語っている。「戦慄を覚えた」と言うのは、「人間の顔をした技術」を提唱し、巨大技術の非人間性を告発するシューマッハーにしては、いささかセンシティブではないか、という気もするが、西洋近代文明の脈絡では「人が人を乗せて運ぶ」人力車やベチャは野蛮な文化と映っているようだ。

日本の人力車に対する西洋人の反応もそのようなものだったようだ。一九〇九（明治四二）年、米国シアトルで博覧会が開催された折に、日本人に人力車を曳かせる計画があったようだが、日本の駐在領事が、そのような下層労働者をアメリカ人の眼前にさらすのは排日論に拍車をかけると抗議をし、中止になったという（『東京日日』明治四二年五月二五日、斉藤俊彦『人力車』産業技術センター、一九七九年）。日本人が恥じたということもあるが、「牛馬にも等しい」労働をする日本人（東洋人）に対する蔑視がここにはあったのだろう。

しかし、明治維新後（明治九年）に日本を訪れ、実際に人力車に乗ったパリのギメ博物館創設者エミール・ギメは、興味ある感想をもらしている（斉藤俊彦、前掲書。原典は青木啓輔訳『ボンジュールかながわ』有隣堂、一九七七年）。

「初めて人力車で行くときは特異な、苦しい感じがする。自分と同類のものに引かれているということ。一歩ごとに感じる人間の速歩、負わされるひどい疲れ、すべてが一種の後悔を感じさせる。

＊1　「あたかも人間を重視するかのような開発」*Pirsma*, 一九七七年一一月号。

しかし少しづつ慣れる。非常に快い交通手段だとさえ思う。やがて、この仕事に携わる男たちが、いつまでも変わることなく快活なので、後悔の念は去り、楽しみが残る。そして、この車を引く人たちは、とくに貧しいということから、このつらい労働を強いられているのではないかと考えられる。……また聡明で、親切で、愛想のよい馬、それと話すことができ、道すがら案内人の役をし、美しい場所を感嘆させ、社寺や奉納の像を知らせてくれ、普通の厩舎の前で止まるのと同じように、見晴しのよい地点や芸術品の前で止る馬を持つことは魅力的ではないか。」

車夫を馬にみたてるのは酷いと思うが、ギメは人力車が快適な乗物であることに気づき、車夫との人間的交流が楽しいものであったことさえ言おうとしている。数年前に、私がバンドンで初めてベチャに乗ったときの戸惑いに似た気持ちを思い出す文章である。年老いた、人生の年輪を顔深く刻み込んだ運転手のこぐベチャに乗って、私はとても申し訳ないような気がした。しかし、やがて、そのベチャたちを平然と値切って乗る傲慢さが私の中にあることが分かり、それこそ慄然としたが、にもかかわらず、だんだんとベチャの有難さが分かり、生活の一部に組み込まれてゆく過程があった。

人力車やベチャは理屈で考えれば、定着的な前近代社会から、移動のより大きな近代社会への移行期の乗物で、それは車輪技術の発達（ボールベアリング、ゴム・タイヤ、鋼鉄製のリムやスポークなど）に当然支えられて出てきた乗物である。やがて、鉄道や自動車によって駆逐されるべき乗物でもあろう。しかし、今日もなお、東南アジア、南アジアにおいては、広汎に存在し、民衆にとっては欠くことのできない輸送手段となっている。まだ公共輸送機関としての鉄道や自動車が十分に普及しておらず、また一方では、肉体を酷使し低賃金でも人力車やベチャの運転手になろうとする労働予備軍が豊富に存在するからである。人力車やベチャが駆逐されるかどうかは、近代的高速輸送手段の普及具合に大きくかかっていることは言うまでもないが、とりわけ公共輸送機関をどの程度、政策担当者が本気で、きめ細かく整備しようとしているのかという側面も見逃すことはできない。民衆は便利で安ければ、どんな乗物でも利用する。貧民、失業者で体力があり、禁止されていなければ、ベチャ屋になって金を稼ごうとする者はいくらでもいる。

ベチャ文化というのは、貧困と、より高速な乗物の出現との微妙なバランスの上に成り立っている。

もともと人力車の大量普及は日本を起点にしているようだ。

斉藤俊彦氏の労作『人力車』は、丹念な資料考証によって、腰掛け型人力車が明治初期に三人の日本人によって考案され実用化されたものであるとしている。三人とは、東京で三条公や堂上家の賄御用を勤めていた和泉要助、八百屋の鈴木徳次郎、車大工の高山幸助である。三人は一八七〇（明治三）年に、東京府に人力車（人車と称していた）の製造、営業を願い出て、同年許可されている。東京府の許可文書では人力車という用語を用いている。この三人は同時に人力車総行事を命ぜられ、大蔵省が人力車税の徴税権をこの三人から取り上げる一八七三（明治六）年までの三年間、事実上、人力車の総取締まりの地位にあった。

この三人が考案、実用化したといっても、歴史的には、人が人を乗せて車を曳くということ自体は一七、八世紀のフランスでも見られたことだし、平安時代の日本でも宮中で用いられた輦《れん》車（人力で進める二輪の屋形車。天皇・皇族・高官が乗用した）というものもあるし、中国には一輪車というものもあった。大八車のようなものを乗合い車として東海道筋で幕末期にかなり利用していたという記録もある。

ただ、大衆の乗物としてそれが急速に普及したのは、やはり明治になってからである。特に重要なのは、実用化、大衆化してゆく契機が、一つは幕末期以降の人びとの移動の必要性の増大と自由化にあり、もう一つは、それを支えた西洋の乗物技術との接触であろう。

特に西洋式馬車や鉄道の輸入は、人びとの乗物観を大きく変えたに違いない。人力車が腰掛け型になったのは、西洋式馬車にヒントを得たものではないか、と斉藤氏は述べている。また、興味深いのは、福沢諭吉が、アメリカから乳母車を持ち帰り（慶応三年）、これが人力車の幌の工夫に非常に影響を与えているのではないか、とも斉藤氏は述べている。

ともかくも人力車は明治の日本で驚くほど普及した。明治三年の東京では人力車、自転車の生産が二六六輛（台）と報告されているにすぎないのが、翌年一二月には人力車総数が一万八二〇輛、明治五年八月には二万四五二二輛と驚くべき勢いで増え、明治七年には全国四一府県で人力車がすでに製造されていた（斉藤俊彦、前掲書）。

東京で営業人力車の数が最高数になったのは一九〇二（明治三五）年で、一人乗り四万一六一台（輛）、二人乗り三一一二台、合計四万三二七三台に達している。その頃の東京の人口は約一八〇万人ほどであったから、人口四二人に一台位の割合で人力車があったことになる。実に驚くべき普及ぶりではないか。

人力車夫の数も東京だけで三万人から四万人もいた。因みに、一八八六（明治一九）年の人力車夫総数は四万四三四八人で（警視庁統計）、このときの東京の人口が約一三〇万人。三〇人に一人が人力車夫である。このうち女性、子供を除いたら、おそらく男子の労働人口は三〇人中七～八人ではあるまいか。すると七～八人に一人が人力車夫だったということになる。ジャカルタで、ベチャの規制がまだなかった一九七〇年に、約二五万～三〇万人のベチャ屋がおり、ベチャ台数が一三万～一五万台あるという記事が雑誌に出ていた[*2]。

四五〇万人ほどの都市（当時）で、こんなにベチャがありベチャ屋のいることはとても想像できなかったが、日本の人力車のことを調べてみて、それほど異常なことではないことが分かった。

全国的に見ても、図2に示したように、明治の初・中期の人力車の増加がいかにすさまじいものだったかが分かる。明治二九年に人力車台数が最高を記録、全国で二一万台、一台当たり人口数が

＊2　*Tempo*, 一九七二年一月二九日号。

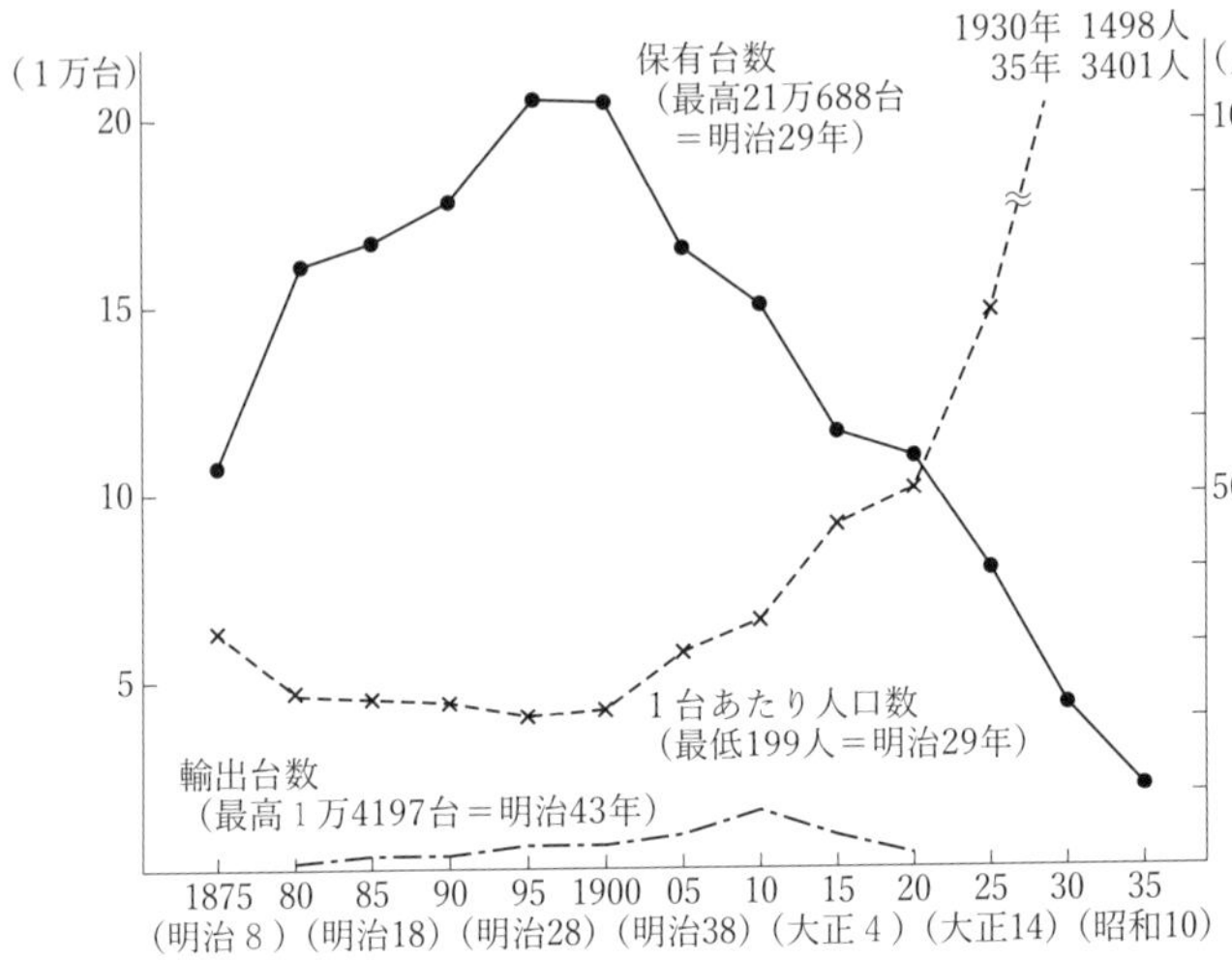

図2　人力車の全国保有台数および1台あたり人口、輸出台数

出所：斉藤俊彦『人力車』より作成。

一九九人となっている。

ここで注目すべきことは、人力車が日本で普及するとともに、海外へ輸出されたということである。斉藤氏によれば、記録上の最初の輸出は一八七三（明治六）年で、その時の輸出先は不明、輸出統計に載るのは七年後の一八八〇年からで、この年に八二台、以後、年々の変動はあるが傾向としては徐々に増え続け、日本での保有台数がピークになった明治二九年以後も、輸出はかえって増え、明治四三年には一万四一九七台が輸出されている（表1を参照）。

なぜ日本の人力車がとりわけインドやシンガポール、ペナン、マラッカを中心に輸出されたのか、その理由は不明である。考えられることは、まず第一に、イギリスの植民地文化が人力車を比較的容易に受け入れたのではないか、ということである。遠くケープタウンにまで人力車が輸出されていたことを考えると、この推測はそれほど間違ってはいないだろう。次に考えられるのは、明治初期に、東南アジアに売られていった「からゆきさん」、それと同時に進出していった娼家や料亭の経営者、さらには雑貨品や薬の行商人たちが人力車文化を運んだのではないか、ということである。戦前、シンガポール総領事館に長い間勤務した篠崎護氏は「明治一七～一八年頃、日本女性『しの』を妻にしていた華商の米屋が初めて日本から人力車を輸入して、たちまち最高の乗物として流行した」と書いている。[*3]

表1　人力車の輸出先および台数（輌）

	1902	1907	1910
香港	198	89	35
中国	259	700	375
関東州	—	1796	911
印度	859	824	1406
英領海峡植民地＊	5476	9038	11027
韓国	242	613	218
フィリピン	115	6	11
仏領印度	3	14	67
タイ	7	0	0
蘭領印度	0	20	94
その他	71	84	53
合計	7230	13184	14197

出所：斉藤俊彦、前掲書。
＊海峡植民地というのは、マレー半島におけるイギリスの植民地でペナン、マラッカ、シンガポールを指す。

しかし、これは時期的には少し遅いような気がする。輸出に力を入れていた最大の人力車製造メーカーである秋葉商店は、明治八年にすでに二人乗りの「四号　獅子模様蒔絵」人力車を

＊3　「南方進出の百年――シンガポール邦人略史」、シンガポール日本人会『南十字星――創刊一〇周年記念復刻版』一九七八年。

英・仏（おそらく植民地）に輸出していた。それにしても、「南方」にすでに在住していた日本人との関わりで、人力車が輸出されていったことは大いにあり得る。

もう一つ考えられることは、中国人の介在である。とりわけ、同族、同郷人組織たる幇《ほう》の存在と関わっているのではないだろうか。シンガポールの華人、張逸民氏は、「一八八〇（明治一三）年に大量の人力車が上海から輸入されましたが、これは値段も安く、また、馬を飼う費用も省けるので、多くの人がよろこんで、これを使用しはじめました」と述べている。[*4]

張氏はこのあとに、生活を脅かされた馬車夫の暴動のことを書いているが、それは後にまた考察するとして、人力車が上海から輸入されたものだということを述べている。上海では、一八七四（明治七）年に日本から人力車が輸入され、その年に、すでに人力車製造所ができ、一八八〇（明治一三）年には東南アジアに輸出するまでになった、との斉藤氏の考証は、張氏の言と一致している。

ここで言えることは、英国植民地では比較的、人力車を受け入れる条件があったこと、日本の人力車が先か中国製が先かは分からないが、人力車が東南アジアに進出し始めた頃おそらく華人がその販売普及に力を持ったのではないかということである。

中国人が東南アジアに大量に住みつくようになったのが清朝末の一九世紀後半で、特にマレー半島でのイギリスのプランテーション、鉱山開発のための苦力労働力として、ブローカーの手を経て奴隷のごとく売られてきた者も多い。シンガポールは貿易中継港として、イギリスにとってはますます重要な都市になっていった。中国人苦力労働者を必要とするイギリス植民地経営が、日本の人力車文化とドッキングして、シンガポールでの人力車の普及をもたらしたのだろう。人口二〇万に満たぬシンガポールで八〇〇〇輛もの人力車が走っていたともいう。

一九二一（大正一〇）年にシンガポールを訪れた田沢震五は、人力車のことを次のように書いている。

「それから柄の長い変な恰好をした人力車がある。人力車夫は何れも支那人のみで、他人種は一人も見かけなかった。[*5]」

どうやら、東南アジアの人力車は、日本人が考案、改良、普及の原動力を担い、中国人も普及については一翼を担い、車夫としては主として中国人が初めに従事したようである。

＊4　「虎・海賊・社会党――一九世紀を荒らした〝三害〟の記録」、シンガポール日本人会『南十字星創刊一〇周年記念復刻版』一九七八年。
＊5　田沢震五『南国見たまゝの記』白藤社、一九二二年。

輪タクへのささやかな飛翔

人力車というのは、いかにもそれを曳く人間にとっては、しんどい乗物である。だが、それまでの駕籠屋に比べれば相当な技術進歩であり、駕籠をあっという間に駆逐した。もちろん初期には駕籠屋が人力車夫にいやがらせをしたこともあったが、転業が容易なために人力車夫になった者が多かった。

人力車と馬車屋の争いは、一方が単純に追われるという類のものではない。日本では人力車の普及の方が早かったためだろう、人力車夫が馬車屋いじめをやったり、馬車鉄道（東京馬車鉄道、新橋―日本橋間の営業開始は明治一五年）が敷設されるに及んで、車夫たちが「車会党」なる団体を結成したりして、馬車に敵対心を燃やしている。馬車鉄道の馭者や馬丁と人力車夫との喧嘩、争いが頻発し、殴り合いもいたるところで起きた。車夫の背後には自由党がおり、車夫たちを応援していたことも興味深い。車夫はいたるところで鉄道馬車やその後の市電の出現に抵抗している。しかし文明の利器に対して勝ち目はなく、明治二九年をピークとして、その数は急速に減っていっている。

シンガポールでは、先にも述べたように、人力車が馬車を圧倒する勢いで普及していった。張氏によれば、シンガポールには一八四〇年にジャワから馬が入り、数ヵ月後には馬二六六頭、馬車二一四台を輸入した。一八七二年に馬車賃、賃貸令を決める条令が出されると、車夫たちが抗議行動を起こし、自家用馬車を多数たたき壊した。

人力車が入ってくると、今度は、それが生活を脅かすものだということで、暴動を起こすが、失敗に終わり、かえって人力車の発展を促すこととなった。シンガポールでの人力車のピークは一九二七（昭和二）年で、車数九三八五台、車夫数二万人だった（張逸民、前掲論文）。いまでは観光客用のトライショウ（側車式の三輪輪タク）がたまに見かけられるだけである。

人が人を乗せて曳く人力車文化を支えていたものは貧困と失業、そして便利さであった。しかしそれは、車夫には、とてもしんどい労働を強いた。一方、客の側からすれば、もっと便利な乗物（電車、自動車）が現われた。ここで人力車の技術革新が生まれる。それがどこで生まれたものかは分からないが、曳っぱる代わりに、ペダルで車輪をこぐ乗物への脱皮である。これは自転車の影響と考えてよいだろう。

自転車は、初め、フランス人によって考案されたらしい。一八世紀末のことであるから、そんなに古くはない。前後輪が同じサイズで、ペダルの回転をギアとチェーンで後輪に伝える今日の自転車のモデルを考案したのはイギリス人ジェイムズ・スターリーで、それは一八八五（明治一八）年のことである。

ダンロップが空気入りタイヤを発明したのはその三年後。自転車の車輪としてダンロップ社がこれを製造するのはさらに八年経ってからである。自転車は意外と新しい乗物なのである。むしろ自動車の発達史の方が古い位で、スターリー型自転車が考案された一八八五年には、内燃機関を動力とした自動車が出現しているほどだ。

日本に初めて自転車が来たのは、和泉要助らが人力車の営業願いを東京府に出したのと同じ年の一八七〇(明治三)年、まだスターリー型自転車以前の、前輪の大きなオーディナリー型と呼ばれるものだった。国産自転車ができたのは一八八八(明治二一)年のことだから、人力車製造がずっと先行していたことになる。人力車が自転車の流行で影響を受け始めたのは、二〇世紀に入ってからのことだった。

馬車鉄道、蒸気鉄道、市電、自転車、さらには自動車(特にタクシー)と、次々登場する近代的乗物を前に、人力車も車夫も、大正時代になると、もはや完全にその命運は先が見えてきた。一九一二(大正元)年には自転車はすでに一三〇人に一台の割合まで普及、一九二六(昭和元)年には一四人に一台にまでなった。一八九九(明治三二)年に日本にやってきた自動車も、昭和元年には約二万五〇〇〇台、円タク(大阪市内ならどこでも一円で行けるタクシー)が大正一四年に現われ、昭和初期に早くも円タク全盛期を迎えるようになる。

ここに、起死回生を狙って(?)登場したのが「輪タク」である。自転車のようにペダルをこぐもので、人力車と自転車のハイブリッドである。実用新案として、この自転車式人力車が登録されたのは一九一三(大正二)年のことである。登録したのは輸出用人力車製造メーカーの伊東竹三郎という人物である。これは「小磯式人働車」と呼ばれたもので、前が自転車と同じ格好で、後ろに二輪の客席のついたものだった。一九四二（昭和一七）年に実用新案出願公告として出されているものは、後ろが運転台で、前の二輪の客席は自動車のように完全にボディで覆われている。後ろに運転台のあるのは、インドネシアのベチャ、横に運転席のあるのはトライショウ（シンガポール）とかトライシクル（フィリピン）と呼ばれているものと同じである。

日本では、輪タクは戦後焼け跡時代に、燃料、物資不足で線香花火のように一時的に流行したことがあるが、もちろん、人力車文化の最後を飾る徒花《あだばな》でしかなかった。

輪タクは日本では十分に開花しなかったが、東南アジアや南アジアでは大隆盛した。小磯式人働車が伊東竹三郎により輸出されてそれが輪タク文化の開花となったかどうかということを確証する資料はないが、人力車と同じように、日本の関わりはとても大きいと見てよいだろう。

東南アジアでの輪タクの大隆盛（おそらく戦後）は、日本とはむしろ切り離されたところで起きている。独立したアジアの国々で、人びとの乗物の需要を手っ取り早く解決し、また食えない人びとに職を与えたのがベチャであり、トライショウであり、サイカー（ビルマ）、トライシクルであり、サームロー（タイ）であったのだろう。人びとの食うためのエネルギーが、まさに満載されているのが輪タクである。日本とアジアとが、貧しい次元で知恵と力を出し合って結びついたアジア的結合が、人力車や輪タクにあるのではないだろうか。

ベチャからベモへ

無秩序と言うべきか、デタラメと言うか〝百家争鳴《ひゃっかそうめい》〟的情況とでも言うべきか、ジャワの町に見る道路のすさまじさは、焼け跡闇市のエネルギーを超えているように思われる。岡倉天心的な静寂瞑想の東洋でなく、人民の無方向無統制のダイナミズムを感じさせるアジアである。

ジャワに限ったことではない。マニラでもバンコクでも同じである。道路はただきれいなクルマやバスが走るところではない。人びとが統制のとれた横断をするところでもない。溢れんばかりの都市貧民の大事な稼ぎの場である。天秤をかついだ物売り、屋台を曳くソバ屋、新聞売りの少年、乞食たちは、道路とともに生きる人びとである。乗物も、きれいな乗用車やバスだけが走っているのではない。地域差はあるが、乗物の主流は、人力車の延長上にある輪タクがさらに小型ディーゼル・エンジンとドッキングしてできた自動輪タクの流れにある乗物と、小型乗合いバス（フィリピンのジープニーやインドネシアの〝コルト〟）、そしてオートバイではないだろうか。主流というのは、大衆が圧倒的にこれらの乗物を利用しているということである。自動輪タクや小型乗合いバスにもさまざまなバリエーションがある。

首都ではさすがにあまり見かけないが、地方に行けば牛や羊や鶏も道路の利用者である。物売り、乞食、屋台、輪タク、自動輪タク、コルト、バス、オートバイ、客引き、ニワトリ、……。これらが道路を精一杯利用する。洪水になると車の押し屋も現われる。〝不法〟露天商を取り締まる警察官も現われる。信号も横断歩道もあったものではない。三角形の一辺は他の二辺より短いのは当然だから、交差点の中央まで行ってから右折しようなどとオートバイは考えない。都市貧民の生活が道路に集約されて出てきているようにすら思われる。

インドネシアの首都ジャカルタで輪タクが絶頂期に達したのは一九七〇年頃のことである。小磯式人働車が実用新案として登録されたのが一九一三年であり、それ以後、少しずつ輪タクが東南アジアに広まっていったのだろう。輪タクもおそらくシンガポールを拠点として広がったのかも知れない。リクショウ（リクシャ、ricksha (w)）からトライショウ（trishaw）への転換である。

戦前インドネシアに滞在した日本人の話を聞くと、ベチャは当時、すでにあったという。また、一九七二年一月の『テンポ』誌は、首都ジャカルタのベチャ閉め出しについての特集号を出しているが、それによれば、ベチャが入ってから四〇年になるという。とすると、一九三〇年頃にはジャカルタにはベチャがあったことになる。当時はあったにしても、その数は限られていたと思われる。都市の規模そのものがいまとは比較にならないほど小さかったし、人びとの移動も限られていたからである。ベチャが増え始めたのは、独立（一九四五年八月一七日）以後、それもオランダ軍が撤退したあとの一九五〇年以降のことだろう。五〇年当時の写真を見てもベチャの数はまだ少ない。

ベチャという言葉はインドネシア語なのか、中国語なのか、あるいはベトナムあたりから来た言葉なのか分からない。福建語で人力車はジンレクチャ（Jin Lek Chia）、三輪車はサンレンチャ（San Lien Chia）と言う。また、人力車のことをランチャとも言うらしい。ベチャのチャはここから来ているのではないか。べは何だろうか。自転車はスペダと言う。これはポルトガル語から来た言葉である。スペダとランチャの合成語がベチャになったとするのは少しこじつけのように思える。福建語で「馬車」をベチャと発音するところから、やはり、福建語か広東語から来たのだろう。

もう一つ不思議なのは、ベチャ屋のことをプナリク・ベチャと言うことである。プナリク（Penarik）というのは「曳く人、引っぱる人」という意味である。だとしたら、ベチャというのは、もともと人力車そのものだったか、運転台が前についている型の輪タクだったのではないか。人力車そのものだとしたら、自転車とかけ合わせてベチャという言葉を考えるのはやはりおかしなことになってしまう。いずれにしても、ベチャという言葉がどうして生まれたのか、謎である。

前述したように、インドネシアの首都ジャカルタでベチャがその絶頂期を迎えたのは一九七〇年頃、そして、七〇年にベチャの製造禁止令がジャカルタでは決定されている。あまりにも増えすぎたのである。ベチャだけではなく人も増えすぎたため、流入者を厳しく制限する〝都市閉鎖宣言〟が出されたのもその年である。

当時、ベチャが何台あり、ベチャ屋が何人いたのかは、それほどはっきりしていない。いわゆる〝不法〟営業が多いからである。一九七〇年八月末現在、正規に登録されていたベチャは九万二六五〇台であった。しかし、実際は一五万台ほどあったのではないかと言われている。そのベチャの多くはベチャ屋に賃貸しされ、自分で運転している者は少ない。大体、昼の部と夜の部に分けて貸し出される。昼と夜を別の運転手が運転し、しかも一五万台のベチャがフルに利用されているとしたら、ベチャ屋は三〇万人ということになる。実際、ベチャ屋が毎日借りているとは限らないので、全部がフルに利用されていないにしても、差し引きすれば三〇万人近いベチャ屋がいたと言っても差し支えないだろう。当時のジャカルタの人口は約四五〇万人だったから一五人に一人がベチャ屋だったことになる。東京の人力車最盛時は三〇人に一人ということだったが、それをはるかに上回っているではないか。

しかも就業人口から見ると、もっと驚くべき状況である。一九七一年のデータではジャカルタの就業人口は一三〇万人である。これを基準にすれば、四・三人に一人がベチャ屋である。三〇万人が多すぎるとして、二〇万人としても、六・五人に一人ということになる。ベチャを語らずして当時のジャカルタは語れないほどの重みを持っているではないか。

当時体制批判の急先鋒とされていたインドネシア大学の気鋭の社会科学者ドロジャトゥン・クンチョロ・ヤクティ（Dorodjatun Kuntjoro-Jakti）は、「ベチャ屋の経済学」という興味深い小論を書いている。[*6]

彼はジャカルタのベチャ屋の数を二〇万人としている。その二〇万人のベチャ屋の周辺に、四〇

＊6　*Tempo*, 一九七二年一月二九日号。

万人の小商人や露天商がいる。それはタバコ売り、シロップ屋、コーヒー屋、揚げ芋（シンコン芋）屋、タイヤ修理屋、灯油売りなどで、ベチャ屋一人が二人の小商人を抱え込むという計算に立っている。ベチャ屋と小商人は〝共生同死〟(hidup-mati bersama) の関係にある。ベチャ屋と小商人合計六〇万人のうち半数は妻子（平均妻一人、子供三人）を持っている。ジャカルタで共に生活しているのは、その四分の一とする。あとは出稼ぎである。するとジャカルタに居る妻子の数は三〇万人×四×四分の一＝三〇万人ということになる。結局、ベチャ屋とその周辺に生活する人の数は九〇万人ということで、ジャカルタ全人口の五分の一に達する。

一人のベチャ屋が二人の小商人とともにあるばかりでなく、間接的にはまだまだ多くのつながりがある。さまざまな消費財やサービスでのつながりがある。野菜、魚、米、映画館、富くじ、医者、教師、役人など、ベチャと無関係ではない。役人は住民票、九・三〇事件無関係証明書、ベチャ運転許可証等の発行をする。レノン劇、仮面劇、ドゲル踊りなど、ベチャ屋は自分の出身地とも関わりのある大衆芸能の観客でもある。ジャカルタの〝小さな民〟(orang kecil) の文化を支えているのもベチャ屋たちだ。

さらに、この底辺細民は、少しは上層の人びとの生活をも支えている。ジャカルタ最上層の新・旧貴族 (Priyai Jakarta) は何万人ものお手伝いさん、庭師、門衛などに守られて生活しているが、お手伝いさんや庭師や門衛を運んでくれるのもベチャ屋である。下級官吏の子供たちも通学時にベチャを利用する。またベチャ屋は建築資材から、米から、果物から、野菜に至るまで、生活物資を何

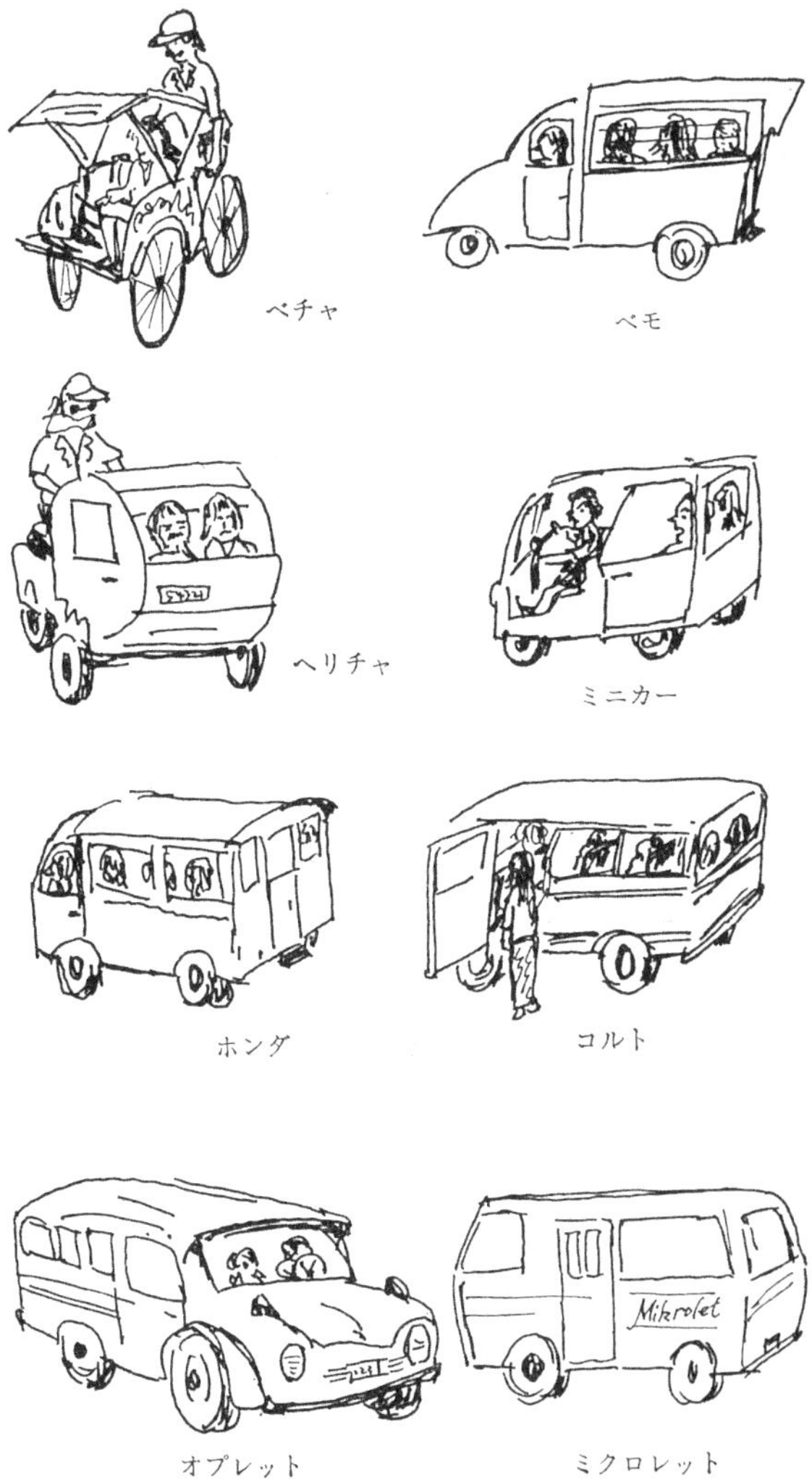
ベチャ
ベモ
ヘリチャ
ミニカー
ホンダ
コルト
Mikrolet
オプレット
ミクロレット

図3　小さな民の乗物

写真4　ベモ。運転手の後ろに3人までの客を乗せて町や村の中を走る。

でも運ぶ。その数が二〇万人であれ三〇万人であれ、ジャカルタはベチャ抜きでは語れない。ジャカルタ市当局は、無統制な都市化の元凶にベチャがあるとして、それを閉め出そうとしているが、ベチャの代替物、ベチャ屋の転職先を考えずに、ただ閉め出そうとしたら、ジャカルタは、貧富の差の最も激しいマニラやカラカスのようになってしまうだろう。貧民と金持ちを橋渡ししてゆくものがなければ都市は爆発してまうだろう。

これがドロジャトゥンの〝ベチャの経済学〟である。彼の最後の予言は、二年後に田中角栄首相ジャカルタ訪問の際の暴動によって、部分的には証明されたことになる。ベチャの膨張は都市現象としてある。しかし根本には、ドロジャトゥンも述べているように、農村の貧困がある。ベチャを閉め出してもこの根本が解決され

写真5　ホンダ。運転手の横と後ろに5～6人まで乗ることができる。町や村の中を走り郊外にも出る。

なければ、別の類似現象が必ず起きる。モグラたたきのようなもので、ベチャをたたけば別のものが顔を出す仕組みである。ここではベチャ屋のことを考えてみたが、都市貧民すべてが、金持ちのおこぼれに寄ってたかって、それを食い尽くしてしまうような仕組みが、そこにはある。貧民の〝もたれ合い経済〟とでも言うべきものである。金持ち特権層は、どの程度の富の総量を下にこぼしてゆけば貧困的均衡が保たれるのかを心得ているのだろう。ベチャの大都市からの段階的閉め出しは、一時的混乱を生み出しても、富のおこぼれの増加で、やがては別のところに吸収されると読んでいたのかも知れない。事実、インドネシアは一九六五年の九・三〇事件後の経済混乱を乗り切り、外資、援助を取り込み、七〇年頃には成長政策が軌道に乗り始めた時期で

写真6　コルト。運転手の横と後ろに7～8人まで乗ることが出来る。中距離を走り町や村をつなぐ。

もある。都市の〝美観〟を損ね、交通渋滞を生み、共産党分子の吹きだまり的職場にもなりかねないベチャ屋追放に自信を持ち始めたのがこの頃のことだろう。

「ベチャもぐら」をたたいて暴動が飛び出した、というのは相当短絡した言い方であるが、六〇年代末以降の外資優先の高度経済成長政策は、貧民層に相当の圧迫を生み出したと言えるのではないか。ジャカルタ市当局は、「ベチャもぐら」に代わるものとして、自動化されたベチャ＝ベモ（ベチャ・モートル）とか、ヘリコプターの操縦席に似た客席を持つヘリチャといった乗物を認可している。しかし、モーターつきになれば効率アップ＝省力化になり、ベチャ屋すべてを吸収することはできない。失業ベチャ屋の不満が鬱積するのは当然で、その不満は乗用車に向けられたり、オ

写真7　オプレット。助手と乗客12人ほどを乗せて中距離を走る。旧式の乗り物で、運転手が修理もする。

ートバイに向けられる。一九七四年一月の暴動の際に、日本車、オートバイが焼かれ、トヨタ・アストラ社が焼き打ちにされたのは、さまざまな背景はあるが、ベチャ屋の不満も与《あずか》っているに違いない。

さて、ベモも実は日本と大いに関わりのある乗物らしい。

初代大統領スカルノのベチャ嫌いにはエピソードがある。イリアン解放闘争がたけなわの一九六二年、ジャカルタの体育館で彼は絶叫した。

「インドネシアの若者よ！　クーリー（苦力）になっても構わないが、ベチャ屋にはなるな。卑しい職業だからだ！」

その時、場外にいたベチャ屋は、すぐさま散り始め、鈴を鳴らし叫んだという。

「卑しい者たちよ、クーリーになろうじゃ

ないか!」と。

スカルノはまた、女優ジーン・シモンズがインドネシアに来たとき、大統領宮殿に彼女を招いて尋ねた。

「インドネシアで何をしたいかね?」

「人間が曳いて走るというベチャというのに乗ってみたいと思っています」

スカルノはこのときの話をある演説のときに紹介し、愛国的感情にせっつかれたかのように、「私は、インドネシア民族として卑しめられたと思った」と言ったそうだ。

スカルノのベチャ嫌いがベモを生み出したとも言う。スカルノの演説は、ベチャをジャカルタから追放し、ベチャ・ブルモートル(モーターつきベチャ)に代えようというように受けとめられ、それ以後、ベモという言葉が、辞書に載せられたというのである。頭の突き出た、一シリンダー・エンジンを載せた三輪の乗物——ベモがジャカルタの街を走り始めたのはそのあとのことである。

「番頭はんと丁稚どん」という人気テレビ番組が、かなり昔にあった。いまはオロナミンCのCFに出ている大村崑が主役だった。この番組のあとに、必ずダイハツ・ミゼットという軽三輪車のCMがあった。ベモとはこのミゼットではなかったのだろうか。『テンポ』の記事では、ベモの部品は日本から買っていたという。日本で生産がすでに中止になっていたため、ストックをベモ用として購入したのである。

だが、ベモはそれほど安いものではないし、購入量も少なかった。だからベチャを追放するわけにゆかず、ただ乗物の数を増やしただけである。その後、ベモに類した乗物として、ヘリチャ、ミニカー、バジャイというようなものが出現し、現在でも、これらは走っている。バジャイ(bajai)というのは、インドのタタ製のエンジンを積んだもので、軽三輪車であることに変わりはない。

人力車、ベチャ、ベモという民衆の乗物の流れ、それらはいずれも日本に起源があるようだ。もちろん日本はそれらを生み出すにあたって西洋技術と接触している。日本は、それらが日本でたちゆかなくなると東南アジアへと押し出している。それを受けとめる東南アジアの民衆世界は、さらに一工夫、二工夫しながら新技術を外延化し、さらに大衆化してゆく。

インドネシアは、いま、本格的四輪自動車の世界へと突き進んでいる。三輪までの世界はインドとの交流でも明らかのように、完全にアジア化している。しかし四輪の世界は、いままでよりはるかに大きな衝撃を与えている。〝コルト〟社会への移行である。ここにも、日本が、いままで以上に大きな顔で登場してくるのである。

トヨタ車を売った男

四輪の日本車時代の幕開けを促した日本人に松浦攻次郎という人がいる。この人がトヨタ自動車の輸出の先鞭をつけた人であるのを知ったのは偶然のことだった。ジャワ俘虜収容所の監視員だった朝鮮人軍属を調べているとき、松浦氏がジャカルタ（当時はバタビア）で開かれたオランダ戦犯裁判法廷で通訳をしていたことを知って、話を聴きに行ったのである。

「トヨタの車、多かったでしょ。あれ、みんなボクが売ったんですよ。ボクは第一号から売ったんです。一九七一年にトヨタ自動車が現地に会社を作ったでしょ。そのときまでにボクが売ったトヨタの車が大体一万五〇〇〇〜一万六〇〇〇台でしょうね」

七二歳（一九七九年、同年没）の松浦老人の話には、若干の誇張が感じられたが、トヨタの車の販売代理店で彼が働いていたことは事実である。一高―東大―三菱商事とエリート・コースをストレートに歩んでいた松浦の人生が「狂った」としたら、一九三三（昭和八）年のインドネシア（当時の蘭領東印度）赴任に始まると言えよう。その年、二六歳の彼は新婚の妻を連れて、三菱商事スラバヤ支店に赴任した。主に綿布を売って彼は四年三ヵ月をインドネシアで過ごした。当時、六〇〇〇人もの邦人がインドネシアにはいたという。世界恐慌後の蘭印経済不況の中で、日本製品はソシアル・ダンピング、為替切下げで、南の国に滔々と流れ出ていった。一九三四年には、日本の出超が六〇〇〇万ギルダーにも達し、第一回の日蘭会商[*7]がこの年に開かれている。

一方では、戦争への足音が、ますます高くなっていった時代でもある。松浦はそれまで植民地が何であるかは知らなかったという。しかし、インドネシアで生活しているうちに、「植民地とは原住民の生活を極力低くおさえて、そこで生産物の価格の国際競争力を強め、そして本国経済の繁栄をはかるというものだということ」が分かった。インドネシア人はただ単に最下級の労務提供者にすぎない、この「あまりにも正義に反する制度」を見たことが、彼のその後の人生に影響したのか。

一九三七（昭和一二）年末に、松浦はオーストラリアへの転勤を命ぜられる。日本に一時帰国して、翌年三月に三菱メルボルン支店に勤務することになった。ここで彼はきわどい商売をしている。三九年九月、ヨーロッパで戦争が始まりオーストラリアは英連邦の一員として参戦、しかし英本国から軍備品の供給は途絶えてしまう。松浦は軍需大臣にかけ合って商売のルート作りをする。工作機械と軍服生地を大量に売り込んだ。商売大繁盛でメルボルン支店は開店以来の黒字決算をしたという。どちらに転んでも儲ける大商社は当時から日本にあったのである。

しかし、日独伊三国同盟が結ばれ、日米交渉が暗礁に乗り上げ、日本資産が凍結されるに及んでは、さすがのミツビシとて連合国での商売はできなくなる。松浦は四一年八月中旬にオーストラリアを引き揚げた。そして太平洋戦争が始まった。四二年二月一三日、召集令状が来た。三宅坂航空本廠に配属され、航空機生産資材の調達のためにジャワへの出張が命ぜられた。四二年三月、松浦は降伏間もない蘭印を四年ぶりに訪れた。三ヵ月の出張予定が、以後一八年ものインドネシア生活になるとは、松浦自身も思ってもみなかったことだろう。

ミツビシ時代の経験が軍需品調達にも活かされた。東ジャワに重要物資があると推定し、彼はス

＊7　日蘭会商　一九三〇年代、日本とオランダ領インドネシアとの間で二度にわたって行なわれた経済交渉。日本からの輸入が増大したため、オランダ領インドネシア政府は輸入制限を目論んだが、日本の仏印進駐と共に決裂した。

ラバヤの建源公司《キヤンギヤンコンス》（黄仲涵《ウイチヨンハン》財閥）にわたりをつけた。黄仲涵は当時三〇歳位でライデン大学を出ている。建源公司は敵性商社であるとして全財産が接収されていたが、松浦は、スラバヤの軍政部の経済部長（三菱商事の同僚）に頼んで〝敵性〟の解除をしてもらったという。その建源公司から六〇〇万ドル相当の物資を買い付けた。また、スウェーデンのボールベアリング会社からも三〇万ドル相当の在庫品を買い付けている。これも、日本軍に没収されていたものを、中立国財産だから没収を解除するように軍司令部に頼んで買い付けたものである。

一九四三年三月、彼は第一六軍貨物廠に転属になり、そのままインドネシアに残ることになった。オーストラリアでの経験を買われ、オーストラリア侵攻作戦の可否を参謀から問われたりもした。サンフランシスコからの短波放送を毎日聞きながら、「遅すぎた」敗戦をジャカルタで迎えた。三八歳のときである。

「ボクはもともとインドネシアには、インドネシア人貿易商がいないっていうのを知っていましたから、終戦になって、インドネシアの貿易商を育成してやろう、できれば天下のミツイ、ミツビシみたいなものの下地を作ってやりたい、そう思って残ったわけですよ。まあ、いま考えれば大志を抱きすぎたとも思いますがね」

松浦が戦後もインドネシアに残った公的言明である。また、こうも言う。

「四六年に入るとオーストラリアの戦犯調査団が来たんです。日本軍の連絡将校室に来たけど、例のオーストラリア英語で通じない。そこで、たまたまボクが助けたのがきっかけで、それ以後、この調査団に引っぱり回されることになった。ある日、オーストラリア調査団が日本人の引き揚げ乗船を見送りに港に連れて行ってくれたんです。打ちひしがれ、リュック一つのボロ姿にまざまざと敗戦の惨めさを見せつけられて、ボク自身はこんな姿では帰国しないぞと心に誓ったんですよ」

果たして何が真実かは分からない。察するに一高―東大―三菱、豊富な国際体験の中に育った彼としては、「オレは普通の惨めったらしい日本人ではない。この語学力と経験を活かせば何とでもなる。当面、ここにいる白人と組んで仕事でもするか」位に考えたのだろう。敗戦を苦に腹を切ることもなかった、「大東亜」の「大義」を果たせなかったうしろめたさもない、白人の上陸が彼のエリート意識をくすぐり、ミツビシで育てられた商い魂も抜けていない。こんな考えで、彼はインドネシアに残るようになったのだろう。

一九四九年の一二月末まで、彼はジャカルタ（当時はバタビア）のオランダによる戦犯裁判の通訳として働いた。およそ三五〇人のケースについての通訳をしたという。この「バタビア法廷」で裁かれた日本人、朝鮮人は三五九人であるから、松浦はほとんどの裁判に立ち会ったことになる。死刑六四名（朝鮮人四名を含む）、有期刑二六三名を出している。俘虜収容所関係者と憲兵隊が主に戦犯になった。戦闘のほとんどなかったインドネシアで戦犯が非常に多かったことについては、オランダの「報復」であったという見方が強いが、松浦は「証拠調べなんかロクにしなかったが、少なくとも軍事法廷の裁判長をしたオランダ人は立派で、いまでも頭の下がる思いがする。理性的だった」と言い切る[*8]。

松浦には裁判期間中はオランダ政府から月二〇〇ギルダーの生活費が支給されたが、それだけでは食費と交通費程度にしかならず、建源公司の黄にときどき無心していたという。

戦犯裁判が終わると彼は商売を始めた。インドネシア人を社長に、松浦がマネージャーに、華僑が金を出して小さな貿易会社を作った。朝鮮戦争が起き、インドネシアは輸出を伸ばした。輸入ライセンスのあった松浦の会社は、華僑の思惑輸入の窓口となり、口銭がかなり入った。だが、入っているべき金が銀行にはなかった。社長が家や車や第二夫人のために勝手に使い込んでしまったのだった。自己資金もないので信用状も開けない。華僑の契約破棄を予想して、解約金をとれるようにしておいたものの、この解約金をも社長が先取りしてしまった。松浦の輸入相手は、かつての三菱商事の人たちが財閥解体後に作った新しい会社で、そのかつての同僚社員が信用状督促にもやってくる。人生において最大の屈辱、暗黒の時代だったと松浦は回想している。そしてインドネシアの民族企業育成という夢も半ば潰え、一匹狼的存在として自分の道だけを歩む決意をしたという。

生活にも困り果てていた一九五四年頃、やっと彼にも運がめぐってきた。ジャカルタに日本の在外事務所もでき、賠償交渉も始まり、日本の商社員もちらほらジャカルタにやってきていた。三菱商事の人が金を貸してくれたりした。華僑商人を通じて副大統領ハッタから呼び出しがあり、漁網を日本から買いたいと言ってきた。名古屋の日新通商という会社との取引に成功し、やっと口銭が入ってきた。日新通商はのちの豊田通商で、ここで松浦とトヨタの関係ができたのである。

日新通商は毎月松浦に四〇〇ドルの手当てのほか、成約ごとに口銭を払い、日本の留守家族にも手当てを出すということで松浦をかかえ込んだ。戦犯弁護団の住んでいた家のガレージで雨漏りに耐えていた生活に、ようやく終止符を打つことができた。やっと商売に精を出せる生活が始まった。

スマラン、メダンのマッチ工場建設機械、パラシュート、織機と色々なものを売った。織機はバンドンの南の繊維の町マジャラヤに一五〇〇台も売った。マジャラヤはインドネシアでは数少ない民族企業の集中する町である。松浦の売ったのは浜松のスズキという動力織機だった。

私は一九七五年以降、何度かマジャラヤの町を訪れているが、確かに、いまでも日本製の織機が中国製のものと共存して使われていた。一人の労働者が一台の織機につくというような旧式の織機であった。しかし、この民族企業の町は、いまやすたれてきている。日本の大手繊維企業が六〇年代末から進出したため、能率の悪いマジャラヤが取り残されてしまったのである。華人系のかなり大きな企業がいくつか残っているが、民族企業は次々に倒産していった。松浦の売った織機が本格的機械化の先鞭をつけるものだとしても、それを上回る日本企業の出現で、前の機械が陳腐化するだけでなく、企業がつぶれ、労働者が仕事にあぶれる。ちょうど、ベチャからコルトへの転換と同じようなことが起きていた。

トヨタ自販が松浦にトヨタ車販売の代表を申し出たのは一九五七年のことだった。当時、インド

＊8　戦犯裁判については、内海愛子・村井吉敬『赤道下の朝鮮人叛乱』勁草書房、一九八〇年、内海愛子『朝鮮人BC級戦犯の記録』勁草書房（一九八二年、のちに岩波現代文庫、二〇一五年、を参照されたい。

ネシアで登録された自動車台数はバス一万一四九八台、トラック五万一四一〇台、乗用車七万三二一九台、合計一三万六一二七台にすぎなかった（インドネシア中央統計局資料）。国民六三四人に一台の車しかなかったことになる。しかし自動車輸入は厳しいライセンス制限があって、簡単に食い込めそうにはなかった。その頃、日本の見本市船さくら丸がジャカルタに来た。トヨタのジープも展示されていて、松浦は見学に来た副大統領ハッタを通じて、トヨタのジープ三〇台輸入許可を取ることに成功した。戦後初めての日本製自動車の輸入だった。

一九五八年一月に賠償協定が調印された。松浦は賠償金での日本車購入を画策、公共事業省と折衝して一二〇台のトヨタのダンプトラックの成約にこぎつけた。軍、警察と、あらゆるコネで車を売り込もうとした。国営石油公社プルミナ（のちのプルタミナ）の総裁イブヌ・ストウォ（当時大佐）ともコネをつけ、上陸用舟艇三隻を売った。豊田通商は日本に彼を初めて招待した。トヨタはのちに、華人系のアストラ・インターナショナル社と合弁企業を設立するが、アストラ財閥がイブヌ・ストウォと深い関係にあるのは周知のことである。トヨタの五〇年代末からのストウォとのコネ作りが、後に活きてくるのである。

賠償をめぐっては、いまだに不透明な部分が多い。正当なビジネスと思われない取引が数多くあったというのが常識となっている。軍用車、警察車の売り込みにも陰の部分がある。松浦はスカルノの第三夫人デウィについて、決して好印象を持ってはいない。だが、彼女が身障者救済のための絵画展を開いたときには、二〇万ルピア（当時で七〇〇〜八〇〇ドル）を早速献上し、少額しか出さなかった日本商社を出し抜いている。スカルノ大統領とも、山本茂一郎（旧ジャワ軍政監）を通じて知己を得ている。戦前からのインドネシア体験と人脈とがトヨタ車の売り込みで大いに力になったことは疑うべくもない。とりわけ賠償は日本製品の販路作りにひときわ大きな道を開いたと言えよう。ダンプトラックに続いて、一九五九年には警察車も賠償契約の中で売り込んでいる。いまでも、インドネシア警察のジープにはトヨタが多い。そのトヨタジープが暴走族のホンダのオートバイを追い回す光景に私は何度も出会ったが、考えてみれば奇妙な光景だ。

松浦は政府向けでなく、民間向けの輸入ルートも切り拓いた。チェコのスコダ車を組立輸入していたライセンス業者をトヨタに乗り換えさせたのである。これによって初のトヨタ車の民間ベースの輸入が実現した。GANEFO（新興諸国スポーツ大会、一九六三年一一月開催）のためのトラック三〇〇台、乗用車二五〇台の売り込みに成功し、トヨタの旗を押したてた車が港から市中へと行進したときの感激はいまでも忘れられない、と松浦は話す。

トヨタの販売ルートが一応でき上がった一九六〇年、松浦は一八年ぶりに日本に帰った。それからの一〇年はインドネシアを往復する生活でトヨタ車を売り続けた。大きな商売としては、六二年にスカルノ大統領親衛隊（チャクラビラワ連隊）に九〇〇台の軍用車輌を売っている。スカルノ＝池田会談で三〇〇万ドルの延払いが同意されている。香港在住の華僑Kという人物やチャクラビラワ連隊長サブール大佐がこの話の仲介役として登場する。チャクラビラワとの関係では、その後もかなりの車輛を売り込んでおり、総額は一〇〇〇万ドルにも達した。トヨタはスカルノが倒れる六五年までは、日本車として不動の地位を得ていた。

他社も黙って見ていたわけではなかったようだ。たとえば東日貿易の久保正雄は、警察軍向けとして二〇〇〇台の日産のジープの見積りのオファーを出したという(六四年九～一〇月頃)。この工作には当時の駐日大使やサブールも一枚噛んでいたらしい。しかし、この日産ジープの売り込みは失敗している。これは、最近刊行された『スカルノ大統領の特使――鄒梓模《ちょうしんも》回想録――』(増田与編訳、中公新書)の中で鄒が言っていることである。鄒によれば、日産ジープ警察納入の話がとりやめになって、契約はトヨタに移った。そして、トヨタとの契約の一部がコミッションとしてユスフ・ムダ・ダラム銀行相の手に入り、それは政治資金となったというのである。

松浦とて、車の売り込みがまったくきれいな手でなされたとは思っていないだろうが、彼はひたすらトヨタ車の売り込みに励んだ。九・三〇事件の直前には五〇〇〇台のトヨタ車買付けの話がスカルノから持ち出され、売買契約を締結するところまで行った。だが、九・三〇事件が起き、これは幻の成約に終わっている。

スカルノの失脚後もトヨタ車は相変わらずインドネシアに上陸していった。だが、スハルト新政権は積極的外資導入策に転じ、合弁企業の設立を推進した。トヨタも現地組立生産を一九六九年頃から検討し、調査団を派遣している。七〇年にはトヨタの副社長が出掛けることになり、松浦も同行した。

松浦はトヨタが華人資本と手を組むことに反対だった。純インドネシア民族企業を育てたいという夢をまだ描いていた。だが、華人チアン・キアン・リオン（William Soeryadjaya）が弟と二人で設立（一九五七年）したアストラ・インターナショナル社が、六八年にトヨタの総代理店となり、翌年には、営業不振だった国営のガヤ・モーター社の払い下げを受け、トヨタ車の組立てを始めた。七二年には、日本の自動車資本では最も早く、トヨタ自販、トヨタ自工とアストラ・インターナショナル、ガヤ・モーターの四社の合弁でトヨタ・アストラ・モーター社ができ上がり、日本車の現地生産、販売を開始した。

松浦はこの華人との合弁のいきさつを次のように語っている。

「当時、大統領補佐官だったスジョノ・フマルダニ少将が実力者だというので会いに行ったんですよ。それで、ボクは純インドネシア資本とトヨタの合弁が良いのではないか、と言うと、スジョノさんは『きみの考えはもっともだ』と言うので安心して帰ったわけです。相手としてガヤ・モーターが適当だとも言っておきました。次の日、トヨタの副社長と工業大臣が会う段になってボクも同行した。すると工業大臣（ユスフ）がガヤ・モーターとの提携は構わないが、アストラ・インターナショナルもパートナーとして加えよと言うわけです。ボクはアストラなんていう会社はそれまで知らなかった。途中から大臣はボクを抜いて副社長と二人で話したいと言うんだ。どうも空気がおかしい。ボクは邪魔者らしい。スジョノさんにアストラが手を回していたのを知ったのは後からのことですが、ボクはここらへんで、もうインドネシアとはおさらばした方がいいだろうと考えるようになったわけです」

アストラ社はトヨタ車を作り、売ることで急成長した。日本との合弁企業五社、建設・不動産会社(イブヌ・ストウォと深い関係)、トラクター、クーラー、コピー機械等の組立会社など三十数社を配下に置く一大財閥を作り上げるに至った。だが、この財閥の本拠たるトヨタ・アストラ社は七四年に焼き打ちに会う。

「インドネシアではインドネシア民族が主権者で、主役であるべきです」と言う松浦にとって、トヨタ・アストラの焼き打ちは当然の出来事とも思えたかも知れない。

〝コルト〟社会

一九七四年一月一五日、田中角栄首相は、ASEAN最後の訪問国インドネシアを訪れた。誰もが予想しないほどの暴動が起きた。反日だ、反華僑だ、反政府だ、軍内部の争いだと、さまざまな原因が論じられてきた。誰が仕掛け、誰が挑発したかはともかくとして、多数のジャカルタ民衆がこの暴動に加わり、日本車、日本のオートバイを川に放り込み、焼き打ちにしたことは事実である。それは、煽動する者がいたとしても、その煽動の範囲を超えていた。そこには民衆の怒りがこめられていた。

「一五日夜放火されたトヨタ・アストラ社は五階建てのビルが無残に全焼、ショーウィンドーに飾ってあった展示用の新車約一〇台は焼けただれて残がいをさらしていた。

同市内の中国人街の中心部といわれるコタ地区の路上には焼かれたオートバイ、乗用車がずらり一ヵ所に二、三〇台も重なって残がいをさらしている風景もみられる。ほとんどが日本製の車だ」(『朝日新聞』一九七四年一月一六日)

「また大統領官邸(ムルデカ宮殿)近くにある同社の自動車修理工場にも押しかけた学生は、保管中の乗用車、小型トラックなど約一〇〇台をつぎつぎにぶちこわした。さらにデモ隊は同じ通りにあるスズキ、ヤマハ、ホンダ三社の販売店も襲い、わかっただけでも六台のバイクを破壊した」(『日本経済新聞』一九七四年一月一六日)

反日暴動といっても反「日本車」暴動のような様子でさえあった。トヨタだけが本社を焼き打ちにされたことについても憶測が流れた。トヨタの合弁先のアストラ・インターナショナル社が、政権中枢と癒着した華人(チア・キアン・リオン＝ウィリアム・スルヤジャヤ)であるため、その癒着が標的とされたとする説。もっとうがった見方は、トヨタとライバルにある三菱が画策したとする説。前説はともかく、三菱説は怪しい。なぜなら三菱自動車の提携相手のクラマ・ユダ社はプリブミ(土着インドネシア人)系の財閥ではあるが、アストラ・インターナショナルと同じく、イブヌ・ストウォ元プルタミナ総裁と深い関係にあるからである。むしろ、加藤誠之トヨタ自販社長(当時)が言っ

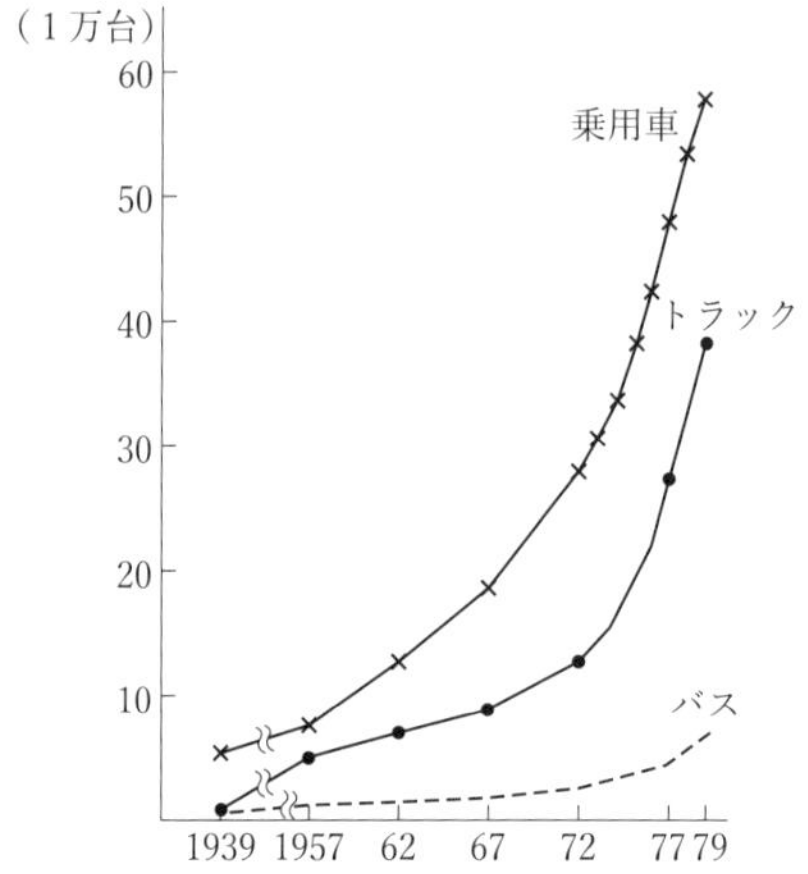

図4　インドネシアの自動車登録台数
出所：インドネシア共和国中央統計局統計

ているように「トヨタが日本企業の象徴のように見られた」ためであり、しかも本社がジャカルタ目抜き通りにあり、ひときわ目立ったために襲撃されたのだろう。もちろん、合弁相手が政権中枢部と癒着した華人系財閥だったことも襲われた理由である。

ただ、もっと本質的な原因は、急速なクルマ社会の出現により、ベチャ屋を中心とした都市貧民のあいだに不満が鬱積していたことと見るべきだろう。暴動全般について言えば、軍内部での対立が暴動のきっかけを作ったのかも知れないが、より重要なことは、外資導入と、援助による急速な経済成長、消費物資の氾濫、新興成金の発生などが、都市貧民の窮乏感、不満を大いに高めていたということであろう。

いずれにせよ、日本車はジャカルタの街だけでなく、インドネシア全体を席捲しつつあった。その矢先に起きたのがこの暴動である。だが、日本車やオートバイが焼き打ちにされたにもかかわらず、日本車の普及にブレーキがかかったわけではない。この暴動のあと、完成車の輸入が禁止されたが、それは組立てを現地でやることで、何とでも切り抜けられるものであった。七〇年代に入ってからクルマは驚くべき勢いで増えている(図4を参照)。一九六七年に一九万台ほどだった乗用車(ジープ、セダン、ピック・アップ、バン)は、七九年には五八万台と三倍にも増え、トラックは九万台から三八万台に、バスは一万八〇〇〇台から六万九〇〇〇台へと激増、特にオートバイは二八万台から二二七万台へと八倍も増えている。全車輌を合わせると、六七年には一八九人に一台の割で保有していたものが、七九年には四二人に一台の保有率となった。しかし乗用車だけだと二四一人に一台、バス・トラックは三〇八人に一台と、まだまだ一般大衆にとっては、車は自分の足とはほど遠い(日本では乗用車は六・一人に一台、七七年)。

民衆をクルマに近づけたものとして、良い悪いは別に日本車の役割はとてつもなく大きい。人力車やベチャやベモの社会への衝撃力をはるかに上回る。もちろん人びとの移動を容易にしたことの持つ衝撃力である。

この衝撃は、一つは短距離移動に用いられる"ホンダ"と、中距離移動用の"コルト"によってもたらされた。短距離とは町の中と少しばかりの郊外の範囲で、中距離とは五〇〜二〇〇キロ程度の移動で、それ以上の長距離は専らバス・鉄道である。"ホンダ"とは軽四輪の小型ミニバスで、おそらく初めの車種がホンダN三六〇(日本では小型郵便車として利用されている)だったから、この名前が定着したのだろう。ダイハツの車種でも同じく"ホンダ"と呼ばれる。ただ、ホンダは、オートバイのコマーシャル用語として、「マリ・ブルホンダ」(ホンダに乗ろう)という標語を流しており、オートバイ＝ホンダというイメージを定着させようとしている。このため、軽四輪の小型ミニバス

＝ホンダは〝コルト〟ほどの普通名詞化が浸透しているとは言えない。〝コルト〟（coltのtは無声音で聞きとれないので「コル」と聞こえる）は、ホンダと同じく、三菱コルトが荷台を改造してミニバスとして広まったことから生まれたインドネシア語である。トヨタ車でもミニバスであれば〝コル〟である。市内のルートを走るものもあるが、多くは都市間、都市―農村間の中距離輸送として利用されている。

コルトをこのような形で広めたのは日本人である。三菱商事広報室の著した『時差は金なり――内側からみた総合商社』（サイマル出版会、一九七七年）に、このことが誇らしげに書かれている。

三菱商事の東南アジアでの自動車販売は、タイでのいすゞトラックの販売がモデルとなっている。守田義郎という戦前からの三菱マンが、タイに一九五二年に赴任、鉄道の弱体なタイではトラック輸送が絶対伸びると見通した彼は、あらゆる手を使ってトラックの売り込みに奮戦する。どんなクルマが需要されるかをまず見抜く、どの道路で売れるかを検討する、販売代理店を作る、アフター・サービス体制を完璧にする（「クルマを出す前に部品を出す」）、月賦販売体制を確立する、このような作戦で、タイの大型トラック市場の九五％をいすゞトラックが占めるに至ったという。守田は一五年半をタイで過ごした。

タイへのトラック輸出モデルが、今度はインドネシアで応用された。守田の役割を担ったのが中村敬士という三菱マンである。インドネシアでは、やはり鉄道が弱体で、クルマの需要が伸びることが予想された。しかし、インドネシアには米軍がタイで造ったような強固で幅広い道路はない。

大型車よりも、大衆の足となり得る小型車を売り込んだ方がよさそうだと判断された。〇・七五トンの小型トラック〝コルト〟の市場への猛烈な食い込みが開始された。インドネシアのクルマ市場で、日本車はそれまでトヨタの独壇場だった。そこに〝コルト〟が食い込んでいった裏には、おそらく権力中枢を巻き込んだ販売合戦があったのだろうが、三菱商事の本には、そのようなことは一行も書かれていない。〝コルト〟の大衆性ばかりが喧伝されている。

「インドネシア人は、小型トラックを総称して『コルト』と呼ぶ。乗り合いタクシーのことも『コルト』という。『コルト』は普通名詞として通用するほど大衆に親しまれている。

それというのも、車体業者がこれを加工して、『相乗りタクシー』に改造、屋根と窓をつけ、色を塗りかえ、九人乗りのミニ・バスに仕立てあげたからである。坂を登り山を越えられるコルトが、インドネシアの距離を一気に縮めた。……スラバヤ地方の俗語で『コルトする』といえば、『故郷に帰る』という意味だ。」（同書）

コルトがインドネシアの距離を縮めたことは事実である。大衆に親しまれているかどうかは別として〝大衆の足〟として広く利用されていることも事実である。

だが、コルトは、少なくとも、それをしばしば利用した私にとっては恐怖の乗物であり、不快な乗物であった。インドネシア人も思いは同じだろう。コルトは九人乗りでは決してなかった。荷台

に縦に取り付けられた二列の向かい合わせの座席には、総計一四人の客が押し込まれ、運転席の横にも三人がつめ込まれる。運転手を含めれば一八人が乗る。ニワトリや野菜が客席に割り込んで、足の踏み場もないことがしばしばある。しかも、コルトは通常は猛スピードで〝暴走〟する。運転手が持ち主から賃借りしているためで、少しでも多くの客を乗せ、少しでも速く走らないと、うっかりすれば足が出てしまうからである。ガソリン代はもちろん運転手もち、運転手は集金係の助手を一人雇って、稼ぎの分け前を与える。年端もゆかぬ少年が助手をつとめていることもよくある。コルトやホンダやバスが出入りするターミナルでは税金も取られる。このターミナルには、チャロと呼ばれる乗客引きがいる。チャロは客をコルトに斡旋してメシの種にしている。

コルトを売りまくった人びとにとっては、それがどう利用されようと知ったことではないかも知れない。だが、民衆に親しまれているどころか、狭い田舎道を一〇〇キロを超えるスピードで走るコルトに乗る乗客のひきつった顔を思い浮かべる位の気遣いをすることは、売る者の最低限の良心ではないだろうか。

一九八〇年の上半期、インドネシアで売れた車の九二・八%が日本車だった。七九年には一〇万台のクルマが売れ、ミツビシだけで三万台を超えている。トヨタをすでに上回っている。

人びとが、より安く、より速く移動することを日本車は可能にしたと言える。だが、そこには売る側が予期しないさまざまな事態が起きた。交通事故の激増、輪タク業者の失業、古い型の乗合い自動車オプレット（モーリス・ミニを改造したもの）やベモへの圧迫、都会の人びとの大量移動等である。

写真8　コルトはトラックを改造したミニ・バス。立っている少年は助手で、客の呼び込みや料金の徴収をする。➡

クルマへの備えが十分にない社会でクルマを急増させたことによって、大きな摩擦が生まれた。しかも外国車がすべてである。安く速く移動して、何がしかの厚生が社会にもたらされたかも知れない。だが大部分の恩恵は一部の者に吸いとられている。それはコルトを買って、賃貸しして稼げる資本家である。軍人や警察官や華人である。営業許可を与える許認可権を握る官僚システムに近い人が儲かる仕組みがあるのだ。大半の民衆にとっては、恐怖と隣り合わせの移動で、大して幸せにもなっていない。むしろ仕事を奪われた〝低速〟輸送業者にとっては、コルトはとんだ闖入者でしかなかった。

ジャワの貴族たちにとって〝KOL〟という聖なる言葉は、宮殿の祝宴で銅鑼（ゴン）を打ち鳴らす合図だそうだ。だが、大衆にとって〝KOL〟＝coltというのは、日本製の四輪車を想起させる言葉となっている。そのコルトは、「お米、キュウリ、材木、その他のすべての商品、そして、幾分違ってはいるが、近代的な呼び方で言えば〝サイレント・マジョリティ〟を積み込んでいるのである」[*9]。ここで〝幾分違っている〟というのは、乗客が結構コルトでリラックスして世間話に花を咲かせているから〝サイレント〟ではないと、これを書いたエッセイストは言うのである。だが、私の経験では、コルトの乗客はやはり〝沈黙者〟に近い。いつ見舞うかも知れぬ事故におびえていた。エア・コン付きの自家用乗用車に乗れるごく一部の人たちだけが楽しげな顔をしていた。

それでも大衆はコルトに乗る。少しでも楽ができそうなところに精一杯の移動をする。見果てぬ夢と知りながらも、コルトは束の間の夢を与えるやはり〝大衆の足〟なのか。

周辺への皺寄せ

〝周辺への皺寄せ現象〟というのは、どこででも見られることのように思われる。周辺というのは地域的に言えば、急速な物質文明の伸長がある中心部から離れたところであり、社会階層で見れば、その物質文明の伸長を促すエンジンから疎外された階層であると言えよう。皺寄せというのは、中心部に起きた運動が、その運動と関わりのない、あるいはその運動の推進にとって邪魔になり得る爽雑物を周辺部に押し流す作用である。

人力車→ベチャ→ベモ→コルトという輸送手段の変化は周辺部への皺寄せ現象をひき起こしている。

ベチャはジャカルタやバンドンなどの大都会から原則的に閉め出されつつある。ベチャ乗り入れ禁止地区（daerah bebas beca）の設置、営業時間の規則などがその第一歩である。ジャカルタでは一九七一年末にすでに乗り入れ禁止地区が設定されている。バンドンでも七五年に実施されている。ベチャの市部からの完全追放の方針が、インドネシア警察軍より発表されたのも七五年のことで、七

＊9　Y. B, Mangunwijaya, Puntung-puntung Rara Mendut, Gramedia, Jakarta, 1978, p.15.

八年から、それは各地で実行に移るとされている。ベチャはまず大都市の中心部から追い出される。その皺寄せが市の周辺部に及び、大都市が閉め出しをやるにつれ、ますます周辺の中小都市にベチャは営業地を見出すようになる。

ベチャがジャカルタやバンドンから閉め出されつつあった一九七五、七六年頃の新聞を見ると、西ジャワの中都市部でのベチャの激増ぶりがしばしば報道されている。たとえば、バンドンの東約八〇キロにあるタシクマラヤの町は人口一四万人ほどの中都市であったが、七六年の一〇月の新聞記事によれば、この町だけで約六〇〇〇台のベチャがあり、一万人のベチャ屋がいたという[*10]。バンドンから流れ出て来たベチャ屋が多いとも報道されている。このベチャ増加のあおりで七〇〇台あった二輪馬車（サドﾞ）が六〇〇台に減った。ベチャが馬車を周辺化したのだ。一方、タシクマラヤでは、すでに、この頃〝ホンダ〟（ミニバス）が走っており、ベチャは馬車を周辺化したが、同時に、ホンダによって周辺化される運命にあったのである。

ジャカルタの東のジャワ海岸通りの地域は、ジャカルタのベチャ屋の供給地である。特にインドラマユ、チレボンの両県出身のベチャ屋はジャカルタに多かった。しかし、ジャカルタのベチャ閉め出しが始まるとともに、彼らは故郷の近くの町で営業するようになった。特に港町チレボンにはベチャ屋が集中した。チレボンは人口一八万ほどであったが、七六年七月のベチャ台数は一万七〇〇〇台を超えていたという[*11]。

ランカスビトゥンというジャカルタの西にある田舎町ですら、七六年末には二〇〇〇台ものベチャが溢れ、それらのベチャはジャカルタやボゴールからやって来た。県では適正ベチャ台数は四五〇台と踏んでおり、それ以上は制限しようとする方針だという。

ベチャを閉め出す側の論理は、ベチャは、人間性を損う乗物である、交通（自動車）妨害になる、事故が起きても乗客に損害賠償が払われない、町の景観や治安上好ましくない、といったものである。

バンドン市長は、七五年にベチャ禁止地区を設定したのち、ベチャをめぐって、さまざまなトラブルが生じたことを取り上げて、次のように言っている。

「ベチャ禁止地区が広がっていっても、ベチャ屋の収入が減るとは思えない。周辺部では住宅が増え、そこには新しい道ができているからだ。町の中心の営業禁止なんていうのは、ルートを移したみたいなものだ。村から出てきたベチャ屋は村に帰れば、そこでもベチャの需要はあるじゃないか。女房や子供のそばで商売ができるんだからその方がいいじゃないか[*12]」

「バンドンの町は美しくあらねばならない。美しいというのはゴミ屑がなくて美しいというだけではない。不届きな行ないがないということも意味しなければならない。最近、私は、しばしば不届きな振舞いをするベチャ運転手の話を聞きます。客が欺されていると感じるほど法外な料金をふ

＊10　*Pikiran Rakyat*, 一九七六年一〇月四、五月号。
＊11　*Pikiran Rakyat*, 一九七六年九月一六日号。
＊12　*Pikiran Rakyat*, 一九七五年五月三〇日号。

つかける者もいます。ベチャ屋諸氏は、身ぎれいな格好をし、美しく、丁寧で、親しみある言葉遣いをして欲しいものです。……またベチャ屋諸氏は政府の決めた交通規則を守り、地方政府が諸君に損させるような規則を出すことはないと信じて欲しい。もし、損したと思ったら、話しに来て下さい。デモ行進みたいなことはしないで下さい」（ベチャ貸業・ベチャ屋調整団体を前に、一九七五年五月二二日の発言）

どのような言い方をしようと、ベチャは町の中心を支配する人びとにとっては邪魔物である。できれば、自分たちが乗用車で走っても見えない所にまで追い出してしまいたい。「村の女房、子供のそばで商売しろ」というのは露骨な言い方である。そもそも村では食えないから町に出てきたのである。中心にある者が儲かり良い思いをするとワリを食う者が出る。これが皺寄せ現象である。ベチャは当面の敵として現われた〝ホンダ〟や〝コルト〟との勝ち目のない闘いを散発的に展開している。

バンドンでは市内交通としてベモ、ホンダ、コルト、バスがある。バスは比較的最近走り出したものであるが、これらはいずれも営業ルートを定められている。だが、客拾いのため、しばしばルートを変更する。これはベチャにとっては死活にかかわる大問題となる。七五年四月三〇日に、パジャジャラン大学の前を勝手にルート変更してホンダが走っていたため、ベチャ十数台が道路をふさいで、ホンダの運転手に抗議したのを私は目撃した。

しかし、ホンダも弱き者である。バンドンの目抜き通りに、公共車進入禁止路が設置されたことがある。コルトやホンダの閉め出し区で、ベチャももちろん閉め出されている。ここには自家用車しか入れない。自家用車を持つ階層というのがこの国の中心部支配層である。ホンダはそれまでのルートを勝手に変更され、怒ったホンダ数十台が車を連ねて抗議デモを行なったことがあるほどだ。このとき、市当局は、デモの指導者は九・三〇事件に関わった共産党残存分子の疑いがあると、まことに露骨な発表をしている。

最近は、さらにクルマ同士の争いがエスカレートしているようだ。日本の自動車メーカーの市場争奪戦の観すら呈している。

たとえば、オプレットと称する市内および中距離を走る旧式の乗物がある。たいてい二〇年も使い込んだような、まったくのオンボロ車が多い。ジャカルタにはいまでも三〇〇〇台近くが走っている。年がら年じゅうエンストを起こし、ラジエーターから白煙をあげ、ノロノロ走る車だが、ジャカルタっ子は「エンスト名人」（si jago mogok）と呼んで親しんでいる乗物である。ここに殴り込んできたのが「ミクロレット」（Mikrolet）と称する新型輸送車である。ミクロレットというのはマイクロバスとオプレットの合成語で、八〇年九月にジャカルタ市当局によって認可された公共輸送車である。ダイハツ、トヨタ（キジャン〈小鹿〉と呼ばれるユティリティ・カー、あるいはアジア・カー）、ダットサン、コルトなどがミクロレットの車種になっている。日本車以外はシボレーだけがかろうじてミクロレット市場に入り込んでいる（一七五頁イラスト参照）。

オプレットは時代遅れの邪魔物になってしまったのである。一九八〇年から始めて、八三年末までにはオプレットはすべてミクロレットに交替させるという。ミクロレットを営業できるのは、一九七一年以前からオプレットで営業してきた者に限るとの条件が出されているが、この業者にしても二台以上を所有していることはほとんどなく、大半は一台のオンボロ車をだましだまし使いこなしてきた超零細業者だ。だから、彼らにしてみれば、三〇〇万ルピアも出して新車を買えるはずがない。頭金の五〇万ルピアだって用意できないと嘆いている者が多いのである。

「しょっちゅう、むせて咳込んで、色つやなんてまるでないこのオースチンだけど、長年使ってきたから手入れは簡単、自分で何でも直せるんです。交通の邪魔になるって？　冗談じゃないですよ、ジグザグ暴走してるのはタクシーじゃないですか」

運転手がどう嘆こうとも、オプレットに勝ち目はない。新しいミクロレットの所有者や運転手に乗り移れる幸運な少数者以外はオプレットの屑鉄と同じ運命をたどり、それに代わって、日本のエンジンを搭載したミクロレットの新興成金が生まれることだろう。

ベチャの溢れていたチレボンの町、ここにもミクロレットが入り込んで、日本車同士の対立になった。一九八〇年一一月二一日、五〇台ほどの〝ホンダ〟（ホンダ、ダイハツ、スズキ）が道路を完全に占拠、チレボン市庁舎に向けてのデモを敢行した。運転手と助手（ケネ）は、ほかのクルマをすべてストップさせ、もし指示に従わねば車をたたき壊すと叫んでいた。軍がすぐに出動、ホンダの運転手、助手は軍にしょっぴかれ、四時間そこに拘禁された。〝ホンダ〟のデモはミクロレットの割り込みに抗議して行なわれたものである。それまで〝ホンダ〟と呼ばれているダイハツ、ホンダ、スズキの軽四輪車が、チレボンの市内の輸送機関だった。ところが、デモの二ヵ月ほど前に、コルトとトヨタ・キジャンが新たにミクロレットの呼び名で市内を走り始めた。走るルートは指定されていたが、当然、ルートを勝手に変えることもあり、〝ホンダ〟は実際に収入を減らし、そこで、このように抗議行動が生まれたのである。

効率の悪い乗物、それを支える弱き運輸労働者はほとんど周辺に追いやられてゆく。ベチャを、貧しい人間と同じく、ジャワ以外の外島に〝移住させる〟ことも議論されている。移住の対象になる人間は貧農である。「満州」移民も同じだった。乗物についても同じである。近代化、開発という名のもとになされることは、必ず弱き者を踏み台にしているように思えるのである。

〝死んでらあ〟

皺寄せの最悪のケースは交通事故である。車を売る人たちは、真剣に事故のことを考えているのだろうか。〝便利になる〟ためには人が死んでも仕方がないと思ってはいないか。とりわけ、食うや食わずの人たちが無数にいる国、道路も整備されておらず、クルマへの安全管理が徹底していない国、それを知っていながら、買う人がいるのだから売るだけだと考えるのは無責任ではないか。日本でも何十万という人が死んでいる。その教訓を活かそうと努力しているのだろうか。

交通事故で死んだ人の数を日本とインドネシアで比べてみよう。日本は一九七〇年の一万六七六五人をピークに、年々交通事故死亡者が減っているのに対し、インドネシアでは年々増えている。七七年には七六八三人に達し、日本に近づきつつある。問題は、絶対数もさることながら、車の台数に対しての死亡者の割合である。図5・図6を見れば歴然である。七七年、日本の自動車保有台数は三二九七万台（オートバイ、軽自動車を含む）、国民三・五人に一台の割合である。そして交通事故死亡者が八九四五人である。自動車一万台当たりの死亡者は二・七一人となる。

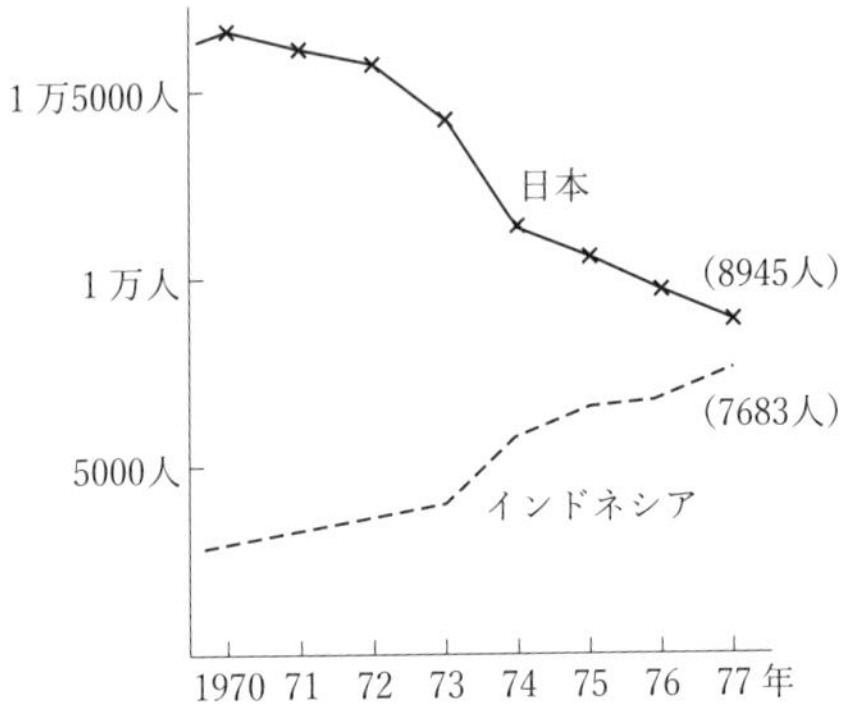

図5　道路交通事故死亡者数

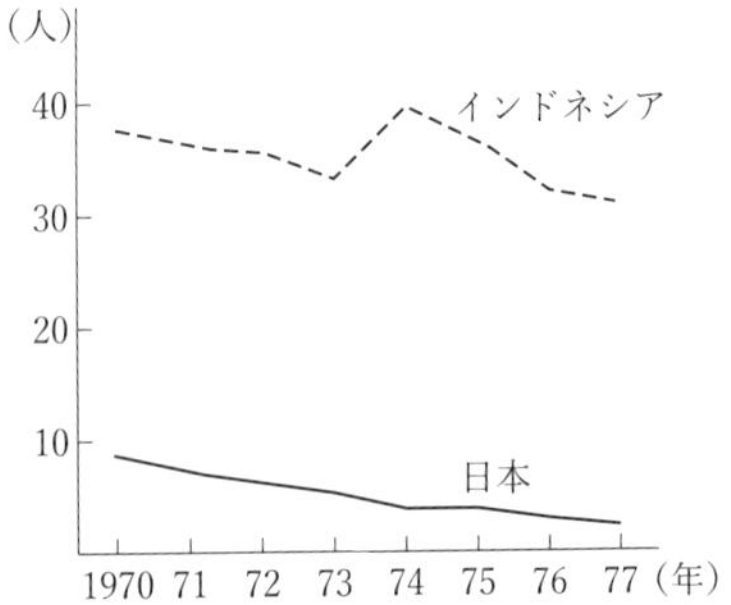

図6　自動車（含オートバイ）1万台あたり交通事故死亡者数

一方、インドネシアの、同じ年の自動車台数は約三三〇万台、日本の一〇分の一である。国民一人当たりにすると四二人に一台の割合である。死亡者は七六八三人で、一万台当たりの死亡者は三〇・六人、日本の一一倍にも達している。道路一〇〇キロ当たりの死亡者数は、日本が〇・八二人なのに対し、インドネシアは五・九六人と、これも日本の七・三倍に達している。

インドネシアでは、クルマを徹底的に利用するといっても、この差は大きすぎはしないか。

インドネシアでの交通事故死亡者の事故の内容は明らかではないが、道路状況が悪いのにスピードを出しすぎ、衝突したり、川に転落したり、人を撥ねたりするケースが多いものと思われる。日本のように飲酒による事故はあまり考えられないし、高速自動車道での事故も少ない（高速道路はほとんどないから）。だから、車に乗っていない歩行者の死亡事故率がかなり高いと思われる。あるいは前に述べたバスの事故のように、自らの運転の責任で死ぬのではないケースが多いのではないか。

バンドンからジャカルタへの道で、私は何回も無残な死を目撃した。ある時、プンチャク峠からボゴールへの道が時ならず渋滞していた。下りでカーブの多い危険な道である。コルトとオートバイの衝突事故であった。オートバイに乗っていた青年が路上に倒れていた。私は思わず目をそらした。見物人の誰かが「マティ」（死んでらあ）と、こともなげに言った。見るに見かねたのか、近くの村人が大きな草の葉を取ってきて青年の頭を覆った。「マティ」という言葉がいつまでも私の頭にこびりついた。

車によって人の命が奪われることに私たちは鈍感になってきている。年に七〇〇〇人も八〇〇〇人も死ぬというのは大変なことである。その関係家族は四万人にも五万人にもなるだろう。クルマを自由に乗り回せる一部の特権層と虫ケラのように撥ねとばされる民衆。撥ねとばされても一〇万ルピア(七万円)程度で虫ケラは泣き寝入りする。当時の賠償金である。車の修理にはもっと金がかかる。「マティ」とだけ言ってのける人びとの心のすさみが恐ろしい。

タイのチェンマイに二一年間暮らし、そこで漆器や絣《かすり》を作る会社を経営してきた大山八三郎氏は、交通事故負傷者に対するタイ人の変貌について書いている。

「かつては地方の街道を走る自動車が転覆事故をおこしたとき、近くの住民たちがかけよって負傷者を助けた。が、いまは事故があるとわれ先にとかけよって、重傷にうめく者たちのふところからサイフを抜きとり、金目の物を略奪し去ってしまう。それが日常化し、新聞のニュース種にもならなくなっている。[*13]」

本当にこんなことが一般化しているかどうか私には分からないが、大山氏は、こうしたタイ人の変貌は、日本商品をはじめとする外国商品の大量流入が人びとの物欲を刺激したこと、人口増や物価上昇で生活が苦しくなったこと、そして最も重要なのは、一九七六年一〇月、タマサート大学で「国家、宗教、国王」が一体化して残虐きわまりない学生弾圧をやってのけたこと、こうしたことによってタイ人がすっかり変わったのだという。

クルマはエライ人の乗るもの、とてつもなく高いもの、虫ケラ民衆など轢き殺してもやむを得ないもの。こんな残虐な形でクルマはインドネシア社会にも浸透していったように思える。日本でもそんな時代があったかも知れない。モノがヒトよりも大切に思える思想を、道路を暴走しながら撒き散らす。クルマに近い人ほど儲けが大きい。ある日本人女性が旅先のジャワで知り合った、名もなく学もないベチャ屋と結婚したことが、インドネシアでは大そう話題になった。その女性のおかげで、ベチャ屋の青年はコルトを買うことができた。ホテルの前で、日本人女性を客にしようと、ベチャ屋がたむろしている漫画が週刊誌に載った。コルトは金になる。コルトを持ちたいというのがベチャ屋のはかない夢である。

みんなクルマにありついて道路の王様になりたい。これは本当の夢か、作られた夢か。ただはっきりしていることは、クルマから遠い人ほどいやな思いをさせられる社会があるということだ。逆に言えば、クルマを持てばとても良い思いができる社会を誰かが作り上げるべく努力をしているということだ。

＊13　「チェンマイからのレポート」『使者』一九八一年夏号。

図7 「日本人女性とベチャ屋が結婚してから、ホテルの前には若いベチャ屋が群れている…」(*Tempo*, 1981年3月21号)

乗物再考

「現代文明」の運び屋一代記――これが三菱商事の『時差は金なり』に出てくる、自動車の売り込みの章のタイトルである。言い得て妙と言ってあげたい。まさに自動車は「文明」を運ぶし、自動車そのものが「文明」である。だが「文明」とはそんなに素晴らしいものか。文明が運ばれることによって恩恵をこうむる人と、かえって苦しむ人がいる。均等な恩恵などもたらさないことだけは確かである。

〝コルト〟という文明の利器の普及によって、それまでの伝統的輸送業者たるベチャやベモが廃業に追い込まれたり、地方の中小都市にその活路を見出そうとしていることは、すでに見てきた通りである。何万人ものベチャ屋が職を奪われそうなことに対して、クルマは別の職を用意しているわけではない。ベチャ屋の多くは、ベチャ屋から、もっと楽で稼ぎの良い仕事に移りたがっている。西部ジャワ州労働局の調べでは、九一・六％のベチャ屋が転業を希望している。[*14] パジャジャラン大学と西部ジャワ州が、バンドンのベチャ屋三〇〇〇人（ベチャ屋総数は三万人とされている）を対象とした調査では、専門職業訓練を受けて転職したいと考えている者が六五％に達した。この専門職業訓練では、ホンダやコルトなどクルマの運転技術を覚えたい者が四一・六％、縫製業一三・一％、大工一〇・七％、溶接一〇・五％、ラジオ・TV・時計修理一〇％、建設五・九％、タイプ三・七％、理髪二・九％、靴修理一・四％となっている。専門職業訓練以外では、行商人を希望する者五・四％、オジェグ運転手（オートバイで客を輸送する新しい業種）六・九％、ジャワから移住したい者四・七％、運送業三・六％、清掃業三・〇％、道路工事などの日雇人夫一・五％となっている。[*15]

これは、あらかじめ答を選択させるようにしたアンケートであるから、ベチャ屋の本当の希望が反映されているとは言えないが、かなり多くの者が技術を身に付けたがっていることだけは確かであろう。そして、最も希望の多いのは、ホンダやコルトの運転手への転職である。

＊14　*Kompas*, 一九七九年八月二九日号。
＊15　Hidayat dll., *Studi Penentuan Jenis Lapangan Usaha bagi Tukang Becakdi Kotamadya Bandung*, 1978.

しかし、実際に転職できる者の数は限られている。ホンダやコルトの運転手になる階層は、私の調査では、ベチャ運転手よりも上位にある。学歴も上である。父親がホンダやコルトを買い、子供が運転するケースも多い（華人の場合）。だから、ベチャ屋が成り上がってゆくのは相当に難しい職場である。しかも、たとえホンダやコルトの運転手になれたとしても、それを賃借して、賃借料を払い、ガソリン代を持ち、なおかつかなり儲けようとするには、死と隣り合わせのサーカス運転をしなければならない。

ホンダやコルトは、運転手の下に、さらにケネ（kenek, kernét）と呼ばれる助手を置く。助手は乗客から料金を徴集したり、ターミナルや走行中に客寄せをやる。運転手の上がりのうちのいくばくかを貰うのだが、運輸労働者の最下層にある彼らは、きわめて低賃金である。子供がケネに使われることがしばしばあり、教育上の問題になったこともある。

バンドンの小学校の教師が、ある五年生の生徒がずっと学校に来なくなったので気にしていたら、その生徒が〝ホンダ〟の後部座席の入口（後ろから乗客が乗降する）に突っ立って客の呼び込みをやっていたという。〝ホンダ〟のケネになったのである。その教師は言う。

「そんな楽な仕事ではないし、危険も多い。雨にも打たれ、暑いときもある。ときには夜遅くまで客寄せのため大声を張り上げて仕事をしなければならない」

イボという一三歳のケネは言う。

「ケネはつらいよ。いつだって運転手のどなり声に我慢しなきゃならないんだ。手も足も訓練してなきゃいけない。ケネは本当は車の中に座ってなきゃいけないっていう規則があるんだけど、一人でも客を多く座らせるためと、それから外の客を呼ぶために、屋根をつかみながら、タラップに立っているんだ。だけど、検問があるでしょ。そういうときは、素早く座席にもぐり込んじまうのさ。

事故の危険だって？　そりゃ、しょっちゅうだよ。小さい衝突も、人が死ぬようなのも、しょっちゅうあるよ。ボクは何度もクルマを変えて働いているんだ。だって、事故にあって壊れたときには働けなくなるからさ。でも、幸いなことに、ボクは衝突事故で二度病院に入ったけどまだ生きてるんだよ。いちばんひどかったのは、車から落っこっちゃったときだ。あのときは、眠くてたまらなかったんだ。手が屋根から知らずに離れちゃったんだよ。足を挫いて、それから少し痣ができただけで助かったからよかった。だけど運転手は、ボクが落ちたことを知らずに走っていっちゃったんだからひどかった。お客さんもボクのことなんか気にしてなかったみたいだ。外側にぶら下がっている位に思ってたんだろう。道路で倒れていたところを助けてくれた人がいたから助かったようなものさ[*16]」

ほんの小遣い稼ぎ程度で短時間働く子供もいれば、半ば専業になっている子供もいる。一日働いても二〇〇円も貰えない。運転手にすれば絶好のカモ。よく働くし、文句も言わない、ピンハネも

＊16　*Pikiran Rakyat*, 一九七六年四月二四日号。

できる。

だが運転手もカモなのだ。所有者である軍人、警官、華人、小金をためたインドネシア人などが運転手をカモにしているのはもちろんだが、運転手にたかるチャロ（calo, calok 客引き、あるいはダフ屋。中国語が語源ではないか。ポン引きはcentèngという別の語がある）もいる。チャロは完全なたかり屋であり、チンピラでもあり、強盗になることもある。人力車が東京の町を走り回っていた明治時代に、「車力の下に属する一種の人足（立ちん坊）あり」と横山源之助が書いている（『日本の下層社会』岩波文庫）が、チャロはもう少し自立した斡旋屋のような存在だろう。ときには運転手を助けることにもなるが、所詮はいなくてもいい存在である。

だが貧しい社会には、なくてもいいようなものがたくさんある。否、実はなければ困るのだ。それで食っているからである。乏しい富を無限に分かち合う、あるいはぶんどり合うことによって、かろうじて生きてゆける人が多いのだ。国際空港の中に、ポーターのほかに、ポーターを監視するとともに、乗降客の荷物が通関しやすく「手助けをする」たかりもいる。このたかりは、オーバーウェイトの荷を飛行機会社の職員と共謀して正規料金よりずっと安く飛行機に積んでくれる。鉄道の踏み切り番と結託して、長時間踏み切りを下げっ放しにして、車の渋滞を狙ってアイスクリームなどを売り込むしたたかな商人もいる。貧しき者たちの共存の知恵なのである。

だがチャロは便利な斡旋屋を超えて、運転手を搾り取り、客を脅すことがある。たいていは客一人を連れて来て、運転手から五ルピア（一九七六年当時）をもらう程度であるが、逮捕され一年半の懲役刑を食らったチャロはコルト運転手から一律に五〇ルピアを取っていた。払わない運転手はナイフで脅したり、キーを取り上げるようなことをしていた。またガソリン代五〇〇〇円も奪ったりして、ついに御用となったわけである。チャロにはシマのようなものもでき始め、チャロ・グループ同士のシマ争いも起きている。暴力団への萌芽とも言えるだろう。

自動車、とりわけ日本車の急速な増加でインドネシア社会は上から下まで大激動している。だが、この「文明の利器」は、民衆に決して均等な恩恵をほどこしてはいない。クルマと移動ということを原点に立ち返って考えるべき問題を提起している。

槌田敦氏によれば、人間が移動すること自体、エントロピー(汚れ、乱れ)の増大だという。[*17] とりわけ、現在の自動車やジェット機のような乗物による高速大量輸送はエントロピーをきわめて大きく増大させている。エントロピーは熱や汚れであるので、人間が生きてゆくためには、その汚れや熱を捨てなければならない。社会も同じで、廃物、廃熱を環境に捨てなければならない。石油の大量消費時代以前には、少なくとも地上のエントロピーは水循環によって宇宙に放出されていた。だがそのバランスはいまや急速に崩壊しつつあり、廃物、廃熱を処理できなくなってきている。これが槌田氏の考えである。

槌田氏は、移動がエントロピーの増大につながるというところから、農と工の分業を否定する。

＊17　エントロピー概念については槌田敦『石油と原子力に未来はあるか』亜紀書房、一九七八年、を参照されたい。

農民は百姓も鍛冶屋も猟師もやる。工業や商業に特化した都市がいらなくなるのだから、都市住民のために食べ物や原料を輸送する必要がなくなるのである。石油を求めて何千キロもの海上をとてつもない大きなタンカーが動く必要もなくなる。

「分業を否定し、工業製品の村内自給をはかるとすると、もはや遠距離輸送は不要になる。つまり石油文明において、エネルギー問題といって血まなこになる原因は、この遠距離輸送の確保にあったので、これが不要ということになれば、動力資源などほとんど要らなくなることが強調される。この分業と運搬の否定は、石油文明に対する人間の側からの対立思想である。」

（『石油文明の次は何か』農山漁村文化協会、一九八一年）

私は槌田氏の科学理論を評価できる立場にないが、たとえば、日本には三五一八万台の自動車（うちオートバイは約三三万台、一九七八年）があり、それをもし舗装道路に一直線に並べると一二メートルおきに一台ずつ並ぶ（非舗装路を含めると三二メートルに一台、二車線でも二四メートルに一台）という事実は正常を通り越しているように思える。七五年度、自家用と営業用の乗用車は約二〇〇億リットルのガソリンを消費し、一七六〇億キロを走行している。国民一人当たり二〇〇リットルのガソリンを使い、一七六〇キロをクルマで移動していることになる。クルマで移動するのに私たちは一升ビン一一〇本ものガソリンを使ったことになる。一方、七八年度に鉄道、バス、乗用車、船、飛行機

(国際線を含む)で輸送された人員は四九三億五五七〇万人に達し、輸送キロ数は七六一七億二八〇〇万キロに達する(運輸省『運輸統計季報』)。国民一人当たりの移動距離は六六二四キロ、一日平均一八キロを、これらの乗物で移動したことになる。因みに国際線航空の輸送キロは二〇六億キロで、全輸送キロからすればマイナーでしかない。みんなが一日乗物に乗って一八キロを移動するというのは尋常なことではない。歩けば五時間ほどだが、歩いて移動したときのエントロピーは水循環で地に還り、大気から宇宙に放出されるが、石油を使っての移動はそうはいかないのである。

速い乗物について、イバン・イリイチも興味ある問題を提起している。彼は、新陳代謝エネルギー消費の速度に見合った自転車を支配的な乗物にすることを提唱している。

「私は、スピードの速い乗物を生産するためにボールベアリングが使用されるということ、それは社会的には学校と同じような機能を果すのだと認識したのです。速い乗物は、社会が特別に重要であるとみなす人びとに特別な権利を与えるものです。それゆえに、重要でないとみなされる大多数の人びとに対して、それらは、特別な不利益をもたらします。学校が行なうような、ヒエラルキー社会をつくり出さずには、ある速度を越えて走る乗物を組織することはできないのです。私は、乗物の最高速度に対して、非常に厳密な限界をもうけることではじめて、モーターで動く乗物が、自転車にボールベアリングを使用する人びとを差別しないで走れるのだと気づきました。[*18]」

自動車はそれを使う者に特権を付与し、それ以外の人びとに不利益をもたらすというのは、これまでのインドネシアの事例でもお分かりだろう。さらに自動車内部にも権力の重層構造があるのである。

一二メートルに一台ずつクルマが並び、誰もが毎日ガソリンの乗物で一八キロの移動をする社会を、私たちは海外にも輸出しようとしている。みんなが自転車やベチャに乗っているかぎり死なないですむ人が命を奪われてゆく。「文明の運び屋」は死の運び屋でもある。セランの夜のベチャのネーンネーンという鈴の音が懐かしい。

＊18　イリイチ・フォーラム編『イリイチ日本で語る・人類の希望』新評論、一九八一年。

第4章　小さな民・大きな企業

　これまで、農業（ムラ）、工業（鍛冶屋）、輸送（ベチャとコルト）に関わるさまざまな問題を、歴史的に、また日本とインドネシアとの関わりにおいて、論じてきた。上から、中央からの工業化、開発、近代化といった歴史の進められ方に対し、私なりの疑問を呈示してきたつもりである。

　この最後の章では、まず、販売、消費の問題を取り上げてみたい。モノの売り方、売られ方である。ここでも、二つの世界を対照的に描いてみる。一つは露天商人、行商人など小さな物売りたちの世界である。インドネシアでカキ・リマ（〝五本足〟という意味）と呼ばれるこれらの小商人は、農村の貧困をひっさげて町に出てきた貧しい民である。だが、町でも彼らはシンデレラになれるわけではない。開発のわずかなおこぼれを分かち合っているにすぎない。

　ベチャと同じように、都市の〝ゴミ〟扱いされ、流通〝近代化〟に追われゆく立場にある。モグラたたきゲームのように、たたかれれば別のところに顔を出すが、所詮、勝ち目はない。だが、貧しい民の経済ネットワークをいまの時点で根だやしにすることはできない。あまりに多くの人びとが、その世界で生きているからである。

　日本は人力車と同じく、行商人も東南アジアに押し出している。日本中央の皺寄せが南の国に及んだとも言えようか。「からゆきさん」のあとを追って、日本の売薬行商人が椰子の茂る南溟《なんめい》の地で、天秤棒をかついで、「オイチニッ、オイチニッ」のかけ声よろしく、薬を売り歩いていたことは、何とも牧歌的ではある。やがて、彼らは小金を貯めて日本人店《トコ・ジュパン》を開くようになる。日本人が植民地権力に認められた「白人並み」の「一等国民」だったことを考えると、売薬行商人も日本人店もそれなりの特権商人には違いない。にもかかわらず、まだ日本人とインドネシア人の距離は致命的なほどには大きくなかったとも言えよう。

今日のインドネシアのジャムー（生薬）の隆盛と、日本の売薬商人の商法、それは歴史的に、微妙に交流し合う関係であったように思える。人力車と同じく、アジア的交流という漠たる考えが頭に浮かんでくるのである。

問題はもう一つの世界である。これは多国籍企業の世界と呼んでもいいだろう。

自然物を素朴に加工し流通させるのが民衆生業の世界だとしたら、多国籍企業は、そうした世界を日に日に脅かしつつある。多国籍企業製品は人びとの欲望を刺激し、ライフ・スタイルをすっかり頭の中で変えてしまう。一部特権層の夢のような生活が、ラジオ、テレビを通じて喧伝される。現実の生活とはほとんど無縁の、否、現実の生活基盤を破壊しかねないような、ぜいたく品への期待感ばかりが高められる。行商人、日本人店をすっかり過去に追いやった日本の大企業は、いまや、貧しい人びとに、ひたすら夢を売り、購買欲をかきたてる側にある。

日本の大企業、巨大な日本経済と、インドネシア社会との関わりの現実を、最後に取り上げてみた。ナショナル・プロジェクトとして、四〇〇〇億円以上の巨費が投ぜられ、建設が進められているアサハン・プロジェクトの現場労働者から、日本の企業を見つめてみた。安易な答を出すことはできないが、対等、平等な関係を作り出すには、あまりにも絶望的な距離が、日本企業とインドネシア大衆とのあいだに横たわっていることを感じた。そこには、資本、技術、「成長」能力だけを基準とした近代社会の差別構造が集中的に表出している。小さな民は、ここでも、切り棄てられるだけの存在でしかない。

裸足のジャムー売り

ベチャや自転車と隣り合わせに生活を営むモノ売りたちがいる。小さな鍛冶屋や貧しい農民の作ったモノを運んで売る。卸商から少ない単位で工場の製品を買って売る。こうした無数のモノ売りたちは、わずかな利益を分け合って生活する。足の裏は裸足で歩くので、蟹の甲羅よりもっと硬く、足の指は泥のぬかるみをしっかりとらえる。足の裏も指も五体の一部として、しっかり、生き物として機能している。

ウォンソさん、五三歳、中部ジャワのゴンボンの出身。故郷から遠く離れたジャカルタに出てきたのは一三年前。私が会ったのは、一九七九年八月、乾期の暑い日だった。アスファルトは焦げるように暑いが、ウォンソさんの硬い足は少しもひるまない。時にはサンダル・ジュパン（ゴムのスリッパ）を履くこともある。天秤に二つの缶、こぼれ出る水だけが涼しげだ。水売りがウォンソさんの商売。五三歳の身体で四〇キロの水を運んでは売るこの商売は楽なものではない。

「生きてゆくのは、そりゃあ楽じゃない。汗を流し、骨身を削って、やっと生きているだけさ」

ジャカルタの北、タンジュン・プリオク港に近いカンポンでウォンソさんは汗を流し、家から家へと水を売り歩いている。石油缶二杯の水が七五ルピア（二六円）、一日に一〇〇〇ルピア（三五〇円）ほどの稼ぎが平均である。女房と二人の子供も、故郷から一緒に連れてきた。借家は一戸建てだが、部屋は二つしかない。それでも家賃は年に四万ルピア、一ヵ月三三〇〇ルピア（一二〇〇円）もする。

「それでもジャカルタを離れるわけにはいかないよ。田舎じゃ畑を耕して一日二五〇ルピアにしかならないんだ。どうやって生きてゆけというのかね。年とってもずっとジャカルタで水売りをやる以外ないだろう」

スミリンさんも中部ジャワから来た水売りだった。彼はパティの出身で三五歳。ウォンソさんと違って、水の缶を運ぶ台車を持っている。一〇缶を乗せることのできる台車は木組みの簡素なもので、車輪も木製、輪の外側にゴムが巻いてあるだけだ。だが、この車のおかげで、スミリンさんは多ければ一日一五〇〇ルピア（五三〇円）を稼ぐこともできる。お得意もたくさんいるからである。水売りたちは、他人のお得意に勝手に水を売るようなことはしないという。水売りの仁義があるのだ。しかし、この「シマ」（顧客）は金で売買される。結構、値の張るものだとスミリンさんは言う。

スミリンさんは女房と五人の子供を田舎に残したまま、ジャカルタで働いている。彼の家はいわゆる不法居住区にあり、一年ほど前にブルドーザーで取り壊しがあった。家は完全には壊されず二メートルほどが残った。小屋と言ってよいほどの家である。

「女房、子供は田舎《カンポン》にいるけど、俺はここで働き続けるよ。年とったらどうするかって？　死ん

写真1　水売りスミリンさん。家から家へと水を売り歩く。➡

だあとのこと？　そんなこと知らないよ。残った奴が何とかするだろう。焼いちまおうが、捨てちまおうが俺の知ったことじゃないさ」

スミリンさんにとって老後はまだ問題でないようだ。しかしウォンソさんは違う。

「もう私も年だし、いつかは田舎に帰りたい。死んだときのために墓も買わなきゃいけないし。お金を持って自分の生まれた所に帰りたい、それが人間じゃないですか」

毎日、カンカン照りの太陽の下で、また雨期にはドシャ降りのスコールに見舞われて働く水売りたちにとっては、身体だけが資本である。彼らは医者を信用していない。否、医者にゆく金がないのかも知れない。スミリンさんは、こんな話もしてくれた。

「医者なんか信用できるものか。以前、女房が子供が生まれそうになって医者に行ったんだ。そのとき医者はもう一ヵ月したら生まれると、のたもうた。だけど、どうだ、その日の晩に女房は子供を産んじまったじゃないか。医者なんかに行かないで、ジャムーでも飲んでりゃ十分なのさ」

ジャムー。ジャムー売り(tukang jamu, penjual jamu)。ジャムーは伝統的な生薬で、それをビンにつめ、売り歩くのがトゥカン・ジャムーである。トゥカン・ジャムーは、ほとんど例外なく女性で、ジャムの伝統衣装のサロンを腰に巻き、上衣はクバヤといういでたちである。彼女たちは音もなく、路地から路地をすり抜けて歩く。無論、裸足である。時にはサンダル・ジュパンと呼ばれるゴムサンダルの時もある。男の水売りと同じように、その足の裏は硬い。親指から小指まで、すべてが指として発達している。ジョニ黒の大ビンほどのビン七〜八本にジャムーがつめられ、それらのビンを

図1　ジャム売り。

入れた竹籠は、肩から斜めにかけた長い幅広の布で、腰で支えるようにして背負われる。手には小さなバケツを持ち、客の飲んだあとのコップを洗う。かなり重いはずだがジャムー売りたちは滑るように歩く。

バンドンの街中で会ったサルウィニさんはまだ一九歳だった。つい三ヵ月前に男児を出産したばかりだという。笑顔にはまだあどけなさが残っている。顔は白粉で随分白くしている。サルウィニさんは中部ジャワの古都スラカルタ（ソロ）の近郊農村の出身である。サルウィニさんに限らず、私の会った何人かのジャムー売りはすべてスラカルタ市を取り巻くスコハルジョ県の出身者だった。サルウィニさんの話では、ジャムーの原料である木の葉、根、草などが、その地方には多く産し、昔からジャムーを製造する秘伝のようなものがあったから、ジャムー売りはすべてスラカルタ周辺から生まれるのだという。この説明に間違いはないだろうが、原料だけの問題なら、あとに述べるように、それほど地方性はないようなので、むしろ伝統であろう。スラカルタはかつてのマタラム王国の王都であり、オランダ植民地時代にもマタラム王家のひとつススフナンの直轄領だった。王家との関わりで秘薬めいたものの製造技術が発達したと考えるべきだろう。

サルウィニさんは一五歳のときからジャムー売りになった。初めは母親のあとをついて売り歩き、その後は友人のジャムー売りに連れられてバンドンに来た。いまもバンドンの町で、借家に四人の友人と一緒に住んでいる。彼女たちは日の出前に起き、土びんにお湯を沸かし、いろいろな薬の材料を煎じる。これは母親に習ったものである。原料の値段は「企業秘密よ」と言って、彼女は教えてくれなかった。彼女の使う原料はクンチュール、ルンプヤン、バトゥラワリなど、辞書にも出ていないような薬草ばかり、分かったのは白い酒と卵だけ。もちろん、ジャムー売りによって、使う原料も異なるし、薬名も違ってくる。米、ニンニク、うこん（クニット）、しょうが、ういきょう、肉桂、ナツメ、海燕の巣など、何やら中国料理風のものもあれば、シトロン（ミカン科）、椰子砂糖、パパイヤの葉、ひまの葉なども使われる。「猫のひげ」などと呼ばれる得体の知れぬ植物もある。これらを調合し煎じるのである。腹痛、頭痛、疲労、のどの痛み、産後の回復、つわり等に合わせて、効能ある薬が配合される。疲労回復用に売っている「ブラス・クンチュール」がよく売れるとサルウィニさんは言う。仲間には「ホット・セックス」と称する強精薬を売っている者もいる。

彼女は朝の七時頃からビンを背負って町に出る。顧客は道ばたのベチャ屋もいれば、彼女のように物を背負って野菜や果物を売り歩く行商人もいる。さらに高級住宅街でも結構売れる。医者ですらジャムーを飲むという。いくら金持ちが飲んでも一ぱい七五ルピア（二六円）、卵を入れても二〇〇ルピア（七〇円）だから、安いものだと彼女は言う。夕刻まで家から家、路地から路地を歩く。ルートはほぼ一定している。稼ぎは大体一〇〇〇ルピア（三五〇円）ほどになる。これで子供も何とか食べさせられるし、ときどき田舎の両親にも送金できる。

「ジャムーさえ飲めば、若々しく、胸の張りも保てるし、食欲旺盛のままスマートになれるわ。ちょうど私のように」

こう言うサルウィニさんは、確かに大きな胸をしているが、子供を産んだばかりだからかも知れない。若々しいのは当然で一九歳だからではないか。ともかくも、若い女性がジャムーを売ることによって余計に売れるのかも知れない。毎日毎日、朝から晩まで休みもなく働き続けるサルウィニさんの姿は、いたいけにも見える。しかし、彼女は大して苦にもしていないようだ。

「私はただのジャムー売り。もっと商売を広げようとも思っていないし、ジャムーの質を高いものにしようなんて思ったこともないわ」

これが故郷を離れ、町を裸足で売り歩く大半の物売りたちの考えなのだろうか、それとも運命に身を委ねる以外になす術を持たぬ「小さな民」のあきらめの感情なのだろうか。

「ところで旦那さんはどこにいるの?」

「ジャカルタ。ジャカルタでミバソ売りをしているわ」

ミバソ売りとはバソ(魚のねりもの)入りラーメン屋で、屋台のラーメン屋みたいなものだ。屋台もあれば、天秤をかついで売る人もいる。彼らはチークの木をたたきながら客寄せをする。女房がジャムー売り、亭主がソバ屋という組み合わせに、私は以前に滞在していたチペレス村(スメダン県)でも出会ったことがある。ジャムー売りの女房もソバ屋の亭主もスラカルタの出身だった。女房の方はチペレス村周辺が営業地で、夜になると夫が本拠地としている近くの町に帰っていった。自分の故郷には年に四回ほど帰り、父親の農業を手伝ったりするという。

小さな、その日暮らしの物売りたちは、その世界の中で好ましい相手と結びつく。たとえ別れ別れでも、はかない人間の絆かも知れないにしても、故郷を離れた淋しさを少しでもまぎらわそうと手に手をとり合って暮らしている。スンダ民謡の名人マン・ココの曲「ソバ屋」[*1]。

ソバ屋でござい、ソバ屋でござい
天秤かついだソバ屋でござい
おれが金持ちならお代はとらない
けどいまは倹約、いまは貯金
金がたまりゃあ、いい人にあげちゃおう

ソバ屋でござい、ソバ屋でござい
天秤かついでチキニで売ろう（チキニはジャカルタ中心部の地名）
チリリンで泊ることにするか（チリリンはバンドン西の小さな町）
いい人にゃ、まだ話もしてない、約束もしてない
でも会ってみたら「結納金いくらくれる？」だって

○おそば屋さん、一ぱいちょうだい

＊1　Mang Koko, *Ganda Mekar; Kawih Sunda Anggana/Rampak Sekar*, 1966.

写真２　天秤をかついだソバ屋。その場で茹でたてを出してくれる。

×へい、どうも
○安くしといてちょうだい
×へい、じゃあ半分にしときますか
○おなかいっぱい食べたいの
×そいじゃ、きんまの葉でも入れて下さい
○焼きそば二皿お願い
×それなら腹いっぱいですよ、ただ少し高くつきますよ
○あら、これはつゆそばじゃない
×どうかめしあがって下さいお嬢さん
○バカにしないでよ
×いいえ、あんまりムキにならないで　油がないんですよ

エス・リリンの歌――日本民衆の商業進出

インドネシアの代表的な民衆歌の一つに「エス・リリン」（アイス・キャンデー。エスは氷、リリンはロウソクの意）という歌がある。スンダ民謡トゥンバン・スンダ（チアンジューラン）のメロディーで歌われるこの歌の意味は、ほとんど翻訳できそうにもない言葉遊びの趣きが強い。あえて訳してみる。

アイスキャンデーは、旦那
若椰子の実
持って参りました、旦那
エンヤラ車を押しながら
女の子とも遊びたいんです、旦那
でも、できやしませんや
旦那、あなたがからかうんだもん

アイスキャンデーは、おねえさん

若椰子の実
持って参りました、おねえさん
エンヤラ車を押しながら
遊びたいんです、おねえさん
でも、できやしませんや
おねえさん、あんたがからかうんだもん

少し哀調を帯びた、しかし、とてもコミカルなスンダの歌である。

この歌をはやらせたのは日本人店《トコ・ジュパン》だ、と言う人がいてびっくりした。本当かどうかは、いまもって分からないが、調べてみると、まんざら嘘でもないように思える。それを教えてくれたインドネシア人の説によれば、戦前、バンドンで大きな店を構えていたトコ・チヨダ（千代田百貨店）が、アイス・キャンデーを売り出したのか、子供のための景品として配ったかはわからないが、トコ・チヨダの名とともにエス・リリンの歌が有名になったというのである。トコ・チヨダはビー玉も景品として配ったともいう。明治の中頃から日本人の行商人がジャワを歩き回るようになり、それらの人びとが金を貯え日本人店を開くようになった。アイスキャンデーの歌を、いわばコマーシャルの道具にしたとしても不思議はないし、日本人のやりそうなことだとも思う。

エス・リリンの歌が、トコ・チヨダとともに広まったかどうかは別として、日本人の南方進出の始まりは、いわば日本社会の「カキ・リマ」が、南の地にはじき出されたようなものであった。それは、明治初期の「からゆきさん」や女衒《ぜげん》、そして娼館経営者の東南アジア各地への押し出しとともに始まる。それにつれて人力車なども南方に輸出される。その後、明治二〇年代頃から、売薬を主とした行商人が南方に「進出」する。それは「進出」というほど積極的なものではなく、むしろ日本社会の弱者として押し出されたのであろう。[*2]

バンドンでトコ・キダ（木田商店）という衣料・雑貨店を経営していた木田鉄次も、売薬行商から店を構えるまでになった人である。木田鉄次は戦争中に亡くなっているが、息子の南夫氏の話によれば、鉄次氏の口ぐせは「椰子の肥やしになる」という言葉だったという。南溟の地に骨を埋める覚悟で現地で華人と結婚し、息子を南夫、娘を椰都子と命名している。

木田鉄次は一八八一（明治一四）年に大阪で生まれている。まだ日本の領事館（明治四二年開設）もない頃にバタビア（現ジャカルタ）に渡ったというから、おそらく明治三〇年代だろう。叔父が大日本製糖の社長をしていた関係もあり、ジャワの砂糖の貿易でもやろうとしたのかも知れない。しかし、木田は結局砂糖には手を出していない。当時、バタビアには日本館という半ば娼館のような日本人

＊2　日本人の南方進出については、ジャガタラ友の会編『ジャガタラ閑話――蘭印時代邦人の足跡』一九七八年、森崎和江『からゆきさん』朝日新聞社、一九七〇年、矢野暢『「南進」の系譜』中公新書、一九七五年、など、手記、ルポルタージュ、研究書が多数ある。とりあえずは、矢野、前掲書の巻末文献リストが文献を知る上で有用である。

の経営する旅館があり、木田はまずそこの番頭になった。それから、薬の行商に歩いたそうだ。天秤棒をかついで「オイチニッ、オイチニッ」とかけ声をかけ、主に中部ジャワで日本の薬を売り歩いた。日露戦争で日本が勝ったこともあってか、仁丹のようなものでも飛ぶように売れた。

土地のジャムー売りは昔もいたという。しかし、いまほど多くはなかったらしい。それに、日本の薬はジャムーより少し高級で、購買層も一般民衆より少し上のクラスの人たちだった。こうして、木田は少しずつ金を貯え、中部ジャワのクドゥスで知り合った中国人と結婚し、ジャカルタでまず店を構え、その後バンドンでトコ・キダを開いた。しかし「椰子の肥やしになる」という彼の夢は、戦争によって、実現せずに終わった。四一年の開戦前に木田の店はオランダによって接収され、日本に引き揚げた。二年後に木田はこの世を去るが、いつの日にか「大東亜共栄圏」が実現し、必ずバンドンに戻る日が来ると信じていたという。

中部ジャワのソロに本店があった小川洋行の創設者小川利八郎も売薬行商から身を興した人である。「日本売薬を、インドネシアの津々浦々まで浸透させ売薬王の名を冠せられた」(『ジャガタラ閑話』)のが小川利八郎である。小川の経歴は変わっている。もともとジャワに渡るつもりなどなく、絵画を志し、パリに留学する予定で、その途上シンガポールで下船したのが運命の変転のきっかけとなった。そこで肖像画を描いたところ、よく売れ、三年も留まることになり、さらにオランダのＫＰＭという船会社の船長と親しくなり、ジャワに渡ったのである。

ジャワでも肖像画を描き続け、特に、三井物産のシンガポール支店長に紹介されたスマランの建源公司の黄仲涵の客人となってのちは、肖像画でかなりの金を貯えた。いざフランスへと思っていると日露戦争になった。日本が勝ち、日本の評判は高くなったものの、日本品は粗悪であるとの評判を気にして、優良品の販売を一念発起した。そして売薬行商を始めたのである。

後に、小川洋行に勤務した増田和市氏の話では、自分の私用にしていた日本の薬をインドネシア人にあげたところ、きわめてよく利くとの評価を受けたため、薬の行商を思いたったともいう。小川の薬行商は日本の雑誌にも紹介され、日本人で渡南する者もこの頃より非常に増えたそうだ。小川は行商で金を貯め、やがてソロに店を開いた。主に日本の薬の卸と小売をやった。

増田和市氏が小川洋行に勤務し始めた一九三一（昭和六）年頃は、もはや行商の時代は終わっていた。日本人が行商に歩いていたのは、明治の後半期から大正の初期までの、おそらく二〇〜三〇年位の期間だろう。多くの行商人たちは小金を貯めて日本人店《トコ・ジュパン》を開くようになった。小川洋行は商売も隆盛だったのだろう、大正末期には大倉組と一時合併したこともある。しかし、その合併によってできた共同商事はすぐに事業につまずき、再び小川洋行は自力の道を歩むようになった。

三〇年代から開戦近くまで、小川洋行の本店はソロにあり、支店がマランに一軒あった。家庭薬と化粧品の卸、小売が主たる事業で、従業員はソロに二〇人位（日本人は五人）、マランの支店に一〇人位（日本人は利八郎の姉北原てつ他一名）であった。日本の薬は医者の用いるオランダの薬と、現地民衆の日常薬ジャムーの中間の位置にあった。当時、百数十種の薬を扱っていたが、よく売れたのはタコール（日本ではリベール）という淋病の薬だったそうだ。また、開戦の二〜三年前は、参天製薬と組んで〝大学目薬〟の大宣伝をジャワでやった。宣伝カーを使いながら即売をやった、この薬の販売法は、独立後のインドネシアでのジャムーの宣伝に継承されているように思える。ジャムーは行商のジャムー売りとともに、最近では「アイル・マンチュル」とか「ニョニャ・メネール」といった、大工場を持ったジャムー会社が生まれ、こうした会社は、いたるところに広告塔、代理店を持ち、宣伝カーが町から村へと走り回っている。小川利八郎のような日本人が、行商の薬売りから、店を開き、卸商へとのし上がり、大製薬会社と組んで宣伝カーを走らせる商法を、ジャワに定着させたような気がしてならない。

いま日本の某化粧品メーカーがヘア・ダイ（毛染め）の売り込みを一生懸命にやっているが、小川洋行も毛染めをかなり売っている。これは淋病と違って「治る病気」ではないので、持続的に長い間売れ続けた商品だったと増田氏は言っている。一九三一（昭和六）年の金輸出再禁止後、日本の為替相場が暴落したが小川洋行は同じ価格で日本の薬を売り続けた。それでも薬はよく売れ、小川は儲けすぎとの風評すら立った。蘭印への日本品の流入は、その頃、非常に勢いを増し、ついには日蘭会商となり、輸入割当て制度が実施されるに至るが、小川洋行は、これも切り抜ける。しかし、戦争にはどんな日本人店も抗することができず、ついには行商から日本人店へと発展していった日本の民衆サイドの商業進出のルートは途切れてしまうのである。

からゆきさん―行商人―日本人店という日本人の南との関わりは、人力車、ベチャ、ジャムー売り、エス・リリンの歌など、確かにインドネシアの民衆と一定の関わりを生み出した。しかし、それらは対等平等な民衆同士の関わりではなかった。からゆきさんの相手は、多くは白人であった。行商人の売る薬はジャムーより一段上のもので、日露戦争に勝利した日本の国威が背後にあった。日本人店では確かに「安かろう、悪かろう」の商品を民衆社会に売ったとは言っても、多くの日本人店の顧客はオランダ人、華人、一部のインドネシア人だった。一九二八(昭和三)年、一七歳でジャワに渡り、東部ジャワのジョンバンという小さな町で河合商店(トコ・カワイ)に勤めた森貞利氏(インドネシア語の辞典をいくつか刊行されている)は、月給を初めから五〇円貰っていたという。当時の日本の大学卒の給料が四〇円だった。ジャワ人労働者の日給が二五セントであったから、三〇日まるまる働いても七円五〇銭程度にしかならない。ほんの小さな日本人店の「小僧さん」でも、ジャワ人の一〇倍もの月給をとっていたのである。

日本人はよく床屋を開いていたという。床屋というといかにも民衆に近い感じがするが、実際は大違いで、ジャワでは一般的には床屋は店を持たない木の下で営業する人びとである。だから、店を構えた日本人の床屋は、専らオランダ人が愛用したのである。

結局、日本人は主として植民地支配者と、その下請代理人による華人や一部の富裕なインドネシア人の社会とつき合っていたのだと言えよう。

一八九九(明治三二)年には、蘭印政庁は日本人の地位をヨーロッパ人と同等のものであると認めた。インドネシア人はもちろんのこと、華人や他のアジア人(東洋外国人と呼ばれる)よりも上の〝一等国民〟に成り上がったのである。行商人といえども、立派なカイゼル髭をたくわえ、カンカン帽かヘルメットを戴き、白い山繭の詰衿で五つ釦の服を着て、天秤をかついでいた。これが〝一等国民〟の矜持というものだったのだろう。

インドネシア人は〝土人〟〝土民〟〝原住民〟でしかなかった。トコ・ジュパンの店員たちのある者は、やがて攻め来る日本軍のための情報提供者となり、軍とともに便利な通訳や諜報員になってゆく。すべてが〝国益〟にからめとられてゆくのである。そして、戦後の経済進出に、その人たちがまた顔を出す。植民地化された国の悲劇は、いまなお尾を引き、日本はいまなお〝する側〟に立ち続けている。〝土民〟〝原住民〟が〝現地人〟という言葉に置き換えられたくらいの変化しかない。

ブッドの世界

都市の小さな物売りたちは「近代化の波」にもろに呑み込まれる。ベチャ屋が大都市から追われてゆくと、同じように露天商人たちも次第次第に蹴散らされてゆく。

オーストラリアの女性リー・ジェリネクは、ジャカルタで知り合いになった屋台の食べ物屋の女主人ブッド（Ibu Bud）の生活を、愛情こまやかに描き尽くしている。[*3] リー・ジェリネクの描くブッドとその周辺の世界は、ジャカルタの貧しい人びとのごくありふれた世界なのかも知れない。しかし、ありふれているといっても、それは壮絶な、生活との闘いの世界でもある。ブッドの世界に少し立ち入ってみよう。

ブッドはジャカルタ中心部近くの川べりのカンポンに非合法居住している。つまり勝手に家を建て、住んでいるのである。彼女は四輪の屋台のメシ屋の主人で、毎夕、本当は営業してはならない大通りで営業している。特別に軍人とコネがあるので、彼女の営業は大目に見られているのだ。一九七三年当時、メシと野菜を一皿に盛ったものが五〇ルピア（三五円）、鶏の足一本五〇ルピア、お茶が一五ルピア、このフル・コースを食べると一一五ルピア（八〇円）になる。タバコやビールも置いている。一日に一〇〇人ほどの客が来ていたので、かなり身入りはよかった。近くに軍や役所があったため、客は下級軍人や公務員たちで、だから彼女の不法営業も許されていたのである。

ブッドの家には、ジャカルタの巨大ビルの建ち並ぶ中心街からものの五分も歩けばたどり着く。ブッドの家のそばを流れる川は雨期になると何度も氾濫し、ブッドの家もたびたび浸水する。彼女の家は六メートル×三メートルの大きさ、天井の高さは約一七〇センチで、木やその他雑多な材料でできている。屋根は安い赤瓦、床は一部コンクリ、一部は地面である。この家には二つの部屋がある。路地に面した部屋は寝室兼食堂兼客間で、ブッドのベッド以外にもう一つ、蚕だなのような

＊3　Lea Jellinek, The Life of Jakarta Street Trader; The Life of Jakarta Street Trader—Two years Later, Working Papers No. 9; No.13, Centre of Southeast Asian Studies, Monash University, 1973; 1976.

ベッドがあり、そこは屋台を手伝っているナンティという三〇歳位の女性が寝るところである。寝台のほかには、食器棚、テーブル、二脚の椅子がある。それに夫サントの仕事台もある。壁のカレンダーには、ジャカルタの貧しい人びとの夢である自動車と、遠いリゾート地の写真が写されている。

ブッドの夫サントはラジオ修理業をやっているというが、ほとんどその仕事をせずにブッドをはじめとした女にたかって暮らしているようだ。彼は「レディー・キラー」の別名を持つ。ブッドが最初の妻で子供はいない。二番目の妻が、いまこの家でブッドの仕事を手伝っているナンティである。妻二人が一軒家に住んでいるのである。さらに、最近では第三の妻をジャカルタ近郊の村につくり、そこにも頻繁に出かけてゆく。サントは第三の妻のいる村からブッドの助手をときどき連れてくる。この助手はやはりこの家に住む。ブッドの母親は隣に住んでいるが、よくこの家に来ている。非常に奇妙なことに、隣の家はかつて彼女が所有していたものだが、夫がナンティと結婚して家を出たため、頭にきて、家の半分をジャムー売りに売ってしまい、母親がジャムー売りの家の一部を借りて住んでいるのである。

裏の部屋は台所兼洗濯場兼倉庫で、二台のケロシン・ランプ、石油コンロ、ポット、料理鍋、竹籠などがある。ほとんどが商売道具でもあり、自分の生活用具でもある。毎日、天秤をかついだ水売りが来る。この水は料理と飲料のためで、洗濯用には隣の井戸を金を払って使用させてもらう。トイレは川の上の竹編み壁の小屋だが、壁が低く天井もないので、周囲から用を足している人の顔が見える。すぐ近くの近代高層ビルの窓からだって見えてしまう。

月曜から土曜まで、毎朝八時にブッドは市場に仕入れの買い物に出る。冷蔵庫などはないので買いおきはできない。一一時には帰ってくる。いつも、たいていは同じベチャを利用して市場を往復する。この頃はまだベチャがジャカルタ中心部でも走っていたのである。この頃から市場も「近代化」され始めた。古い雑然たる木の店が取り壊され、鉄筋のビルに建て替えられた。賃貸料を払えない貧しい商人が閉め出され、モノの値段もそれにつれて上がった。屋台の物売りや小商人にはベチャ追放、市場の近代化がダブルパンチとなり、彼ら自身の存在すら脅かされたのである。

ブッドは夫サントより上位者のような立場にあり、サントの第二夫人ナンティの女主人でもある。屋台用の料理はブッドも手伝うが、主にはナンティが作る。夕方の五時になると、夫が屋台を運ぶ。これに対して妻ブッドは給料を支払う。だがサントは必ずしも忠実な運び屋ではなく、しばしば家を留守にする。そのような時には、近くの人に一食分の賃金で運んでもらう。五時から一〇時までは、脇道で営業し、一〇時になると大通りに出る。取り締まりの関係らしい。その後、明け方の三時から四時位までそこで営業する。彼女は自分の屋台に行くにも、お抱えのベチャに乗る。このベチャ屋とブッドの関係は金銭的なものを超えているようで、ブッドは金を払わずにベチャを利用しているらしい。彼女は実にたくさんの貧民を抱え込んでいるのだ。

彼女のたくみな商売こそが、何人もの貧民を養っていける源泉である。客はほとんど馴染みの公務員や軍人や警察官やガードマンである。注文も聞かずに好みの皿を出すことができる。タバコやレモン・ジュース、ビールも置いてある。材料が値上りすると、抜けめなく皿の分量を分からないように減らすこともする。〝行商人一掃作戦〟を警告する軍人が来れば、抜けめなく大盛り特別サービスでこれに応える。彼女のような〝才覚〟を持たぬ小商人たちは情容赦なく追い立てられるし、搾り取られるし、時には屋台そのものまで没収されてしまう。

ブッドは中部ジャワの生まれで、看護婦の訓練を受けたという。父は警察官だった。ブッドは、初めは生まれ故郷で看護婦をしていたが、後にジャカルタに出てきて、そこで同じく中部ジャワ出身の元軍人サントと知り合い、結婚した。男の子が生まれたものの、すぐに死んでしまい、一度は失意のあまり、二人して夫の故郷に帰ったが、またすぐにジャカルタに職探しに来た。夫のサントは製薬会社に勤めていたが、雇われの身であることを嫌ってやめてしまった。ブッドは夫のベチャ修理業が大繁盛したときがあり、その時が二人にとっていちばん幸せだった。しかし幸せは長続きしなかった。サントはラジオ修理業を始めたが、これも日本製の安いトランジスター・ラジオが六〇年代後半からどっと入ってきて、いまでは用なし。その頃からサントは「レディー・キラー」となってしまった。ナンティと結婚したのを知り、ブッドは怒り狂った。家も半分売りとばした。しかし、子供の生まれないブッドは、夫が第二夫人とのあいだに子供をつくるという考えに妥協した。

第二夫人のナンティは中国人とジャワ人の混血で、スラバヤに生まれ、そこで美容師の訓練を受けた。一〇代の半ばに結婚したが、一七歳で離婚、子供は夫が連れていってしまった。何のあてもなくジャカルタに流れてきて、昼間は美容師、夜は屋台を借りてバナナの天ぷらを売っていた。そこで知り合ったのがサントで、よもや妻がいるとは知らずに結婚してしまった。なぜ二人の妻が一つ屋根の下に住まうことになったのかは分からない。ブッドは明らかにナンティの主人格として振舞っている。たまに布地や靴をナンティは貰うが、決してカネを貰ったことはない。ナンティは家出をしたことがあるが、金もよるべもないために、すぐに戻ってきた。ナンティは期待されていたものの子供ができなかった。そこでサントは第三の妻を見つけたのである。もし子供が生まれたら、それはブッドの子供にするし、生まれなかったら離婚する、とサントは約束している。

二年後の一九七五〜七六年、リー・ジェリネクは、再びブッドのもとを訪れた。ブッドの家は二階建てになっていた。大きなラジオばかりかテレビもあった。ブッドは明らかに金持ちになっていたのだ。そしてサントの第三の妻アデとその子供が住みついていた。アデの子供は約束通りブッドの養子になっていた。ナンティは、ブルドーザーで家を壊された家なし青年（ブッドの屋台を運んでいた）と一度は一緒に屋台の経営を思いたったが、仲違いをしてしまって、前と同じようにブッドに奉仕していた。そんな頃、今度はモモという女性が登場する。夫に逃げられ、家もなく、金もなく、借金も返せない女性で、ブッドの家のそばに住んでいたのであった。彼女はあらゆる雑用を押しつけられた。

ブッドの商売は一時は成功した。しかし徐々に厳しくなっていく。取り締まりがきつくなり、いままでの営業地を追われたのである。このことによって、馴染みの客の半分が失われた。ベチャも、もはや乗ることができなくなり、ヘリチャ（モーターのついたベチャ。客席は前にある）を利用せざるを得なくなり、コストがずっと高くつく。食べ物を包むバナナの葉もだんだんと高くなり、ついにはプラスティックに転換せざるを得なくなった。物価もどんどん上がる。町の道路はやたら高速用に整備され、物売りそのものが難しくなってきた。二年前には一日に四五〇〇ルピアの純利益を上げていたのが、いまでは半分以下の二〇〇〇ルピア(一四〇〇円)に落ち込んでしまった。自分の母、夫と自分以外の二人の妻、子供、手伝いと、七人(自分を含めて八人)の不思議な集団を養うにはしんどい額なのかも知れない。景気のよかったときの買いぐせを簡単に直すことはできない。

モモの出現でナンティは不用者に近い存在になった。夫のサントも負担が大きいだけだ。アデの二番目の子供が生まれた。しかし、この子を養子にすることをブッドは拒否した。ブッドはいまや孤立しつつある。〝ブッド一族〟の人間関係は、ほとんど崩壊寸前にある。ブッドはイスラームに熱心になっていった。社会全体もイスラーム回帰の風潮が伝えられた頃のことである。

リー・ジェリネクの描いたブッドの世界は、異常な世界ではない。貧しい人びとのつながりは多かれ少なかれ、このようなものだろう。ブッドはたまたま才覚があり、商売を大きくし、金を貯え、家を新築し、テレビも買った。七~八人の貧しき人びとを養うこともできた。だが、それが限度だった。決して中産階級に移行することはできなかった。彼女とて、決して抗することのできない大きな「近代化」の力というものがある。ブルドーザー、高層ビル、自動車、プラスティック、……、近代文明と違うところに生きる多数の人びとは、才覚で少しは成り上がれても、たいていは体ごとはね返されてしまっている。彼らをはね返さずに受け入れる用意をあまりしていなかったのだから当然と言えば当然のことであろう。

カキ・リマに未来はあるか

一九八〇年七月三〇日、ついにカキ・リマ（"五本足"という意味）たちの怒りが爆発した。バンドンの町の中心のダレム・カウム通りでの事件である。カキ・リマというのは、路上に店を広げたり、屋台を出す露天商人を総称する言葉である。屋台の四輪＋人間で五本足に数えるからカキ・リマと言う、との説もあるが、本来は、道路に面した家の入口や階段ないし家と家とをつなぐ屋根つき廊下という意味で（五歩程度で歩けるからか？）、そういう場所で商売をするからカキ・リマと呼ぶようになったのだろう。衣料、サンダル、食べ物、飲み物、指輪、宝石、古本等々、要するに小商いで売れるものは何でも売る。日本で言えば香具師《やし》である。ハリ・ラヤ（断食明け大祭日）を二週間後に控えたバンドンの町は、カキ・リマが大通りやアルンアルン（市の中心にある広場）を占拠し、活況を呈していた。安ものの子供服、サロン、靴、コピア（縁なし帽）、スカルノの画像などが、所狭しと道ばたに並べられ、レバラン（断食明けの日）を前にした人びとの買い気を誘っている。

だが、そこにジープに乗った一団が現われた。言わずと知れたラジア（不法営業取り締まり）である。

ダレム・カウム通りでのカキ・リマの営業は認められていない。とりわけ、一九八〇年四月二五日のアジア・アフリカ会議（バンドン会議）二五周年記念に大統領が出席するということで、カキ・リマや浮浪者の取り締まりにバンドン市当局は力を注いでいた。「公共秩序のための市秩序監視特別隊」（KKPKK/Tibum）が組織されたのも、そのためであった。この一団はカキ・リマを蹴散らし始めた。しかしカキ・リマは抵抗し、他の場所に移ろうとしない。あるカキ・リマが、正面切って特別隊と喧嘩を始めた。カキ・リマたちは、ついに投石を始めた。特別隊の一人が大きな石をぶつけられた。歯が三本折れ、唇が裂け、頬からも血が流れた。別の隊員はカキ・リマからパンチを浴びた。ジープの運転手はナイフを持ったカキ・リマに襲われ逃げた。そして、そのカキ・リマはジープのキーを奪った。近くの華人の店には早くも戸を閉じてしまう店も出た。一九六三年、七三年の二度の大きな反華人暴動を思い出したのかも知れない。だが軍と警察の出動で、このカキ・リマの反抗は大暴動になる前に鎮圧された。

カキ・リマの反抗は、それ以前からも予想されたことだった。バンドン会議二五周年に備えての市当局の〝秩序・美化作戦〟の強引さに対し、カキ・リマはもちろん、一般市民、学生、知識人も反感を持っていたからである。浮浪者や乞食はバンドン会議会場だったグドゥン・ムルデカ（独立会館）周辺を根城としている者が多かったが、彼らはひとたまりもなく、県の社会局の所有するトヨタ・キジャン（トヨタ製アジア・カー）で収容所に連れていかれた。地元紙『ピキラン・ラヤット』（*Pikiran Rakyat*）に載ったカキ・リマ追放作戦の写真は読者に当局の強引さを一層印象づけるものだ

図2　警察に追われるカキ・リマ（*Sinar Harapan*, 1976年9月16日号）

った。カキ・リマの妻が、必死の形相で、押収されんとしている商品にしがみついている。役人の無情な顔と手。子供は泣いている。カキ・リマ本人は、ほとんど絶望的な、だが狂暴な眼つきで役人をカッと睨みつけている。

「カキ・リマたちは、その集団や業種にふさわしい新たな営業場所を用意されないままに追放される。これはカキ・リマとその家族の生活と深くかかわることである。カキ・リマは一般的には、その日その日を生きてゆくための稼ぎを得ようと努力している。その日に商売ができなかったら、当然のこととして、妻や子供は夕飯が食べられなくなるのだ」[*4]

『ピキラン・ラヤット』は、四月、五月とキャンペーンを続け、婉曲にではあるが、市の強硬な追放作戦を批判している。私立パラヒアン大学では、追放作戦でつかまったり、商品を押

写真3　カキ・リマは高級住宅街でお手伝いさんや運転手になんでも売り歩く。

収されたカキ・リマ三九六人の調査をしている。このうち二九三人は営業禁止地区であることを知っていた。二〇八人は商品ないし商売道具（屋台など）を押収され、うち八九人は罰金を支払わされたという。罰金でなく、正体不明の「和解料」を払った者もいる。押収されたものを返された者は、たった七人しかいなかった。没収されたにもかかわらず、その証明書を受け取った者は五八人にすぎなかった。まったくの泣き寝入りとはこのことである。カキ・リマはベチャと同じように町の当局者にとっては〝厄介者〟、ゴミである。都市の〝美観〟を損ねる、交通妨害となる、〝秩序〟を乱す、これらがカキ・リマ追放の理由となっている。ベチャと同じように、ジャワ島から追い出し、外島に移住させたらどうか、とジャカルタの知事が提案したこともある。弱き者がはじき出される仕組みがここにもある。

しかし、カキ・リマとて生活がかかっている。おいそれと当局のラジアの網の目にかかるほど、おめでたくはない。彼らのあいだの団結がある。取り締まり官が来れば、さっと姿を隠す。これを称して〝かくれんぼ戦術〟(taktik kucing-kucingan) と言う。取り締まり官を買収してしまうこともある。だが全体的な形勢は、ますます、かんばしくない方向に進んでいる。流通業の〝近代化〟である。ブッドが市場が整備されて苦しくなっていったと同じように、露天商人たちにとっては、鉄筋コンクリートの高層市場ができ、スーパーマーケット (これはまだ金持ちだけのため) ができれば、直接、売り上げに響いてくるのである。市場の一画の貸店舗 (ロス) に入るほどのカネは、当然持ち合わせていない。

だが、中には才覚のあるカキ・リマもいる。あまりの取り締まりの厳しさゆえに、何人かの仲間が共同出資して、町の一角の空地を借りて〝カキ・リマ共営地〟を設置したのである。グループ・サンフランシスコと名乗る、このカキ・リマ集団は一九七九年に生まれ、マルタバック (肉やタマネギなどを入れたホットケーキのような食べ物)、串焼き (サテ)、ミバソ、鶏の唐揚げ、混ぜご飯等、屋台集団を構成し、安全な営業をしている。

社会的に見ても、カキ・リマを直ちに追放せよとの声は、それほど強いようには思えない。市当

＊4　Roesli Lahani Yunus, "Mungkinkah Kita Membina Para Pedagang Kaki Lima?", *Pikiran Rakyat*, 2 April, 1980.

写真4　路上に並べられたおもちゃに、子供たちが集まって来る。

局の発表する数字でも、ジャカルタには八万八〇〇〇人（一九八〇年半ば）、バンドンでは二万六七〇〇人（一九八〇年七月）のカキ・リマがいる。これは、おそらく営業許可を受けた者の数字であろう。実際には、もっともっと多いだろうし、季節的な変動も大きい。たとえば農閑期であるとか、レバラン前には、村からの出稼ぎカキ・リマが町に溢れる。カキ・リマを邪魔者扱いにして、ただ追い出すことは、ほとんど無益であるばかりか、都市に住まう大半の民衆の経済を破壊しかねないのである。ジャカルタ市自体、カキ・リマ一人当たりから毎日一〇〇ルピアの営業税を取っており、一日の収入五七〇万ルピアにもなっている（一九七九年九月）。ジャカルタ知事も、移住計画を一方では口にしながら、一方ではカキ・リマの存在は小工業を刺激し発展させる源泉になり得ることを認め、営業地をよ

写真5　サテ屋。炭をおこして鶏肉を串で焼く。

く管理する方向性を示唆している（一九七九年六月二九日談）。

　ベチャと同じく、カキ・リマはモグラたたきのごとき特徴を持っている。取り締まれば逃げ、別のところに顔を出すのである。バンドンでの取り締まりが厳しくなった八〇年には、近郊のガルート、タシクマラヤ、チアミスなどの中小都市でカキ・リマが増えたと報告されている。

　結局、インドネシア社会では、貧しい者が生きてゆくための広汎な経済のネット・ワークができている。その貧しい者たちの生業を私は民衆生業と呼ぶ。モグラたたきのようにたたかれば別の場所に顔を出す漂泊的な性格を持つ（定まった場所で営業しない、営業時間も一定でない）、資本金をほとんど要しない、高度な技能を要しない、個人または少数の家族ないし同郷者で営業する、こうした性格を持ったものが民衆生業

写真6　灯油売り。町や村をまわって量り売りをする。右下に計量カップが見える。

で、表1（二五九頁）に掲げたように業種はきわめて多様である。大半は、いわゆる第三次産業に属するもので、ポン引きやスリ、娼婦など法の外で働く者もここに入るだろう。インドネシア語ではトゥカン（tukang）とかクーリー（kuli）という言葉で呼ばれる者の多くが、民衆生業従事者である。土地や小作権を持たない農業労働者は非常にしばしば、この部門に顔を出したり、消えたりする。

民衆生業に携わる貧しい人びとは、民衆の生活必需品を運び、販売し、修繕する。彼らの世界には、近代資本主義社会に内在する複式簿記も、株式も、長期資本計算も、銀行金融もない。スッキリと分かりやすい世界である。

トゥカン・クレディットと呼ばれる売り掛け専門の戸別訪問商人は、日銭で暮らす人びとにとっては欠かせぬ存在である。商人と顧客は信

写真7　タバコ売り。箱から1本1本出してバラで運転手に売る。

用関係で結ばれ、魔法ビン、茶碗セット、ラジオなど耐久消費財を、貧しい人びとが信用買いし、月（週）賦払いをする。ジャカルタのような「近代的」大都市の中でさえ、彼らは「近代」に歯向かうがごとく、都市カンポン（民衆居住区で住居が密集している地域）で、頑なに、その分かりやすい世界に固執し続けている。明日は食えなくなるかも知れない。だが、そんなことを気にしていたら生きてはゆけない。「ティダ・アパ・アパ」（気にしない。まあいいじゃないか）を決め込み、平然としている。ティダ・アパ・アパは彼らが生き延びるための哲学ですらある。

しかし、カンポンの住人にとっては、いままでも繰り返し述べてきたように、最近は容易ならぬ事態が進行している。ベチャ屋、行商人、露天商は大通りでの営業が禁止されてしまった。都市〝美化〞作戦の名のもとに、カンポンの住まいすらブルドーザーで取り壊される。

市の清掃局役人が、線路脇の国有地に勝手にアバラ家を建てて住んでいる屋台ソバ屋のおじさん(トゥカン・ミ)のところに来た。

「一体お前はいつ立ち退くんだ。はっきり言え!」

ソバ屋のおじさんは、ティダ・アパ・アパとは言えず「ムンキン、ベソック」(多分あした)と揉み手で答える。「多分あした」は役人が来るたびに使う口上である。その日暮らしの貧乏人がおカミと渡り合うときには、このムンキンほど便利な言葉はない。

三五〇年のオランダ支配、三年半の日本軍政、独立後の三六年間、民衆はいつの時代も抑圧され、戦争、内乱が続いた。インドネシアの民衆には明るい確実な未来は見えたことがない。スハルト政権の一五年、内政は安定しているかに見える。しかし、内政の安定とは裏腹に、大量の外国資本、外国商品の流入が、民衆生活に一大衝撃を与えている。トゥカンたちの市場は本格的に脅かされ始めた。洗剤用の木灰や伝来の生薬を売り歩いていたトゥカンは、外国品に顧客を奪われ、ベチャ屋は、日本製小型乗合自動車ホンダや〝コルト〟の普及で、都市の裏道に追い立てられ、市場の新設と整備はワルン(雑貨店兼小飲食店)を経営難に陥らせている。「アパ・ボレ・ブアット」(仕方がないさ)と、ついつい口に出てしまうのも、長い抑圧の歴史のなせる業なのだろうか。

表1　各種民衆生業[1)]

(イ)物品販売業	a．飲食物	綿アメ（tk. arumanis）、ショウガ入り甘味飲料（tk. bajigur, sekoteng）、魚のねりもの（tk. baso）、米（tk. beras）、果物（tk. buah-buahan, pedagang keliling buah）、べっこうアメ（tk, beko, kembang gula, gulali）、粥（tk. bubur）、チェンドル（tk. cendol）、かき氷（tk. es batu）、アイスクリーム（tk. es cream）、ガドガド（tk. gado-gado）、塩干魚（tk. ikan asin）、生薬（tk. jamu）など
	b．生活用品	洗剤用の灰（tk. abu gosok）、木炭（tk. arang）、籠（tk. bakul）、石ブロック（tk. batako）、レンガ（tk. batako merah）、竹編壁（tk. bilik）、毛ばたき（tk. bulu ayam）、灯油（tk. minyak）、揚げ油（tk. minyak goreng）など
	c．その他	宝石（tk. batu hiasan）、絵画（tk. gambar）、富くじ（tk. loteré, buntut nalo）、古本（kios buku）、盗品（tk. tadah）、彫刻（tk. ukir, patung）、信用販売（tk. kredit）など
(ロ)サービス・肉体労働	a．専門[2)]技能職	屠殺（tk. algojo, jagal）、ペンキ屋（tk. cat）、床屋（tk. gunting, gunting rambut）、縫製（tk. jahit）、ブリキ職（tk. kaleng）、大工（tk. kayu）、庭師（tk. kebun）、金細工職（tk. mas）、ハンダ職（tk. patri, solder）、乗合自動車運転手（sopir kendaraan umum）など
	b．サービス職	貸本屋（tk. buku sewaan）、門番（tk. jaga pintu, penjaga）、家事手伝い（pembantu,pelayan）、道路清掃（tk. sapu jalan, penyapu jalan）、靴磨き（tk. semir, penyemir sepatu）、乗合自動車集金人（kenek）など
	c．肉体労働	ベチャ（tk. becak, penarik becak, pengemudi becak）、かつぎ屋（tk. bakul）、土方（tk. gali）、水汲み（tk. timba）など
	d．その他[3)]	たばこ拾い（pengumpul puntung rokok）、ダフ屋（tk. catut）、ポン引き（cénténg）、スリ（tk. copet）、博徒（kt. judi）、乞食（tk. minta-minta, pengemis）、高利貸（rentenir, bank keliling）、ブローカー・高利貸（tengkulak, pengijon）、娼婦（pelacur）、乗合自動車客引き（calo）、廃品回収（tk. sampah, loak）など

注1）これは主に西ジャワ州バンドン市での観察、聞き取りによる業種で、（　）内はインドネシア語だけでなくスンダ語も含まれる。tk.はtukangの略。
2）洗濯屋、床屋など、大きな店を構えている場合もあるが、ここでは主に個人単位の零細経営に限る。
3）高利貸、ブローカーはかなりの所得をあげている者が多い。

写真8　新聞売りの少年たち。登校前は朝刊、下校後には夕刊を路上で売る。

テレビからコマーシャルが消える

椰子油の石けんとシャンプー、バナナの葉とビニール袋、泥の瓦と亜鉛鉄板、竹籠とプラスティックのざる、木灰と中性洗剤、……。この対比は言うまでもなく、伝統的製品と、それに代替する工場で大量に生産される工業製品である。水牛と自動耕うん機、洗濯機・皿洗い機とお手伝いさんも代替関係にあることは分かる。しかし、「昼めしと時計」となると首をかしげてしまう。昼めしをまったく食べないか、屋台で安ソバを食べることによって、高級腕時計を買う。こういう代替関係は実はわれわれも経験するところである。

何から何までもが大企業の工場で大量生産さ

写真９　ジュース売り。路肩や庭先で各種の果物、サトウキビなどのジュースを売る。

れ、誰もがそれを使うことを「近代化」と言うのだとしたら、それにはかなりの不幸がつきまとう。

とりわけ、大規模生産工場とハイ・テクノロジーを自分たちの手で支配していない第三世界においては、先進資本主義国が経験した以上の不幸を弱き者に皺寄せしてしまう。第三世界の人びとは、伝統的な産業を破壊されたうえ、代替物を買わされる立場に追いやられる。買わなければいいじゃないか、企業進出を認めなければいいじゃないか、と言うかも知れない。だが、人にモノを買わせるのが企業の「使命」であり「宿命」である。そのためには全頭脳、全エネルギーが集中される。第三世界の貧しい民にモノを売り込むくらいは、赤子の手をひねるほど簡単なことだろう。

「期待革命」(revolution of rising expectation) とい

写真10　靴の修理屋。修理道具を天秤棒でかついで住宅地をまわる。注文が入ったら庭先で仕事。

う言葉が生まれるほど、第三世界ではモノへの渇望が醸成されている。実際はその日その日の一〇円、二〇円に泣き笑いしながら暮らしているのに、一方では、テレビ、ラジオ、新聞、口コミによって、西洋の「豊かな」生活の香りが伝わってくる。私たちも敗戦後の一時期、キャメイやラックスや進駐軍の白い瀟洒な住宅にあこがれる時代があり、いまも外国有名ブランドにけだるい羨望を覚える「クリスタル族」がうようよしている。「クリスタル族」は、親のスネをかじってでも欲しいモノを手にするが、第三世界の民衆にとっては、それどころではない。熱い期待が高まるばかりである。

ただ一部の大金持ちは確実に西洋以上のライフ・スタイルの中に暮らしている。ある有力者の三人の子供は、各自がビデオのセットを持ち、街を「ウォークマン」を聞きながらジャガーに乗って走り、「グッチ」のカバン、「ナイキ」の運動靴を身につける。テニスをしたあとディスコで踊る。家に帰って見るテレビはつまらない国営放送局しかないので、香港で買ってきたビデオを見る。こんな「クリスタル族」はいまや、東京やニューヨークだけでなく第三世界の大都市にも山のようにいる。流行とぜいたくなライフ・スタイルは、その日のうちに多国籍資本の手で世界に広がるのである。

ジャカルタでは「ウォークマン」はもう「ダサい」(kampungan 田舎っぽい) とすら言う。いま流行っているのは、車をぶっ飛ばしながらハンディー・トーキー (CBと言う) で交信し合うことだそうだ。こんな果てしのないお遊びをいつまで続けたら人間は満足するのだろうか。

多国籍企業のセールスマンたちはこんな歌を知っているだろうか。[*5]

職なしの歌

浮き草のような暮らし
何年続いたことやら
おいらは職なし

*5　Bimbo & Lin, *Pop Sunda*, Vol. 2より。

写真11　露地の商店街で靴の修理。客は修理が終わるのを待っている。

あゝ神様！
メシにも毎日ありつけず
女房子供は今日も泣く
いけにえみたいなものなのさ
あゝ神様！
誰もおいらにゃ手を貸さぬ
誰もおいらにゃ目もくれぬ
奴らは憎々しげに嘲笑《あざわら》う
おいらはいつもの゙け者さ
メシにも毎日ありつけず
女房子供は今日も泣く
いけにえみたいなものなのさ
あゝ神様！
この世にまします神様よ
せめて心に植え給う
耐えて忍ぶ心だけ
あゝ神様！

インドネシアでは一〇人のうち三〜四人の労働者はまともな職に就けない状態がある。これは統計にはっきりと出ている数字である。労働力人口として数えられている四八四三万人（一九七六年）のうち、完全失業者は一一三万人（二・三％）と意外に少ない数字で発表されている。しかし、その調査があったとき、働いていなかった一時的失業者は四一一万人（八・七％）、週に二四時間未満の労働しかしていない者一〇〇九万人（二一・四％）となっている。これらを合計すると一五三三万人となり、労働力人口の三二％に達する。週二四時間という労働時間は、どう考えても半失業者である。もし三四時間未満の労働者を含めると二二五〇万人となり、全体の五割近くに達してしまう。

こんな状態であるのに外国商品が生活の隅々まで浸透してゆく。少しでも職を増やすことが何より優先されねばならないのに、外国商品の一方的侵入は職を減らしてしまう。瓦職人、バナナの葉の加工運搬業者、木灰業者、売薬行商人、竹籠職人、……。これらの人びとの職はどんどん奪われてゆく。「失われた職に代わる新しい職を用意しないところで、この事態が、まさに消費の高級化と並行して進行しているのである。[*6]」

このようなコンシューマリズム（消費優先主義）に対して、もちろん眉をひそめている人もいる。

＊6　ジャカルタ・ジャパン・トレードセンター「変貌するアジアの消費市場・その三・インドネシア」『月刊海外市場』一九八〇年九月号。

ある若い社会科学者は、コンシューマリズムの淵源は多国籍企業と、その支配を許す現政府にあり、ほとんどの大衆はかえって不幸を増しているということを見抜いている。

「開発の成果の不平等な分配は、……政治的にも、経済的にも、社会文化的な生活においても、さまざまな種類の〝エリート主義〟をはびこらせることになっている。囲い込まれた（飛び地的な）ライフ・スタイルがいたるところで成長してきている。たとえば、ジャカルタでは、ぜいたくな住宅団地が、低所得層を追い出すことによってでき上がった。政府が貧民層の立ち退きに手を下している。不動産屋が勝利したのである。社会的、個人的態度としての物質万能主義の出現は、道徳規範や宗教的価値を陳腐なものにした。政府も、地域社会も、インテリや芸術家さえも道徳を失ってきており、文化の伝統的形態や価値は破壊され、新たな消費文化に置き換えられてしまった。魅力的な昔ながらの子供のおもちゃは外国企業の製品に置き換えられ、子供たちは外で友だちと遊ぶのをやめ、テレビを見ながら、それぞれの家で室内ゲームのとりこになっている。……現在のインドネシアのエリートは、自分たちが西洋世界との接触で創り出したライフ・スタイルの人質になっている。創造性は資本主義的生活の中でしばしば刺激される。……たとえば、芸術家は多国籍企業の製品を宣伝することで生計の資を得ている。[*7]」

資本主義文化、消費優先主義の浸透を憂える声は確かに強い。しかし、それを憂えて開かれるインテリの会合自体が、エアコンの効いた、ぜいたくなホテルで、多国籍インスタント・コーヒーをすすりながらなされることに「人質」の深刻さがある、とこれを書いたインテリは嘆いていた。

ジャカルタの広告会社の社長自身も「ライフ・スタイル公害」を嘆いている。この社長によれば、テレビのCFを見て、ジュースや炭酸飲料を、ビンでラッパ飲みする子供が増えた、青年は自転車の有用性を忘れてオートバイを乗り回すようになった、母親は農村でさえ母乳を飲ませず粉ミルクをボトルで飲ますようになった、その結果、幼児の栄養不足や下痢をひき起こしている、〝ポップ・ミュージック〟とともに流される外国中産階級文化が、現実的基盤がないのにやたらに広がっている、などが「ライフ・スタイル公害」だそうだ。[*8]

インドネシア政府ですら、ついに、過度なコンシューマリズムが蔓延するのを恐れ、一九八一年四月一日から国営テレビ局でのCFを禁止した。スハルト大統領の言い分は「開発計画の実行を円滑化するためにテレビ放映をより以上に活用し、開発の精神に益しない悪影響を避けるため」（一月五日の財政・予算演説）というもので、同時に、カジノ賭博も禁止されることになった。

テレビでのコマーシャルと賭博を禁止したのは、一九八二年の総選挙を控えて、物質万能主義、金権主義を毛嫌いする敬虔なイスラーム教徒を体制から離反させないための、一時しのぎの懐柔策にすぎないと見る者は多い。そうであるにしても、消費を煽りたてすぎることは、ぜいたくなライフ・スタイルを決して享受できぬ貧困層の不満を大きなものにし、また金持ちの貯蓄性向を低下せ

＊7　Dawan Rahardjo, "Structure of Domination in the Development Process," CCA-IA (ed.), *People against Domination*, 1981.

＊8　*Prisma*, 一九七七年六月号。

しめ、ひいては「開発」を阻害するというのは事実なのである。そして、「開発」という金看板にかげりが生じるということは、体制そのものにとっても危機なのである。

ただ、物欲を刺激し、需要を拡大し、生産を高めなければ、「開発」も進捗しない。結局、現在の不平等な分配構造が変わらないかぎり、消費欲を煽るべきか抑えるべきかのディレンマは続くのである。

日本商品の広告

「アージ、アージ、アージのモト♫」インドネシアでラジオをひねると、一日に何回も、このコマソンが流れてくる。映画館に行くと、山道をぬって快走するオートバイ。バックから「マリ・ブルホンダ！」(ホンダに乗ろう)のナレーション、こんなフィルムが必ずと言ってよいほど上映される。ヤマハ、タンチョー、アジノモト、ホンダ、サンヨー、ナショナル、スズキ、トヨタ、……日本商品は、インドネシアの金持ちから貧乏人まで、生活の本当に隅から隅までを席捲している。

私は少し面倒な仕事だったが、友人の協力を得て、インドネシアの新聞に現われた日本商品、日系企業の広告を拾い上げてみた。もちろん、新聞は商品宣伝のいちばん主要なメディアではないかも知れない。商品宣伝のメディアとしてはラジオ、テレビ、広告塔、ネオン・サイン、宣伝カー、新聞、雑誌、折込み広告、ショー・ウィンドウ、展示会、さらには口コミ等々、非常にたくさんある。特に、近年はラジオ、テレビを中心としたマス・メディアの影響力が、農村部にまで深く浸透しつつある。私が一九七六年に滞在していた西部ジャワ州スメダン県のある村では、テレビはまだ一台だけしかなかったが、ラジオは役場に登録されている台数だけでも三八三台あった。この村の総世帯数は一〇八四戸であったから、二・八世帯に一台の割でラジオを持っていることになる。インドネシア全体の調査では、人びとのマス・メディアとの関わりの強さは、ラジオ、新聞、テレビ、雑誌、映画の順である（二七二頁図3・図4を参照）。ただ、都市部ではテレビの役割が次第に大きくなりつつある。一九六九年にはテレビの台数は約一一万台、一万人に一台の割合だった。それが、一〇年のちの一九七九年には一五三万台にもなった。それでも一万人に一〇四台の普及率、約二〇世帯に一台の割合でしかない。ただ、首都ジャカルタは一万人に対して六八四台、約三世帯に一台は普及している計算になる。ジャカルタっ子は、ほとんどテレビ人間になりつつあると言えよう。ジャカルタでは、一九七六年の時点においてさえ、ラジオ、テレビの保有世帯の方が新聞購読世帯よりも多くなっている。〝新聞中毒〟的な日本人にとっては理解できないことである。

このような背景を考えると、新聞に掲載された広告だけで、広告と消費との関わりを判断するのは若干の無理がある。また私が広告を拾い上げた新聞『コンパス』紙（*Kompas*）はジャカルタで発行されている中央紙であり、どちらかと言えば知識人、エリートの新聞とも言える性格を持った新聞である。

写真12

MARI BERHONDA
HONDA CG 125 TYPE SPORT
LEBIH TANGGUH DAN PERKASA
BARU!
HONDA
CG 125
Sepeda motor yang lengkap segala-galanya ! pa yang anda harapkan dari sebuah sepeda motor, semua ada pada CG125 type Sport baru ini.
CG 125 Sport. mesinnya merupakan kombinasi ketangguhan dan daya tahan yang luar biasa. Sistim penyalaan magnit, memungkinkan mesin dapat dihidupkan tanpa accu sekalipun!
Mechanical disc-brake - rem cakram mekanis yang ampuh! Efisien, aman dan tidak cepat aus. Rem ini patent Honda - tidak mungkin anda temukan pada sepeda motor merek lainnya.
Pemakaian bensin, minyak pelumas dan busi sangat hemat. Tangki yang megah, berkapasi 9,5 liter. Anda bisa melaju sejauh 57 km har dengan satu liter bensin*! Juga perawatanny Mudah. Tak perlu banyak biaya.
Knalpot megaphone-nya begitu tampan! Diciptakan untuk menaikkan tenaga mesin, memberikan suara lebih mantap. Dan masih banyak kelebihan lainnya lagi. Terlalu panjar diungkapkan di sini. Anda nanti tahu, menga harus memiliki sepeda motor CG125 type Sp baru dari Honda ini !
menurut standard
ASTRA
Sole Distributor
HONDA DIVISION
PT ASTRA INTERNATIONA
Jl. Ir. H. Juanda 22, Jakarta
Bagaimanapun juga HONDA lebih unggu

写真13

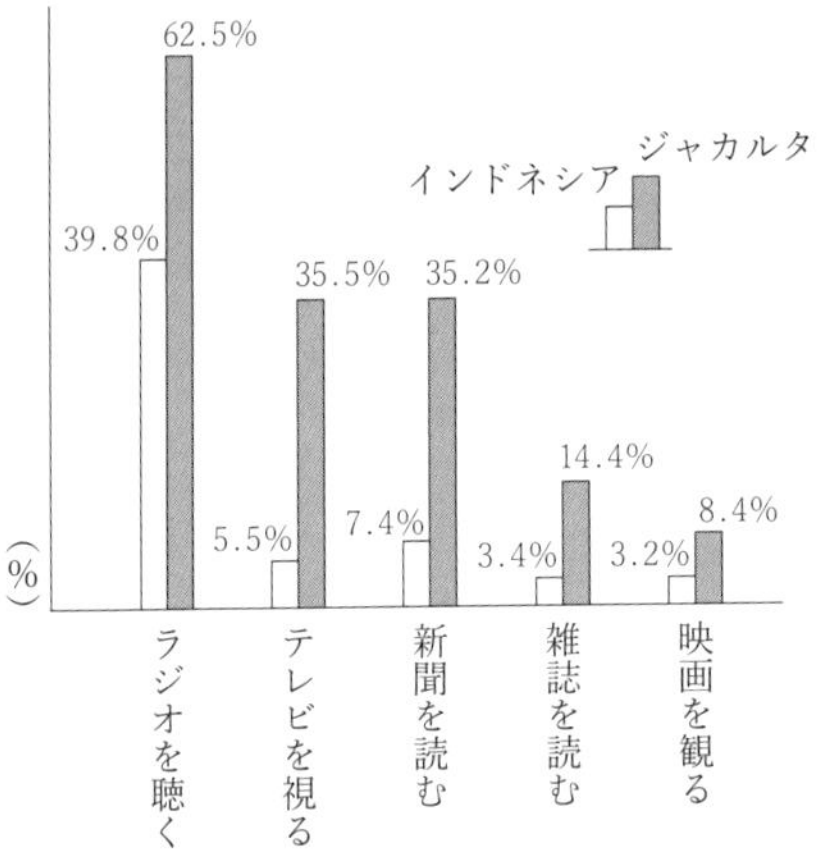

図3　マス・メディアとの1週間の関わり（1976年）

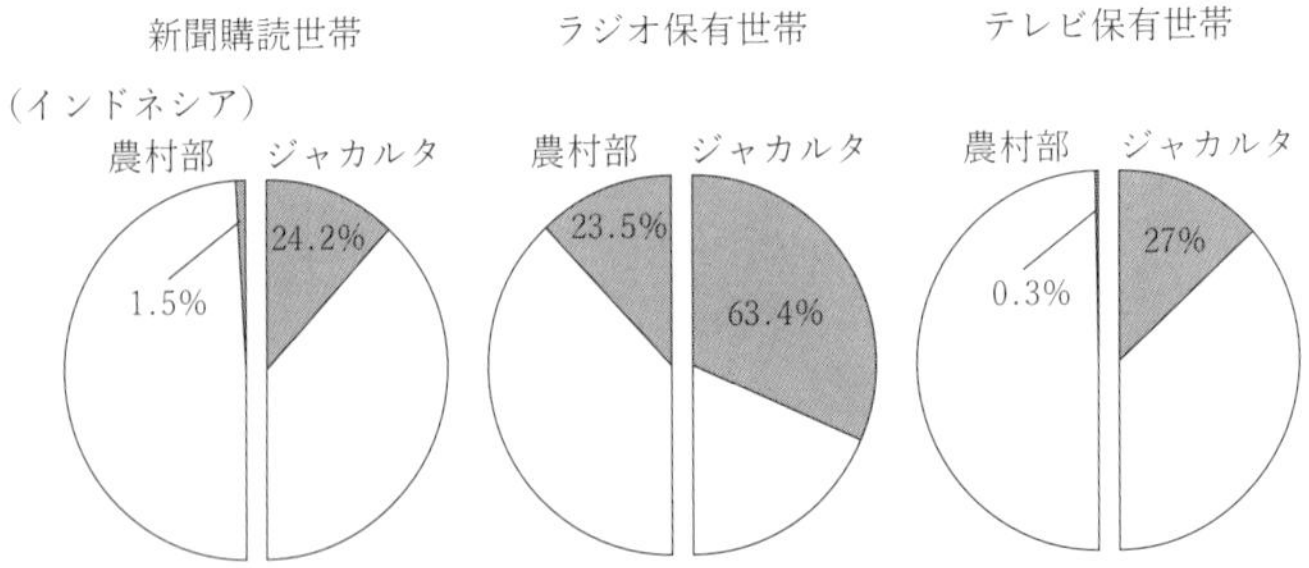

図4　新聞購読世帯とラジオ・テレビ保有世帯（1976年）

写真12　アジノモト！ 道路脇に立つ広告塔は町中の風景になっている。 ➡ 272
写真13　ホンダに乗ろう！ オートバイの全面広告。

一九七五年のすべての日刊紙の発行部数は一五八万部（うちジャカルタが五四万部）、七七人に一部ということを考えれば、新聞を読む人はかなり限られている。都市でも新聞購読世帯は一八・一％、農村では一・五％にすぎない（一九七六年）。

『コンパス』紙の発行部数がどれ位であるか、正確な数は分からないが、おそらく二〇万部を超えることはないだろう。したがって『コンパス』紙の広告の分析は限定的な意味しか持たないということを予めお断りしておく。もちろん、日本のように新聞は誰か一人ないし一世帯で読んだらすぐに捨てられるものではなく、包み紙としての流通範囲が相当に広いと考えられるので、実際の発行部数をはるかに超えて読まれているとも予想できるのである。

さて、ここでは一九七九年三月一日から三一日までの一ヵ月間の『コンパス』紙（日曜は休刊日だったため実質発刊日数は二七日。夕刊はない）に掲載された日本商品、日系企業の広告量と内容を見てみよう。「日系企業」としたのは、商（製）品の広告だけでなく、日系合弁企業の求人広告も含まれているからである。また、一件だけ準政府機関の求人広告も含まれている。さらに日本製映画フィルムの宣伝も入れてある。要するに、記事紙面以外での日本に関わる広告すべてを取り上げたと考えればよいのである。

予想していたことだが、日本商品の広告は、やはりかなり多い。一ヵ月間の全紙面のうち、広告は五三・二％を占める。日本商品の広告はそのうちの一七・六％である。表2を見ると分かるように、日によって、かなりのバラツキがある。いちばん少ないときが三・四％（三月二四日）、いちば

表2 『コンパス』紙に現われた日本商品・日系企業の広告量
(1979年3月1日〜31日)＊

日	曜日	ページ数	全紙面中の広告の割合(%)	全広告中、日本商品の割合(%)	日	曜日	ページ数	全紙面中の広告の割合(%)	全広告中、日本商品の割合(%)
1	木	12	40.0%	22.2%	17	土	12	51.4	18.7
2	金	12	49.1	11.0	19	月	16	60.6	16.3
3	土	12	60.7	18.4	20	火	12	53.9	16.5
5	月	12	52.3	23.7	21	水	12	54.2	18.8
6	火	12	52.8	9.8	22	木	12	52.0	5.9
7	水	12	53.4	16.9	23	金	12	48.9	21.3
8	木	12	42.3	17.7	24	土	12	53.5	3.4
9	金	12	47.7	19.0	26	月	16	60.5	22.8
10	土	12	50.1	9.0	27	火	12	52.8	15.3
12	月	16	58.3	26.3	28	水	12	53.4	24.2
13	火	12	51.9	4.7	29	木	12	53.2	30.7
14	水	12	53.9	8.8	30	金	12	49.9	18.7
15	木	12	52.8	40.9	31	土	12	53.7	8.3
16	金	12	49.9	18.8	平均		12.4	53.2	17.6

＊日曜日は休刊。現在は日曜版を発行している。

ん多い日は三月一五日で、全広告の四〇・九％を占めている。次に多いのは三月二九日で、全広告量の三〇・七％を占める。この両日の広告内容を詳細に見たのが表3である。三月一五日の一面全面広告は、ヤンマー・ディーゼルの工場拡張を祝して、各地の代理店の祝辞が掲載されているものである。個別商品で目立つのは、自動車、オートバイ、デジタル腕時計、電気製品である。日本の先端産業そのままを反映していると言える。もちろん、スペースとしては大きくはないが、サインペン、歯磨き、ヘア・ダイなど、日常の生活用品の広告も目につく。

一ヵ月間を通して、どういう広告が多いかを見たのが、表4である。総広告件数は二九〇件であるから、一日平均一一

表3　日本商品の広告

日	ページ	商品	メーカー	広告面積（cm^2）
三月一五日	3	無線機	Furuno	168
	5	デジタル腕時計	Seiko	1118
	7	工場拡張祝	Yanmar	2194（全面）
	8	デジタル腕時計	Casio	1122
	9	乗用車	Nissan	478
	〃	カーステレオ	Fujitsu Ten	493
	11	乗用車	Toyota	47
	〃	トラック	Daihatsu	
	〃	オートバイ	Suzuki	31
	〃	エレクトーン、ピアノ	Yamaha	46
	12	テレビ	Sharp	30
	〃	ヘア・ダイ（毛染め）	Tancho	45
	合計			5772
三月二九日	2	サインペン	Pentel	140
	6	ミニバス	Suzuki	1022
	7	オートバイ	Suzuki	1282
	9	フォークリフト、小型トラック	Nissan	1664
	10	求人	Japan Foundation	56
	11	ジープ	Daihatsu	28
	〃	ヘア・ダイ（毛染め）	Tancho	45
	〃	歯磨き	Lion	45
	〃	ポンプ	Tokai	10
	12	テレビ	Sharp	14
	合計			4306

件の日本商品の広告が新聞に登場することになる。一件当たりの広告面積の平均は二三〇平方センチ（一五センチ平方）、それが一一件だと二五三〇平方センチとなる。新聞一面の面積は約二二〇〇平方センチだから、毎日、日本商品の広告は新聞一面を占拠しても、なお余りがあるということになる。いちばん多い広告は自動車、オートバイの広告で、全体の三分の一を超える。

表4　『コンパス』紙に掲載された日本商品・日系企業の広告数、広告面積
（1979年3月1日〜31日）

部門	広告数		広告面積		広告1件あたり面積（cm^2）
	広告数	比率（%）	面積（cm^2）	比率（%）	
自動車、オートバイ	89	30.7	23640	35.5	266
電気、エレクトロニクス	83	28.6	14128	21.2	170
カメラ、フィルム、時計	28	9.7	10481	15.7	374
生活用品、楽器＊	31	10.7	5438	8.2	175
機械、建設	14	4.8	5434	8.2	388
観光、ホテル	4	1.4	3188	4.8	797
化粧品、薬品、ファッション	27	9.3	2437	3.7	90
食品、調味料	4	1.4	1308	2.0	327
映画	8	2.8	446	0.7	56
職員募集	2	0.7	125	0.2	63
合計（平均）	290	100.0	66625	100.0	230

＊生活用品とは、ボールペン、合成接着剤、消火器、金庫、紙カッター、洗面陶器等である。

ついで電気、エレクトロニクス製品、カメラ・フィルム・時計がそれに続き、以下、生活用品・楽器、機械・建設、観光・ホテルなどとなっている。

大企業であれ、中小のメーカーであれ、こまごまとした商品も、スペースは少ないとはいえ、かなりの頻度で広告されている。ポマード、金庫、工具箱、化学調味料、美容学校、粉ミルク、接着剤、ハンドマイク、カセット・テープ、ギター、インターフォン、シャンプー、便器等々、人びとのささやかな欲望を刺激せずにはおかない数々の日本商品が登場する。

ナイト・ガウンを着た若い夫婦。黒いタイル張りの清潔、モダンな洗面所。白い洋式便器にビデ、そしてピカピカの蛇口の付いた洗面台。いかにも都会の上流家庭らしい写真で

ある。口ひげをたくわえた若い夫が、美しい妻を、そっと後ろから抱いている。

あなたの生活を豊かにする
××があれば、あなたの家庭の浴室には
清潔いっぱいの環境がつくられ、生活を豊かなものにします
日本の××衛生陶器は、すでに長らく世界で名声をはせています
その衛生陶器がいまやインドネシアでつくられているのです……（三月一日）

このような謳い文句で日本企業の衛生陶器が宣伝される。都会でも水道すら十分に完備していないインドネシアでは、ほとんど夢に近い宣伝である。川で水を浴び、用を足す農村の人びとにとって、ビデやトイレットペーパー、西洋便器は無縁のものである。

笑みのあふれる父と母と男の子。テレビには自動車レースの画像が映る。その下に大きくビデオ・カセット・レコーダー。

×××ビデオ・カセット・レコーダーを持って、最も幸せな家庭になろう
×××ビデオ・カセット・レコーダーはテレビや映画館で見逃した番組を、あなたの家族に楽しんでいただけます……（三月二〇日）

テレビが一〇〇人に一台しか普及していなくとも、新商品が大々的に広告される。多国籍商品には、文字通り国境はない。ジャカルタの富豪たちに受容された商品が「文化」となって、地方まで実に早く伝わってゆく。もちろん、それを買える見込みのない人も、弁当の包み紙にした新聞紙の広告で、夢を見させられるのである。

多国籍商品人間

ジャカルタの広告会社社長の語る広告戦略とは、まず「近代的、進んでいる」とのイメージを伝えることである。「自動車に乗る人間は金持ちであり、近代的である」というイメージである。第二はセックス・アピールによる商品の売り込み。良い例が化粧品だという。インドネシアでは、露骨な裸はもちろん禁物であるから、いかにも、それらしいシーンを見せる工夫が必要になる。第三は〝舶来〟イメージである。「ビタミンCとパリ」というように、関係がなかろうと「舶来はよいものだ」という人びとの観念に訴えるのである。化粧品の宣伝には、やはり舶来的売り込みが効果があるという。第四は、有名人（映画スターやスポーツ選手）を登場させること、最後は、英語を多用すること、だそうだ。

おそらく、日本でも同じ戦略が成り立つに違いない。近代的、性的魅力、舶来、有名人、英語。売られる商品の質といったい何の関わりがあるのだろう。人間の付和雷同する資質を刺激して、モノを売っているだけではないか。

日本の多国籍企業は、それでも、どちらかと言えば実用性に重きを置く広告が多いように思われる（そうでないものももちろん多いが）。それだけ、ほんわかとした「舶来」イメージが植えつけられていないからなのかも知れない。むき出しの経済性、実用性で勝負しているのだろう。それに比べると、たとえばアメリカの「高級たばこ」や炭酸飲料の広告は、露骨なまでに西洋生活スタイルを売り物にしている。ショートパンツにノースリーブの若い白人女性が、赤いランドクルーザーの前で、ボーイフレンドとともに、白い長いフィルターたばこを吸う。珊瑚礁の浜辺、青い海、ヨット、若い男が太股もあらわなブロンド女性に、白い長いフィルターたばこを渡す。これは、インドネシアの週刊誌にカラーグラビア一ページ大で載っていたアメリカたばこの宣伝である。

インドネシアのたばこ農園で働く労働者の一日の賃金は、その「洋モク」一箱分の値段と変わらないほどの低額である。

背広にネクタイのサラリーマン風の夫、カクテル・ドレスの妻は、夫に肩を抱かれ、妻は一人の男の子の肩を抱いている。山のようなプレゼントに囲まれ、この核家族は幸せいっぱいの顔をしている。こんな夢を見て、ボロを纏った屑拾いのおじさんが路傍で幸せそうに眠っている。〝ジャカルタわが町〟で気を吐く、気鋭の漫画家スダルタさんが、かつて『コンパス』紙上に描いた風景である。

常夏のインドネシアでもクリスマスや新年に人びとは浮足立つ。屑屋のおじさんのかなえられぬ夢は、それなりに豊かな生活であることは間違いないが、それとともに、西洋物質文明を誇大に宣伝してやまない多国籍企業の宣伝作戦をも取り込んだ夢となっている。この屑屋のおじさんの夢の漫画が載った翌日の新聞には、国際チェーンを持つ華人系Mホテルの四分の一ページ大の広告が載っていた。魅惑的な女豹のような黒人女性歌手の幻想的な写真。その下には「シェリー（歌手名）とともに大晦日の晩を楽しもう」とある。チケットは、税・サービス料込みで、何と六万ルピア（二万一〇〇〇円）だという。屑屋のおじさんが半年汗水流して働いて、やっと「シェリーと楽しめる」金額である。工場労働者は三ヵ月分そっくり貯め込まなければならない。

さすがに、ある人が投書をした。

「政府はいつも質素な生活を奨励している。こんな料金を誰が払えるのか問いたい。……公務員の半数は一ヵ月二万四〇〇〇ルピアを得ているにすぎない。九五％の国民は一万ルピアの映画の切符だって、もちろん買えないのだ」

一九七六年の家計支出調査によれば、インドネシアの一世帯当たりの平均月額支出額は、二万一三九〇ルピア（約一万五〇〇〇円）だった。一世帯五人とすると、一人当たりの消費額は三〇〇〇円、一日一〇〇円となる。このうち食費として消える額が七三・四円、光熱・住宅費、衣料費としては一四・六円を費やす。つまり、衣食住に八八円を費やすわけである。これは全国民の平均で、最貧世帯の月額支出額は五四〇〇円、一人一日三六円でしかない。この人たちにとっては、衣食住以外に使えるお金は、一日二・三円しかない。

こうした貧しさの中ですら、多国籍企業の「夢の商品」が宣伝される。シャンプーが一袋五円で売られても、最貧層の人にとってはとても大きな買い物である。化学調味料が一袋五ルピアであっても、食費代の八分の一の額なのである。ましてや「誰でも、どこでも、いつでも」の宣伝文句で売られるアメリカの炭酸飲料（インドネシアでは日本の商社がボトリング会社に出資している）は、最貧層の一日の食費代をはるかに上回る値段で売られているのである。

酢、砂糖、椰子砂糖、マンゴー酢、胡椒、唐辛子、ニンニク、ショウガ、ゲットウ、バニラ、丁字、ニクズク、肉桂《にっけい》、ショウズク、うこん、……。どんな香辛料、調味料も自らの土地でできる。石けんの原料の椰子油もいくらでもとれる。ポマードの原料のシトロネラも育つ。北スマトラのデリ地方産のたばこ葉は、かつてアメリカのたばこ葉の有力な競争相手だった。

多国籍企業は人びとの欲望を刺激し、期待を肥大化させる。アタッシュ・ケースを下げ、ジェット機で世界を駆け回る忙しげなビジネス・マン、バリッとした英国製スーツ、キング・サイズの「洋モク」をくわえ、ふとデジタル腕時計に目をやる。小型電卓が胸のポケットに収まっている。若々しい美人の妻がピカピカのセダンでエネルギッシュな夫をエア・ポートに見送る。フランスやイタリアのブランドが彼女の身を飾る。家には大型の冷凍庫つき冷蔵庫、ビデオ、卓上ライター、しゃれたスタンドにカーペット。娘や息子は身綺麗で健康スマイル、時に炭酸飲料とともにサーフイン、ヨット、テニス。ドライブ途中に外食チェーンでハンバーグ。浴室はピカピカ、タイル、バス・タブ、多国籍シェーバー、多国籍歯磨き、多国籍石けん、シャンプー、……。多国籍商品人間がいま確実に作られている。そんな人間は本当は、ほとんどいないにもかかわらず、確実に幻想として定着しつつある。

どんな貧しい第三世界の人びとでもその呪縛にとらわれつつある。もちろん私たち日本人は、いまや呪縛する側にいることは確実である。

エリートのプライドと日系企業

「私だって娼婦みたいなもんだ。日本人に体を売って生活してるんだから。ただ私の場合、多少ここを使うけどね」

彼はそう言って、頭を指した。

彼というのは、つい数時間前に、メダン（北スマトラ州都）で友人に、インドネシアの最エリート大学出のエリート日系企業社員との鳴物入りで紹介された、二六歳のインドネシア人青年S君である。S君と私は、トゥビンティンギという、わりと大きな町の食堂に入り、バスを待ちながら食事をした。私は日本人観光客がフィリピンに買春ツアーをして非難されている話をした。その時に、

写真14　アサハン・プロジェクト。日本のナショナル・プロジェクトで、電力プラントとアルミ精錬工場からなる。

冒頭の発言が出たのである。このように恵まれたエリート社員ですら、日本人、日本企業にほとんど何の信頼も置いていないことを知って、私は改めてショックを受けていた。

S君は、いま住友アルミが幹事会社となり、アルミ精錬五社（住友アルミ、日本軽金属、昭和電工、三菱化成、三井アルミニウム）と大手七商社（住商、伊藤忠、日商、日綿、三菱、三井、丸紅）が、インドネシア政府とのあいだで建設を進めているアサハン・プロジェクトに関わる某日系企業に勤務するエンジニアである。私たちはバスに揺られて、彼の宿舎に夜の一〇時頃着いた。宿舎といっても、そこは、アサハン・プロジェクトのうちアルミ精錬プラントとその周辺にできる工業団地で働く人たちのための一大居住区（ニュータウン）である。

彼は独身用の一室を寝ぐらとしていた。一

二畳ほどもある大きな部屋にはベッドが二つあり、テレビ、扇風機、ステレオ・セット、カセットデッキ、洋服ダンス、二つの勉強机が、中央のじゅうたんのまわりに雑然と並んでいた。モーツァルトのピアノ曲が流れ、ティー・バッグのリプトン紅茶が出てきた。「日本一」と書かれた桃太郎の暖簾がドアにかけられている。

エリート大学を出た彼は、この会社に入ってから日本に一年間技術研修生として派遣され、将来を約束された幹部候補生である。月給二七万ルピア（手取り二四万ルピア＝八万四五〇〇円。一ルピアは〇・三五円程度）を貰っている。一人当たりGNPが三五〇ドル（一九七八年、八万円）程度、賃労働者の六割にあたる一〇〇〇万人の労働者の一ヵ月の平均賃金が一万ルピア（一九七六年、当時のレートで七〇〇〇円）以下というこの国では、S君の給料は目が飛び出るほどの額だとも言える。

にもかかわらずS君は、自分たちも「娼婦」みたいなもので、明日への大きな希望は何もないと言う。大学卒の彼にとって我慢のならないことは、工業高校卒なのに日本人の方が自分の上役だということらしい。職階は社長―マネージャー―副マネージャー―アシスタント・マネージャー―シニア・スタッフ―ジュニア・スタッフ―オペレータと七階級。これは常雇の社員で、これ以外に日雇労働者が多数いる。インドネシア人で最高の地位にあるのは上から三番目の副マネージャー、日本の最低ランクはアシスタント・マネージャーである。S君はそれより下のシニア・スタッフ。これが気に入らないのだ。

もう一つの不満は職階と関わる「ファシリタス」（便宜施設）供与である。彼より上の地位にある者は、乗用車を利用でき、家にはクーラーが付いている。彼は会社の乗合い通勤バスしか使えない。部屋にはクーラーがないし、お湯の出るバス・タブもない。扇風機と共用の水浴（マンディ）場しかない。彼の不満を聴いているうちに何とも侘しい思いがしてきた。「おれも娼婦みたいなものさ」という激越な言葉がなぜ彼の口から出てくるのだろうか。

アサハン・プロジェクトは日本の「ナショナル・プロジェクト」である。ナショナル・プロジェクトというのは、①単独会社の進出でなく企業連合を構成すべきこと、②経済協力上、意義があると認められるもの、③大規模であること、④経済協力基金（政府出資）が全出資額の四〇％以上出資すること、⑤閣議で了承されるべきこと、等の条件を満たした大型企業進出に冠せられた名称で、イラン石化、アマゾン・アルミナ・アルミ製造など、アサハン・プロジェクトを含めるとこれまで五件ある。

アサハン・プロジェクトは、北スマトラのトバ湖より流れ出すアサハン川の急流で六〇万kw余の電力を起こし、年二二万五〇〇〇トンのアルミを精錬しようというものである。これに要する資金は四一一〇億円、インドネシアの政府出資と政府融資金は五四八億円ほどで全資金の一三％ほど、日本の民間一二社の出資金は三四二億円（八・二％）で、残りはすべて政府（輸銀、海外経済協力基金、国際協力事業団）か市中銀行の出資ないし融資である。スハルト政権にとっては、外島（ジャワ以外の島）大型工業開発のモデルとして、日本側にしても資源確保の手前、絶対にやり遂げねばならないプロジェクトである。それだけにS君のような幹部候補生は、他の多くの日系企業社員よりもはるかに厚遇されている。にもかかわらずS君は不満なのだ。

「電力プラントと精錬工場が完全にインドネシア人の手に委ねられるのは、確か三〇年後という契約だったね」

と私が言った。彼はキッと目をつり上げ、私を睨んで言った。

「三〇年もわれわれは我慢しないだろう。われわれは必ずや日本の技術を盗んで、われわれのものにする」

ナショナリズムがほとばしった。先ほどまでの鼻持ちならぬエリート意識にうんざりしていただけに、彼のナショナリズムに一縷の望みを託したくもなった。

だが、私は翌日、このエリートたちを取り巻く環境もまた必ずしも安泰ではないと思うさまざまな体験をした。エリートのプライドとナショナリズムに包囲されているだけではなく、日本企業がもっと手強い相手の真っ只中にいると実感した。

夢の島と活火山

夜なのでよく分からなかったが、S君の宿舎はかなり立派な建物だった。独身者用の部屋が中庭をはさんで四〇～五〇室もあるだろうか。食堂も綺麗である。ただ朝食はお世辞にもおいしいとは

写真15　ニュータウン。アサハン幹部社員住宅。

言えないナシ・ゴレン（炒飯）だけで一七〇ルピア（六〇円）だった。鼠色の制服に白いヘルメット、編上げの工事靴を履いて会社のバスに乗ってS君は出勤していった。私は一人でニュータウンの中を歩いてみた。

二〇〇ヘクタールもの広大なニュータウンはまだ建設途上にあったが、その「別天地ぶり」は十分に窺い知ることができた。それは壮大な「囲い込み地」にほかならない。日本の大手企業別に社員住宅が建ち並んでいる。出勤前なのか、車を二台持っているのかは知らないが、ピカピカの乗用車が各家のカーポートに収まり、S君がねたむクーラーも部屋ごとに付いている。各家のお手伝いさんが洗濯物を干している。ひとかたまりの幹部社員住宅は鉄条網に守られている。立派な水銀燈が街路に並んでいる。ところどころに売店がある。ゴルフ場もあるが、さ

写真16　ニュータウンの外。インドネシアの普通の住宅で、電気も水道もない。

すが平日の朝のせいか、誰もプレイをしていない。草とりのおばさんたちしかいない。遠くには給水塔や鉄筋の素晴しいイスラーム寺院や教会がある。いくつかあるニュータウンの出入口では軍人が銃を持って警備にあたっている。近くのカンポンの人も民警で雇われている。

私はニュータウンの外に出た。クボン・コピー(コーヒー園)という名のカンポンがあった。この周辺はもともとゴム園だったのにクボン・コピーというのは妙だなと思いながらカンポンの中を歩いた。ここには電気も水道もない。普通のインドネシアの世界であった。粗末な家が建ち並び、子供たちがキャアキャア騒ぎ、おかみさんたちが汚い川の水で洗濯をしていた。ニュータウンとアルミ・スメルター(精錬所)を中心とした工業団地の建設で、この周辺カンポンの住民は何がしかのおこぼれにあずかっていることは事実である。日雇い労働者の日給は一〇〇〇〜一二〇〇ルピア（三五〇〜四二〇円）ほどだという。職がないよりはましであろう。だが、せいぜい石割りほどの労働しか与えられぬ周辺住民は、しばしば「囲い込み地のエリート」と暴力抗争を起こしている。一九七九年二月一四日には、ニュータウンの建設請負会社の労働者を、近在の村民が手に手にこん棒やナイフを握って「全員を打ちのめせ！　しかし殺すな」と叫びながら襲撃した事件もあった。[*9]

ニュータウンや工場を建設するため、そこに住み、あるいは漁業で生計を立てていた住民は、土地を追いたてられた。ダム建設現場でも同じである。一平方メートル当たりたった四〇ルピア（一四円）で土地を手放した者もいるという。最低価格のたばこ半箱分の値段である。売ったあとは米代にすべて消えてしまったそうだ。お湯、ルームクーラー、カラーテレビ、乗用車、ゴルフ場のある囲い込み地は、電気も水道もテレビもない貧しいカンポンに浮かんだ「夢の島」である。一方は「学歴」によって一ヵ月二七万ルピアは貰える社会、一方はどんなに汗して石を砕いても一日一〇〇〇ルピア以上は支給されない社会。日本企業は、「学歴」を誇るそのエリートたちの、さらに上に立っている。給料も学卒エリートS君の三倍、四倍は普通に貰っている。

少し統計は古いが、一九七六年の家計支出調査と労働力調査のデータを見ると、日系企業を取り巻く大衆の貧困の状況がはっきり分かる。次ページの表5を見ると分かるように、まず一世帯の支

＊9　*Tempo*, 一九七九年三月一〇日号。

出額が月に三万ルピアに達しない世帯が全世帯の八三%に達する。一世帯の平均人員は五人であったから、一人当たりにすると六〇〇〇ルピア、当時のレートで四二〇〇円、一人当たり支出額が一四〇円以下の人が全人口の八三%ということである。

一方、労働力調査によれば、全労働人口四七三一万人のうち最大の比率を占める被傭者（employee）についての所得統計を見ると、一ヵ月の所得が三万ルピア以下の者は全被傭者一五七九万人のうち九二%を占める。一日一〇〇〇ルピア（七〇〇円）しか稼げない者がほとんどで、その半分の五〇〇

表5　1ヵ月あたり支出額の世帯比
（1976年1～4月平均）

支出額	世帯比（%）	累計比（%）
5000ルピア以下	4.35	4.35
5000～ 9999	19.87	24.22
10000～14999	20.88	45.10
15000～19999	17.81	62.91
20000～29999	19.64	82.55
30000～39999	7.24	89.79
40000～49999	4.33	94.12
50000～74999	3.50	97.62
75000ルピア以上	2.38	100.00

出所：Biro Pusat Statistik, Statistik Indonesia 1977.

表6　被傭者の1ヵ月あたり主生業からの所得
（1976年）

所得階層	総数（1000人）	比率（%）	累計比（%）
3000ルピア未満	2124	13.45	13.45
3000～ 4999	2997	18.98	32.43
5000～ 6999	2216	14.03	46.46
7000～ 9999	2319	14.68	61.14
10000～14999	2010	12.73	73.87
15000～19999	1521	9.63	83.50
20000～29999	1297	8.21	91.71
30000～49999	927	5.87	97.58
50000～99999	272	1.72	99.30
100000ルピア以上	44	0.28	99.58
回答なし	67	0.24	100.00
合計	15794	100.0	—

出所：Biro Pusat Statistik, Keadaan Angkatan Kerja di Indonesia, Sept.～Des. 1976.

ルピアに達しない者も七四%にもなるのである。ルピア切下げ(一九七八年一一月)により、物価が大幅に上昇し、労働者の賃金も額面は上がった。

しかし、このような大衆貧困の状況が大きく変わったとはとても思えない。ほんの数パーセントの人びとだけが豊かな社会なのである。

さらに、失業者、半失業者は膨大な数にのぼる。先にも述べたように、一九七六年の統計では、完全失業率は二・三%となっている。一九七一年が八・八%であったから失業者が大幅に減ったと理解されかねない。データそのものに対する信ぴょう性という問題は一応おくとして、果たして完全失業者以外は十分な労働をしていたのか。実はそうではないのだ。週に一〇時間未満しか労働していない労働者が一一・七%、二四時間未満だと三〇・一%に達する。週二四時間未満というのは、どんなにゆずっても半失業者と言えよう。労働人口の三人に一人は確固とした職場を持っていないのである。

大衆の貧困と大量の失業、このような現実の真っ只中で日本企業は操業している。日本企業と現地エリートが作り上げた「囲い込み地」の中においてすら、日本人社員との待遇格差に対する不満、妬みが渦まき、民族自尊の感情との衝突がある。ましてや、鉄条網越しに「夢の島」を眺め、「夢の島」住人のために安い賃金で汗して働くインドネシア大衆の不満は、いつ爆発するとも知れぬ活火山だと言えよう。

インドネシアだけでなく、貧しい第三世界にある日系企業は、おしなべて、同じような境遇に置かれていると考えるべきだろう。

現場の技術者

囲い込み地と貧しいカンポンを見たあと、私はその中間に位置するとも言える若い労働者たちに会った。彼らはたいていは普通高校ないし技術高校を卒業した現場のエンジニアで、日本で半年ほど技術研修、あるいは技能研修を受けた者が多かった。職階で言うと、ジュニア・スタッフないしオペレーターのクラスである。

M君は二八歳、アサハン・ダムの建設工事を請負う日系の建設会社社員である。ジャワの技術高校を卒業、父は地方公務員でM君を大学にやるほど豊かではなかった。ジャカルタに出て、ビルの建設会社に三年ほど勤めた。しかしジョイント・ベンチャーの方が給料が良いと友人に聞き、いま勤めている日系の会社に入った。日本に研修に行けるというのも魅力だった。研修の契約内容がどんなものかをほとんど確かめずにサインした。半年の研修を受けたのち、五年間はその会社で働くべきことが義務づけられた、いわゆる「拘束契約」であるのを知ったのは、ずっとあとになってからである。

M君の話を聞いているうちに、同僚の若い労働者たち数人が集まってくれた。彼らは口ぐちにいまの会社をやめたいと言い出した。私はびっくりした。いったいこの日系企業で何が起きているのか。

まず給料の問題がある。集まってきた労働者は、みな高卒、日本で技術研修、技能研修を受け、三～四年の勤務経験者である。彼らの給料は大体七万ルピア（二万五〇〇〇円ほど）、いくら残業をしても一〇万ルピアで支払いは打ち切られる。明らかな労働法違反である。ボーナスはレバラン（断食明け大祭）に一ヵ月分だけ。給料引上げを再三要求するが、口約束だけで少しも上げてくれない。

次に食べ物。社員食堂での食事は、この何年来、メシと塩干魚と卵とときどき野菜が出るだけ。重労働にはとても耐えられないし、病気にもなりやすいという。

もっと驚くべきことは、日本人の非人間的で粗暴な態度が日常化しているということだった。彼らの基準によれば「良い日本人」とは殴らない日本人で、それに属するのは三五％くらいだそうだ。この二年間に起きた大きな殴打事件八件を彼らは克明に書いてくれた。風でセメント袋が崖の上から落ち、下にいた日本人に当たったのに、その日本人は上にいたT君を殴った。T君はこの事を関係当局に訴え出たため、殴った側が全面的に謝罪した。しかしT君はほとんど日本人に絶望し、「拘束契約」の身であるにもかかわらず会社をやめ、いまは数倍の給料を貰って米国系の会社で働いている。宴会で酔った日本人が、インドネシア人を「バッキャロー」と言って殴ったこともある。もっと悲惨なのは、カンポンの娘を妊娠させておきながら、それに抗議に来た村長を殴ったうえ、買収してしまった日本人もいたという。また、インドネシア人が事故で土砂に埋まったとき、大きなパワーシャベルでの救出を求めただけなのに殴られた労働者もいる。土砂に埋まった労働者は、そのまま急流に流され、三日後に六キロ下流で死体となって浮いた。

数人の労働者が語るこれらの話に脚色はないと信じる。

「日本人は酔っ払うと、すぐ私たちを殴りたがります。貧乏人だと思ってバカにしているとしか思えません。しかし、私たちは、仲間が殴られれば、みんなが怒ります」

彼らは一日も早く、いまの会社をやめたいと言う。しかし、五年の拘束契約に違反したら弁済金を払う義務がある、と研修時の契約書には書かれている。この拘束契約ゆえに退社できない者が確かにいるのである。この会社から日本に技術研修、技能研修に行った者は三〇名以上にのぼるが、消息の分かっている一九名のうち七名は勇敢にも拘束条項を無視して退社、事故死した者一名、退社希望者数名ということである。ほとんどの者がやめたか、やめたがっているのである。

通産省所轄の海外技術者研修協会を通じて受け入れられる民間ベースの技術研修生の研修費用の四分の三は国庫から支出されている。にもかかわらず、研修生にはこのことを知らせず、あたかも会社が全額負担しているかのような契約書を作成し、拘束年限内にやめた場合には弁済金を払わされる。いくら労働法が異なるといっても、これは人間的な扱いではない。

この拘束契約問題は、田中首相がＡＳＥＡＮ諸国を訪問した一九七四年にすでにバンコクで問題にされ、七六年には海外技術者研修協会は拘束契約を廃止する旨の理事会の申し合わせを関係機関に通達している。にもかかわらず、それ以後も拘束契約は公然と行なわれており、マレーシアでは、日系企業が拘束期間内にやめた社員に弁済金支払いを求める訴訟まで起こし、七九年は国会でもこの問題が取り上げられた。[*10]

中堅の現場技術者として育て上げようとしたM君らが会社をやめたがっている、ということは、日本の進出企業にとっては深刻な問題ではないだろうか。日本に技術研修、技能研修にまで行かせている。エリートと民衆の接点にあり、技術の定着化にとっては不可欠の要員であるはずなのだ。にもかかわらず、彼らは日本企業、日本人にかなり徹底した不信感を持ってしまっている。

「日本人は平均すれば一〇〇万ルピアもの給料を貰います。私たちは七万ルピアです。日雇いの労働者は一〇〇〇ルピアです。なぜ日本人の給料は高く、インドネシア人の給料は低いのですか？」

M君のこの素朴な質問に、近代経済学の理論はそれなりの答を用意している。だがM君はその答に満足はしないだろう。同じ人間が、同じ会社で汗して働きながら、一方が途方もなく高い給料をとるということは、M君らにとっては「差別」としか映っていないからである。そして、事実、彼らは差別されているのだから。

＊10　詳しくは、拙稿「インドネシアの日系多国籍企業と技術研修」、『日本労働協会雑誌』一九八〇年一二月号を参照されたい。

幻の企業進出

日本の貿易収支が黒字になり、資本の自由化が進んだ六〇年代末以降、日本の企業進出は本格化した。一九八〇年末までの海外直接投資は三一八億ドル、二万一五〇八件に達している。そのうちアジア地域には八六億ドルと、北米を四億ドル上回る最大の投資地域となっている。特にインドネシアには三九億ドルもの投資が集中し、アメリカ合衆国に次いでいる。そのインドネシアで日系企業としては最大の規模を誇るアサハン・プロジェクトの現場で、私が目撃し聞いたことは、あまりに矛盾に満ちたものだった

一九七四年一月の田中首相訪問時の「反日の嵐」は日本企業に深刻なショックを与えた。あれから七年半、平静な事態の推移、ASEAN各国の比較的順調なGNPの拡大、日本企業関係者は「うまくいっている」と思っているかも知れない。しかし表面的にいくらうまくやっても、ほとんど企業の力では何ともならない問題があるのだ。

すでに見たように、エリートの中には、そもそも日本の風下になど立ちたくないという考えがある。これは複雑な感情で、そうは思いながらもカネで維持される自分の特権というものを知っているから、仕方なしにカネで日本と主従関係を結ぶ。しかし、折があれば日本など追い出してしまい

たい。ときに日本の経営者を追い出そうとしてトラブルが生じているし（北スマトラのパイナップル会社で起きた）、これから頻発するだろう。これと関わることだが、華人と日本企業の結合に対しては、エリートに限らず大衆的反発が常にある。だが、多くの場合、華人財閥が政権中枢とつながっているため、表向きの非難とは別に、弱き華人を犠牲にして「ガス抜き」をやるような構造がある。一九七九年一一月の中部ジャワでの反華人暴動はそのような様相が強い。

エリート特権層と華人と日本企業とが一緒になって作り出す「囲い込み地」が日系合弁企業であると言える。そこは「囲い込み地」だから、大半の大衆は近づくことができない。だが、そこの近くの住民の一部に日雇いの関連労働がめぐってくることがある。大して良い賃金ではないにしても、職のない現状では彼らの生活を支えることもある。しかし「囲い込み地」ができるにあたって、そこを追われたり、職がなくなった人びともいるのだから、差し引きで得をしているかどうかは分からない。もっと大多数の人びとにとっては「囲い込み地」で製造された商品との接触で日系企業との関わりができる。アジノモト、ホンダ、サンヨー、タンチョーなどを知らない人はまずいない。だが、それらの製品も、必ずしも「文明の僥倖」とばかりは言えない。クボタの農業機械を「クルボウ・コタ」（町の水牛）と呼ぶのは一種の冗談でもあるし、水牛などもろもろの在来の畜力、人力が機械によって代替されることに対する危機感の表明でもある。カネのある者が効率的機械を利用することにより、もっと大きく儲ける、カネのない者は職を奪われ没落する、そうしたシビアな状況の中に日本企業は存在している。

日本企業に職を得て働いている中卒、高卒の常雇いの工員、事務職員は、上昇の機会をつかみ始めた中間層であろう。彼らの心境も単純ではない。日本からの出向社員は、同じ会社の社員なのに不条理なほどの給料格差がある。現場の労働者だから仕事はかなりしんどい。「バカヤロー」などと、かつての軍政期の言葉を聞かされる。地場の中小企業より給料は良くても、国営の大企業や公務員に比べて特に良いことはない。屈辱的な心がときには頭を持ち上げる。だから彼らの中には、機会さえあれば会社をやめようとすら思っている者もいる。

日系の合弁企業はインドネシアだけでも二百数十社ある。これらの企業が生産を増やし、雇用を増やし、インドネシアへの技術移転をしているという側面は無論ある。しかし過大な評価は禁物である。五〇〇〇万人もの労働力人口、毎年一五〇万人以上も増え続ける労働力人口の中で、日系企業が常雇いで雇っている労働者は一〇年かかって、やっと六万人ほどでしかない。それも日本の人件費の一〇分の一ほどで雇っているにすぎない。

アサハン・プロジェクトは、四一一〇億円の巨費を投じて、アルミ精錬工場で二〇〇〇人、発電ダムで二〇〇人が雇用されるだけだという。建設途上で雇われていた「余分」な労働者は、そのあとどうするのだろうか。一つの雇用を作り出すのに二億円近くもかかる投資は、いまのインドネシアにとって一体何になるのだろう。日本のアルミニウムの何分の一かはこの工場で作られることになるのだろうが、それが生樽ビール缶に化けると思うと、現場で殴られたインドネシアの若い労働者は何ともみじめではないか。

日本の企業の有するハイ・テクノロジー、日本人の享受する高度消費文化、これは、極言すれば、東南アジアの貧しい小さな民にとっては、ほとんど迷惑なものとなってはね返ってくる構造がある。大半の貧しい人びとにとって迷惑ではなく、感謝される企業進出というものがあるとしたら、どんな進出の仕方だろうか。相手の立場に立った企業進出というようなものは、もともと幻想なのかも知れない。

あとがき

八月三〇日の『朝日新聞』投書欄。五五歳の会社役員氏が書いていた。
「台風一過の日曜日、神田川ぞいのサイクリング道路でジョギングをしているとき、水道すれすれを飛ぶ一匹のトンボを見かけた。ふっくらした体形、スモークグリーンのファッション、間違いなくチャヤン（ギンヤンマのメスの俗称）である。何十年ぶりかの対面であった。……むかし、ペアで飛ぶギンヤンマ夫婦の姿は、夏の風物詩に欠かせないものだった。ライトブルーのベルトを締めたいなせなギン、渋好みですべてに控え目なチャヤン。」

この本を書いている最中に読んで、何だかさわやかな思いがした。都会からはだんだんと蟬の声が消えてきている。トンボもめっきり少なくなっている。ギンヤンマを神田川で見かけたときの、この人の驚きと喜びが、私にも伝わってきたのだ。この本では、人の営みばかり書いてしまったが、本当は、人の営みと関わりのある虫どもや動物たちのことも書いてみたかった。無機質の工業化や開発に対して、虫や鳥や家畜も出てくる有機質の発展ということが念頭にあったのである。ギンヤンマが見られた、見られないという問題は、感傷的なノスタルジアばかりではないような気がする。

三年前の夏に、十何年かぶりで、北関東の山に蝶を採集に行った。昔、珍蝶ムモンアカシジミのいたと思われた一帯は、すっかり別荘地となり、少し山奥に入ってもゼフィルス類（シジミチョウ科）がほとんど見られなくなっていた。「開発」で虫が死んでしまったとしか思えない。虫を絶滅させた「開発」が人間に累を及ぼさないはずはない。事実、累を及ぼしすぎるほど及ぼしている。

その「開発」は、いまや地球全体で虫を殺し、鳥を殺し、人を殺している。飢えや病気を救うために「開発」「工業化」は必要だと言う。近代科学が飢えや病気に力を持つことは確かであろう。問題は誰のための開発であり工業化かということである。月に飛び、人類を二〇〇回以上殺しても殺し足りないほどの「技術」が「開発」されているのに、飢えも疫病も救ってはいない。多国籍企業の育児粉ミルクの売り込みが、飢えた子供を救うどころか、餓死をつくり、伝染病すら広めることになったこともある。

誰のため、何のための「開発」かという、当然の疑問を、いま私たちは発するべきではないだろうか。この本はまだ、その疑問に十分に答えられるものではない。私の力不足のなせるところである。皆様からの御批判をお願いしたい。

もともと、私は日本とインドネシアの民衆交流史というようなことを書くはずだった。これが時事通信社図書編集部の相沢与剛氏の望むところでもあった。しかし、歴史考証がまだ十分でなく、私自身の関心の推移ということもあって、このような本になったのである。相沢氏には本当に申し訳ないと思っている。また、辛抱づよく私のわがままを許して下さった上、適切な助言をたえずいただき、感謝の念に耐えない。

なお、本書の一部は雑誌『記録』『東亜』に掲載されたものであるが、大幅に書き直し、この書に加えさせていただいた。

お名前を挙げないが、私とのインタビューに快く応じて下さり、貴重なお話を聞かせて下さった多くの方々に心からお礼を申し上げたい。

最後に、アジア太平洋資料センターの多国籍企業研究グループ、とりわけインドネシア研究グループの方々との共同作業が本書を生み出す上で、大きな力になっている。

東京外国語大学に留学中のジョンジョン・ジョハナさんにも協力していただいた。深く感謝する。

一九八一年一二月　　　著者

『小さな民からの発想』はどうやって生まれたのか

――村井吉敬が考えたこと

宮内泰介

インドネシア留学と鶴見良行

『小さな民からの発想』は、インドネシア・東南アジア社会経済の研究者であり、市民運動家でもあった村井吉敬《よしのり》が一九八二年に出した二冊目の著作である（内海愛子との共著『赤道下の朝鮮人叛乱』を含めると三冊目）。本書は、原著の本文はそのままにして、写真を大幅に入れ替えた新装版に当たる。

村井吉敬は、一九四三年、千葉県市川市に生まれた。子供のころから蝶々を追いかける日々を過ごしていた村井は、その後、早稲田大学政経学部に進学する。そこでは、早大生物同好会のメンバーとして、仲間たちと日本各地を旅し、山に登る学生生活を送った。一九六三年には、日本復帰前の沖縄・西表島での「調査」も敢行している。早稲田大学の大学院（修士課程）に入り、マックス・ウェーバーについての研究を進める一方で、当時の大学闘争にもかかわった。短期間の会社勤めのあと、早稲田大学の博士課程に進み、日本におけるインドネシア研究の先駆者、増田与《あとう》のもとで、後藤乾一《けんいち》、土屋健治らとともにインドネシアの社会経済研究を始める。初めてインドネシアの地を踏んだのは、一九七五年、三一歳のときだった。パートナーの内海愛子とともに二年間、インドネシア・スンダ地方（西部ジャワ）のバンドン市で暮らす。国立パジャジャラン大学への留学（文部省派遣留学生）だったが、大学の講義に出ていたというより、インドネシアの町や村を歩く日々だった。

留学中、村井は町や村での思索をつづけ、それを日本の友人たちに「バンドン便り」として送っていた。それをもとに、帰国後に出した最初の著作が『スンダ生活誌』（NHKブックス、一九七八年）だった（二〇一四年に岩波現代文庫『インドネシア・スンダ世界に暮らす』として刊行）。そして、その四年後に出したのが『小さな民からの発想』（時事通信社）である。

同じころ、村井は鶴見良行（一九二六〜一九九四年。アジア研究・市民運動家。『バナナと日本人』『マングローブの沼地で』『ナマコの眼』など）との共同研究を開始する。鶴見とは留学前から知己であったが、帰国後の一九七七年から本格的なつきあいがはじまった。アジア太平洋資料センター（PARC）で鶴見が主導していた日系多国籍企業研究のグループに加わり、そののち、やはり鶴見とともにエビ研究を始める。鶴見との出会いは村井に大きな影響をもたらした（鶴見にとっても、二〇歳近く年下の同志であり、一緒に歩く仲間である村井を得たことは大きかったと思う）。鶴見と村井は、一九八三年以降、内海愛子や福家洋介とともに、インドネシアの海辺を歩くことになる。村井の歩く範囲はジャワ島から大きく広がった（ちょうどそのころ、大学生だった私は『小さな民からの発想』を読んで感銘を受け、上智大学の村井ゼミを聴講させてもらったのだった）。

鶴見らとのエビ研究の成果として村井は、一九八八年に『エビと日本人』（岩波新書）を出し、大きな社会的反響を得た。鶴見の『バナナと日本人』（一九八二年）と村井の『エビと日本人』は、今に至るまで多くの読者を獲得し、また、広く教材としても使われている。

村井はその後、日本の政府開発援助（ODA）を批判的に研究・提言する活動を仲間とともに進めた（藤林泰、神田浩史、長瀬理英ら。私もそのメンバーだった）（村井編『検証ニッポンのODA』一九九二年、学陽書房）。エビ、ODAだけでなく、また、インドネシアだけでなく、広くアジアの開発問題に積極的にかかわりつづけた。アジア太平洋資料センターを中心に取り組まれた国際的な社会運動、「ピープルズ・プラン21世紀」（一九八九年）では、村井は中心的な役割を果たした。そして、それらの活動と並行して、アジアを歩きつづけ（村井自身の計算では総計二〇〇〇日余りにのぼる）、そして、書きつづけた。

歩き、書き、行動した人生だったが、二〇一三年三月、膵臓癌で逝去した。六九歳だった。

人びとの生活から発展を考える

一九七五年にインドネシアに留学したとき、村井が考えようとしていたことは何だったのか。それは、一言で言うと、「経済発展とは何か」ということであり、「もう一つの発展の可能性はあるだろうか」ということだった。

『スンダ生活誌』の冒頭で村井はこう書いている。

わたしが関心を持っていたテーマは、第三世界、とりわけ東南アジアにとって経済発展、近代化とは何なのか、ということだった。しかし、非経済的要因を極力排除した近代経済学の考える成長モデル、西欧や日本をモデルにした近代化論、先進資本主義国の利害のうえに成り立った「援助」論や「開発」論には疑問を持っていた。自分たちの工夫と努力、自分たちの能力による〝土に根ざした近代化〟が探るべき一つの方向ではないかと思っていた。（中略）地に這うキュウリに副木をする、素焼きの瓦に上薬を塗る、村に共同養鶏場をつくる、豆腐の工場や豊富な果物の罐詰工場をつくる、……このような自力の技術開発と、少額の資本による開発論が、わたしが出発する前に、すでに、インドネシア研究者から提唱されていた。（『スンダ生活誌』四〜五頁）

村井は、留学前からインドネシアの社会経済を研究するも、近代経済学が教えるところの開発や成長というもののうそくささに気づいていた。そうでない方向で社会経済をとらえられないかと考えていた村井は、留学中、書物や資料から学ぶことより、人びとの生活や生業から学ぶことを選んだ。だから、歩き、そして、歩きながら考えた。

村人は、通常、川で水浴びをし、大便をし、歯を磨き、洗濯し、皿洗いをする。（中略）真昼間から、尻を出して川にしゃがむのも何となく抵抗を感じる。人のいない夜を見はからって、川にゆこうとすると、村長のおかみさんが「お化けが出るから、絶対にゆくな」と止める。夜、川に出るお化けは、クンティ・アナと呼ばれる、妊娠中に死んだ女の霊である。背中が大きくえぐれ、長い髪をだらりと垂らしたお化けで、川岸や水浴場に、夜出没するという。(『スンダ生活誌』八二～八三頁)

わが家の前の通りは、朝から晩まで、行商人たちが往き来する。彼らの発するかけ声や、音、そしてその特有のスタイルは、バンドンの町の風物詩とも言える。(中略)闇から忽然と鳴り響いてくるプトゥ(菓子の一種)売りの物悲しい蒸気の音、頭のテッペンから「テーッ」と素頓狂な声を発するサテ(串やきの鳥、山羊、牛)売り、闇のしじまを突き刺すそば屋の叩くチークの木音。民衆の生活のなかには、行商人の声と音とが生きている。(『スンダ生活誌』一二二～一二三頁)

「お化け」の話をおもしろがり、行商人のかけ声に耳を傾けるところから社会経済を考える、社会を構想する。それが村井が見つけた方法論だった。

技術を考えるということ

『小さな民からの発想』は、インドネシア(西ジャワ)の話と日本(高知県西土佐村および新潟県三条市)

の話がめくるめく繰り広げられながら、村について、生業について、工業について、交通について、そして消費についての思索が深められていく、という不思議な本だ。村井はどうしてこんな本を書いたのか。

『小さな民からの発想』を読んで目を引くことの一つは、「技術」についての記述がとても多いことだ。西ジャワでも西土佐村でも、鍛冶という技術に村井は注目している。その注目が高じて、新潟県三条市も訪れた。村井がそこで考えるのは、私たちにとって「技術」が持つ意味だ。「技術が進歩し、近代化して豊かさが生まれる。だから、先進国の進んだ技術が途上国に移転されることで途上国も豊かになる」という素朴な見方に村井は疑問を投げかける。

地域には地域の技術の蓄積があった、と村井は考える。「もともと昔の産業は地域とともにあった。(中略)鎌や鍬や包丁には顔があった。地方性があった。(中略)使う人と作る鍛冶屋とのあいだに直接的なつながりもあった」(一〇九〜一一〇頁)。

しかし、人びとと直接に結びついていた地域のそうした技術は、「西洋の侵入という事態を迎えるに至って、発展の芽を摘みとられてしまったのではないだろうか」(一一四頁)と村井は考える。しかし、そんな中でも、「中には、伝統の上に立って飛翔を遂げんとしている鍛冶部落もある」(一一五頁)。そうした一つであるジャワ島のバトゥル部落を村井はとりあげ、それを「自分の足で立った」(一二〇頁)経済だ、と表現する。自分の足で立つこと、「それはたやすいことではない」と留保しつつも、「農鍛冶部落のポテンシャリティを考える上では重要な事例を提供してくれている」(一二一頁)、と注目するのである。

のちに河川工学者、大熊孝は『技術にも自治がある』(農山漁村文化協会、二〇〇四年)という書物を出版し、技術が本来地域に根ざしたものであり、そこに今後の自然とのかかわりの鍵がある、ということを論じた。大熊がダムなどの治水技術についてそれを論じたのに対し、村井はそのずっと前に、鍛冶産業でそれを論じたのだった。

村井がインドネシア渡航前の大学院生時代に書いた、最も初期の論文の一つに「インドネシアの経済開発と中間技術論」(早稲田大学大学院経済学研究科経済学研究会『経済学研究年報』第一三号、一九七三年所収)というものがある。のちの村井の文章の趣きとはずいぶん違う堅い論文の形をとっているこの文章は、しかし、『小さな民からの発想』での技術論に直接につながる議論をしている。この論文で村井はまず、発展途上国の農業の「近代化」政策として当時大々的に喧伝されていた「緑の革命」と、そのインドネシア版「ビマス計画」について、それがなぜ失敗しているのかを論じている。そして、それに変わる発展理論として、インドネシアの研究者から出ていた「中間技術論」について議論する。少し長くなるが引用してみよう。

(「中間技術」は)非常に幅広い意味内容がこめられており、単なる農業技術の問題ではない。(中略)中間技術は、たしかに伝統的技術と近代的技術の中間にある技術をさしていると思われるが、厳密な意味での段階規定ではない。(中略)それはつねに先進的技術を含んだ状態の技術であり、たえず前向きに進んでゆく暫定的性格をもったものといえる。（中略）技能や資本装備、資材、道具、機械だけに限定されるものでなく、組織化、経営方法、市場機構など制度的、人間関係的側面をも包括する。たとえば小農経営者の組織化、共同化、協議団体の創造、企業者精神、流通改善、マーケティングなどが視野に入れられている。（中略）中間技術の適用例としてわれわれはつぎのようなものを想像できるのではないだろうか。野菜（トマトなど）栽培での添え木の利用、灌漑用簡易ポンプ、輸送用の軽便トラックの利用、養鶏場の建設、商業作物の植付けなどによる農業多様化、作付方法、耕作方法の改善、肥料、農薬の投入、小農の組織化による共同経営、協同組合活動などが農業部門では予想されよう。（中略）結局のところ中間技術の利用によって、自国の文化、歴史を基礎とした、自力による発展のパターンが生まれ、二重経済構造は打破され、都市―農村、地域間の格差が是正され、外国に依存せず、外国文化の悪い影響を受けないですむ国民経済の建設が達成されるというのである。（「インドネシアの経済開発と中間技術論」一一〇～一一一頁）

技術の問題は、社会のあり方の問題とストレートに結びつくものなのだ。この論文ではまだ観念的なものにすぎなかったが、インドネシア滞在を経て、さらに、西土佐村や三条市での見聞も踏まえて議論が深められたのが、この『小さな民からの発想』における技術論だった。

こうした「もうひとつの技術」論は、この時期、世界的に議論されはじめていたものでもあった。

「中間技術」を最初に提唱した一人である、シューマッハーの『スモール・イズ・ビューティフル』の原著が出版されたのが一九七三年。日本でも宇井純らが「適正技術」を一九七〇年代から議論していた。そうした議論の影響はあったろうし、直接的にはインドネシアの研究者からの影響もあっただろうが、村井はそれを現場から深めたのである。

民衆生業

さらに村井は、交通における「中間的技術」とも言える、ベチャなどの乗り物についてもこの本で論じてみせた。

一九八〇年代くらいまでインドネシアを旅した人は、このベチャという魅力的な乗り物のお世話になったはずだ。ちょっとの距離、しかし、荷物があって歩くのはたいへん、などというとき、ベチャは本当に重宝だった。

このベチャに、村井も魅了されたに違いない。

ベチャは母衣《ほろ》をすべて開けて無蓋。満点の星空、アスファルト路を滑るように走るベチャ。スプリングが利いている。スピードをあげると、ブーン、ブーンという心地よい金属音が夜気

にこだまする。車輪に二、三本の鉄環が通されていて、それが鳴り出すのだ。(一五五頁)

ベチャは「大地を人間らしく移動させてくれる乗り物である」とまで村井は書いている(一五五頁)。とはいえ、一方で村井は冷静にも見ている。「この乗物の世界を描くことは容易なことではない。ベチャは伝統と近代の接点にある、快適と苦痛の接点にある、金持ちと貧乏人の接点にある。それほど遠くはない将来に、この二重の運命を担わされた乗物はなくなってゆくのかも知れない」(一五一頁)。実際ベチャは、現在インドネシアでほとんど見られなくなっている。

ベチャに社会の未来の姿がある、とまでは村井も考えなかっただろうが、しかし、こうした民衆の技術、民衆の交通に、村井は「もうひとつの社会、もうひとつの経済のあり方」のヒントを見ようとしたはずだ。あるインタビュー記事で村井は、「ベチャを、たとえば銀座とか丸ノ内あたりに走らせてみたらどうか」と大真面目に提案している(「銀座にベチャを走らせる」『第三文明』一九八五年二月号)。

そのことは、「民衆生業」という概念の提起につながっていく。ベチャ屋や屋台、物売りといった個人経営の小さな商売のことを指したものだ。

インドネシア社会では、貧しい者が生きてゆくための広汎な経済のネット・ワークができている。その貧しい者たちの生業を私は民衆生業と呼ぶ。モグラたたきのようにたたかれれば別の場所に顔を出す漂泊的な性格を持つ（定まった場所で営業しない、営業時間も一定でない）、資本金をほとんど要しない、高度な技術を要しない、個人または少数の家族ないし同郷者で営業する、こうした性格を持ったものが民衆生業で、（中略）業種はきわめて多様である。（二五五頁）

ジャムー（薬）売り、水売り、ラーメン屋台など、本文でいくらか詳しく描かれたものばかりではなく、村井は本書二五九頁の表「各種民衆生業」で、数多くの民衆生業を集めてみている。これらは、どこかの資料から採ったものではなく、村井自身が見聞きしたものをそのまま集約したものだろう。この表を眺めているだけでも、おもしろい。「盗品」、という言葉も見える。盗品を売る商いのことだ。村井は「乞食」も民衆生業の中に入れている。

露天商に代表されるような家族経営で小規模かつ労働集約的な経済部門については、ＩＬＯ（国際労働機関）が一九七二年に「インフォーマル・セクター」という概念を打ち出して以来、この言葉で説明されることが多い。しかし、村井はあえて「インフォーマル・セクター」という用語は使わないで、「民衆生業」という言葉を使った。この本の中で、村井から新しく提案された「用語」はこの一つだけであり、それだけ村井はこの言葉を大事なものとして提起している。

ちなみに、こうしたジャワ島の民衆生業について、村井がその後詳しいレポートを書くことはなかった。しかしその後、村井の「弟子」の一人、問瀬朋子が、ジャムー売り、アイスクリーム売りなどについて詳しく描いているので、本書を読んで「民衆生業」に関心を持った読者はそちらを見ていただくのもよいだろう（間瀬「民衆生業の社会経済圏―インドネシア・ソロ地方出身のジャムー売りの世界」甲斐田万智子他編著『小さな民のグローバル学』上智大学出版、二〇一六年所収、間瀬「「インフォーマル・セクター」の中のソロ出かせぎ送り出し圏出身者」『上智アジア学』二六号など）。なお、間瀬によると、現在もなお、インドネシアのインフォーマル・セクター人口は就労者全体の五三％にもおよび、その半分が屋台商人などの「モノ売り」であるという。

もちろん村井自身も決して、「民衆生業」から離れたわけではない。村井は、このあと鶴見良行らとインドネシアの海を歩くようになり、そこで、海の民の民衆生業、さらには民衆交易に目を向けることになるのである。一九八七年に出版した『スラウェシの海辺から』（同文舘出版）では、サバヒイ養殖、船大工、ナマコ交易などが描かれる。ナマコ交易については、のちに名著『ナマコの眼』（筑摩書房、一九九〇年）を書く鶴見の関心が村井にも乗り移ったものであり、村井も鶴見と一緒にナマコを追いかけた（『スラウェシの海辺から』所収の「アボリジニーとインドネシア諸島民の交易」。『サシとアジアと海世界』（コモンズ、一九九八年）所収の「商品化最前線の歩く華人商人」、村井他編『海境を越える人びと―真珠とナマコとアラフラ海』（コモンズ、二〇一六年）など）。

文化的表現に学ぶ

ところで、『小さな民からの発想』の記述をより魅力的にしているものに、人びとの生の声、新聞記事の引用、そして、風刺画や歌の歌詞などの利用がある。

インドネシア人自らの文化的表現を、文章の中で引用して使う、というのは村井が得意にしていた表現方法だ。たとえば本書二三三頁には、「スンダ民謡の名人マン・ココ」の曲「ソバ屋」の歌詞が綴られている。

ソバ屋でございい、ソバ屋でございい
天秤かついだソバ屋でございい
おれが金持ちならお代はとらないい
けど今は倹約、いまは貯金
金が貯まりゃあ、いい人にあげちゃおう（後略）

少しあとに村井が書いた「民衆の生活―働きの場から―」（板垣雄三・荒木重雄編『新アジア学』一九八

七年、亜紀書房所収）という文章の中では、「ママン兄さん正直娘を探す」という芝居の台詞が長めに引用されている。ジャワの田舎の貧農の息子が、村を出た恋する娘を探して都会に出る話である。そこで出会ったベチャ屋のおじさんに出会って一緒にその娘を探すというドタバタ劇である。村井は放送劇として売られていたカセットテープを買って、その一部を翻訳して挿入した。


「要するにだ。お前は田舎から来た。この町に来たのは、お前の恋人を探すためだ」

「ちがう、ちがう、お前の恋人ではなく、わたしの恋人だ」

「わかった、わかった」

「それで、わたしの恋人はどこにいるんでしょう?」

「あ〜あ、そんなこと知るか!」

「わたしも知りません」


村井は、こうしたインドネシアの人びとの文化的な表現から学ぼうとしていた。人びとが何を考え、何に喜び、何に悲しみ、何に怒っているのかを、人びとの表現活動の中に見ようとした。それは、民衆劇であったり、歌や詩であったり、あるいは風刺画だった。

村井が好んで引用した風刺画に、日刊新聞『コンパス』に掲載されていた「パシコムおじさん」（G・M・スダルタ）がある。それに惚れ込んだあまり、村井は、『パシコムおじさん―マンガに見る現代インドネシア』（新宿書房、一九八五年）という本まで出してしまう。パシコムおじさんの風刺画の中から三八〇を選び、その一つ一つに解説を加えたたいへんな「労作」だ。こうしたものを伝えることも自分の大事な仕事だ、と村井は考えていた。一九九二年には村井編著で『漫画で読む東南アジア』（筑摩書房）を出し、一九九七年にはインドネシアの詩人・劇作家、レンドラの『ナガ族の闘いの物語』（めこん）を三宅良美との共訳で出した。

歴史への視線

『小さな民からの発想』のもう一つの大事な特徴は、歴史へのまなざしである。西土佐村の記述では、その満州移民の歴史に紙幅が割かれている。もともと耕地面積の狭いこの山村は、戦前、生糸価格の下落による養蚕業の不振、そして一九三五（昭和一〇）年の四万十川の大洪水により、困窮の度合いを深めた。そうした事態に、村の指導者は、国策に乗る形で、半数の世帯を満州に送り出す計画を打ち出したのである。村ごと移民の「分村」計画である。「太平洋戦争の緒戦の大勝に見送られ、『鍬の戦士』が村をあとにしたのは一九四二（昭和一七）年三月一三日のことであった」（三二頁）。（なお、この西土佐村など高知の北幡地域から満州への移民を描いた小説として、中脇初枝『世界の果てのこどもたち』（講談社、二〇一五年）がある）。

この記述のすぐあとに村井は、ジャワ民衆が送り出された歴史を重ねる。曰く、西土佐から満州への移民が送り出されたのは「ジャワの蘭印軍がバンドンで日本に降伏宣言を発した四日後のことである。そのジャワからも、同じように『経済戦士』という呼ばれ方で、貧しい農民たちが『ロームシャ』として泰緬鉄道の現場へ、あるいはアンボンの飛行場建設の現場へと送られていた。デラシネの民への旅立ちにおいて、西土佐もジャワも等しく悲惨である」（三二一頁）（「デラシネ」とは、故郷から切り離された人びとのこと）。

ここに村井の真骨頂がある、と私は思う。日本の山村とジャワ島というかけ離れた場所が、同時代の流れの中で、同じ「棄民」の原理で動いたことをさりげなく描く。

だいぶのちに、文化人類学ではマルチサイテッド・エスノグラフィ（多地点民族誌）（ジョージ・E・マーカス）、社会学ではグローバル・エスノグラフィ（マイケル・ブラウォイ）が提唱されるが、村井はそれを先取りしていたとも言えるかもしれない。

『小さな民からの発想』の舞台として、村井は当時の「専門」であるジャワ島だけでなく、西土佐村、そして新潟県三条市を選び、それについて、かなりの紙幅を割いている。このことがこの本をとてもユニークなものにしている。

三条市については、先に触れた鍛冶産業への注目から村井はとりあげている。村井はその歴史を、資料から詳しく描いている（一三二頁〜）。室町時代の初めに河内国から鋳物師がこの地に来住したことから三条の金物産業が始まったとされているが、村井は「炭焼きを兼業とした山師的鋳物師たちが金鉱を求めて、五十嵐川上流の山奥に入り込み、一部の者が三条あたりに定着したと考えるのが妥当ではないだろうか」との推論を披露している。その後、江戸時代、明治時代、そして今に至るまで、激しい社会経済の変化の中で、外部との「技術交流」(という言葉を村井は使った)をしながら、三条の金物産業は変化しつつ生き延び、発展した。しかし、現在それは、大量生産の流れの中に組み込まれてしまってもいる、と村井は考えた。

西土佐村では、鍛冶屋の稲田竹美さんの個人史に焦点を当てている(八五頁〜)。貧しい炭焼きのせがれとして一九二〇年に生まれた稲田さんは、隣村の鍛冶屋に弟子入りしてその後独立し、兵隊にとられて中国戦線に参戦するが、そこでも軍馬の蹄鉄に腕を振るった。復員後鍛冶屋を再開したが、しかし、一〇〇年で廃業した。そうした個人史を描きながら、村井は、地域のありよう、技術のありようを考察する。

一五九頁以降の、人力車の歴史記述も村井の真骨頂だ。日本のおける人力車の歴史、それがインドやシンガポールに海外輸出された歴史を記述した上で、そこには「からゆきさん」や中国人の介在があったのではないか、と推論する。さらに、人力車が、おそらく自転車の影響で(と村井は考える)ペダルで車輪を漕ぐ乗り物、つまりは日本では輪タク、インドネシアではベチャ、に変化し、東南アジアで戦後大隆盛を極める、という歴史だ。日本社会、ヨーロッパ社会、東南アジアの社会、そして媒介する中国人がからみあいながらグローバルかつ複線的に進んだ歴史を村井は描いてみせている。

鍛冶産業の歴史、人力車の歴史、さらにはインドネシアにおける自動車普及の歴史、いずれを描くときにも、村井は戦争が持った意味合いを特に強調して描いている。村井にとって歴史への視座の大きな部分を「戦争」が占める。村井が西土佐村を訪れるきっかけになったのも、戦争中「南方」に派遣された朝鮮人軍属について調べている中で知り合った元外務省役人（戦後スガモ・プリズンに移送された一人）が、西土佐村出身だったことからだ。

その朝鮮人軍属について描いたのが、内海愛子との共著『赤道下の朝鮮人叛乱』（勁草書房、一九八〇年）だった。留学中にふと知ったインドネシアにおける朝鮮人軍属の存在。村井と内海は、その一人ひとりを追いかけ、そこから、戦争と植民地支配の重層的なからみあいを浮き彫りにしていった。『小さな民からの発想』における歴史重視、特に「戦争」との向き合い方は、そうした内海との共同作業の中で村井の中に刻印されてきたものに違いない。

蝶々捕りから

ところで、この本のあとがきで村井は、「この本では、人の営みばかり書いてしまったが、本当は、人の営みと関わりのある、虫どもや動物たちのことも書いてみたかった」と書いている。子供のころ住んでいた千葉県市川市の広い家には、農地もあり、村井はそこで蝶々を追いかける日々を送った。蝶の観察記録はその後もつけつづけていたという。

一九八八年、鶴見良行らと、自分たちでチャーターした木造船で東インドネシアの海を旅するという挙に出た村井は(村井吉敬・藤林泰編『ヌサンタラ航海記』一九九四年、リブロポート)、島々に上陸するたび、蝶捕りの「同志」だった新妻昭夫(『種の起原をもとめて―ウォーレスの「マレー諸島」探検』著者)と捕虫網を持って走った。船に同乗していた私には、そこに村井の本当の姿があるようにも見えた。

蝶々を追いかけていた少年は、その後社会科学的な研究から地域研究へ移り、インドネシア留学を機に、歩いて考え、伝え、また行動する人生を送ることになった。その生き方は、蝶々を追いかけていたことから真っ直ぐにつながっているようにも見える。

そんな村井の姿勢が凝縮して表現されている本書『小さな民からの発想』は、村井の名著の一つである。たくさんの本を出した村井だったが、村井の近くにいた者たちの間では、この本がいちばんの傑作だという声も少なくない。村井の薫陶を受けた研究者たちが村井へのオマージュで作った本のタイトルは『小さな民のグローバル学』(甲斐田万智子・佐竹眞明・長津一史・幡谷則子編著、二〇一六年、上智大学出版)だった。

『小さな民からの発想』は長く絶版だったが、この村井の名著を、多くの若い人に読んでほしいという気持ちから、今回再刊となった。多くの、特に若い読者に村井の思いが届いてほしい、と願う。

本書は『小さな民からの発想――顔のない豊かさを問う』（一九八二年、時事通信社発行）の復刻版です。本書の編集・制作にあたっては、表記・表現の整理、部分的な変更、写真の追加、註の追加を行ない、解説を加えました。

本文中のイラストはすべて著者村井吉敬が描いたものであり、写真も村井自身が撮影したものです。写真の選択にあたっては、村井吉敬の膨大な量のフィルムを整理しつつある「恵泉女学園花と平和のミュージアム　村井吉敬スライドデジタル化プロジェクト（中島保男・伊藤孝喜・土屋昌子）」のお世話になりました。

宮内泰介・藤林泰・内海愛子・桑原晨

村井吉敬（むらい・よしのり）
1943-2013年。早稲田大学大学院経済学研究科博士課程中退。上智大学外国語学部教授。
早稲田大学アジア研究機構研究員教授を歴任。
著書：『スンダ生活誌――変動のインドネシア社会』（ＮＨＫブックス、日本放送出版協会。2014年）
『インドネシア・スンダ世界に暮らす』と改題。岩波書店、岩波現代文庫）
『小さな民からの発想――顔のない豊かさを問う』（時事通信社、1982年）
『スラウェシの海辺から――もうひとつのアジア・太平洋』（同文舘、1987年）
『エビと日本人』（岩波書店、岩波新書、1988年）
『サシとアジアと海世界――環境を守る知恵とシステム』（コモンズ、1998年）
『グローバル化とわたしたち――国境を越えるモノ・カネ・ヒト』（岩崎書店、2006年）
『エビと日本人Ⅱ――暮らしのなかのグローバル化』（岩波書店、岩波新書、2007年）
『ぼくの歩いた東南アジア――島と海と森と』（コモンズ、2009年）
『パプア――森と海と人びと』（めこん、2013年）
『海境を越える人びと　真珠とナマコとアラフラ海』（共編著、コモンズ、2016年）

宮内泰介（みやうち・たいすけ）
1961年生まれ。東京大学大学院社会学研究科博士課程単位取得退学。博士（社会学）。
北海道大学大学院文学研究院教授。
著書：『歩く、見る、聞く　人びとの自然再生』（岩波書店、2017年）
『かつお節と日本人』（共著、岩波書店、2013年）
『なぜ環境保全はうまくいかないのか』（編著、新泉社、2013年）
『開発と生活戦略の民族誌』（新曜社、2011年）

小さな民からの発想――顔のない豊かさを問う

初版第1刷発行　2023年8月20日
定価　2000円＋税

著　者……村井吉敬
解　説……宮内泰介
装　幀……臼井新太郎
発行者……桑原晨

発　行……株式会社めこん
〒113-0033 東京都文京区本郷3-7-1
電話……03-3815-1688　FAX……03-3815-1810
ホームページ……http://www.mekong-publishing.com
印刷・製本……株式会社太平印刷社

ISBN978-4-8396-0335-9　C0030　Y2000E
0030-2303335-8347